Carole Enz, Michèle Combaz Thyssen

Rabenherz auf der Route 66

Carole Enz

Michèle Combaz Thyssen

Rabenherz

auf der Route 66

Sistabooks

***Enz**, Carole; **Combaz Thyssen**, Michèle*
Rabenherz auf der Route 66
Originalausgabe – 1. Auflage – Horgen 2021
Sistabooks GmbH, Churfirstenstr. 5, CH-8810 Horgen
Homepage: www.sistabooks.ch
(Sistabooks – Fantasy-Roman)
ISBN: 978-3-907860-26-7

1. Auflage 2021

Covergestaltung: Carole Enz
Herstellung: Books on Demand GmbH, Norderstedt

Inhaltsverzeichnis

Für all jene, die mit uns in den USA gewesen
und teilweise sogar Abschnitte der
Route 66 abgefahren sind.

Prolog

«Take it easy…», dudelt Musik aus dem Radio, welche perfekt zur Landschaft passt, die vorbeizieht, während das Wohnmobil Kilometer um Kilometer abspult. Die wilden blonden Locken des Fahrers tanzen im Fahrtwind; durch das offene Fenster weht trockene Wüstenluft herein. «Wahnsinn!», keucht die Beifahrerin, die ihre langen gebräunten Beine hochgelagert hat auf dem Armaturenbrett und ihren Ellenbogen aus dem Autofenster hängen lässt. Sie saugt die Szenerie regelrecht in sich auf: die in der Abendsonne rötlich schimmernden Felsen, den hellen Sand, die spärliche Vegetation, den Himmel, der in unglaublichen Farben über allem prangt wie eine Decke. – «Unglaublich chillig, was?», bemerkt der gut aussehende junge Mann am Steuer und lächelt seine Freundin an. Sie seufzt wohlig: «Ich kann es kaum fassen! Wir sind hier, in der Wüste, zusammen… und ich habe das Zeitgefühl völlig verloren!» – «Das ist ja nix Neues!», ruft eine männliche Stimme aus dem Bauch des Wohnmobils heraus. «Das passiert uns doch regelmässig auf unseren Reisen, egal, ob wir im Hier und Jetzt reisen oder in einer anderen Raumzeit!» – «Mein Rudolfino hat Recht wie immer!», bemerkt eine weibliche Stimme. «Aber das ist doch egal, was interessieren uns Zeit und Raum? Hauptsache, wir sind zusammen hier!»

Der Fahrer lacht zufrieden: «Das ist das wahre Leben! Einfach weiterfahren, durch die Wüste, und nie mehr anhalten!» – «Und irgendwann verhungern!», tut seine Beifahrerin ihren Sarkasmus kund, greift hinter den Autositz und angelt eine grosse Chipstüte hervor. – «Lasst Mäggy bloss nicht an die Chips, sonst ist die Packung leer!», warnt die weibliche Stimme von hinten, und als die Naschkatze erneut in die Tüte fasst, versucht eine Hand, die aus dem Dunkeln kam, ihr die Packung zu entreissen. «Hee, das sind meine Chips, die habe ich selber gekauft!», schimpft die

Hungrige spielerisch, aber ihre Nahrungskonkurrentin gibt den Griff an den Leckereien nicht auf und lacht laut: «Ich will auch Chips, du Fresssack!» – «Hee, Ladies, ihr werdet euch doch nicht über ein paar lausige gebratene Kartoffelscheibchen prügeln!», grölt der Fahrer und versucht seinerseits, die Packung zu erhaschen, erwischt aber stattdessen das T-Shirt einer der Kämpferinnen um die fettigen Knabbereien. «Hee, du Wüstling!», schimpft die Ertappte scheinbar entrüstet. «Rudolfino mio, der Löwe will mir an die Wäsche!» – «Unverschämt!», reagiert der Mann aus dem Bauch des Wohnmobils unbeeindruckt. «Aber machen wir doch mal Halt an einer Fressbude, bevor die Mädels hier komplett austicken!»

Gesagt, getan. Bald gerät eine Tankstelle ins Sichtfeld der vier Reisenden, und der Fahrer hält an. Die Beifahrerin öffnet die Türe der Fahrerkabine und klettert flink hinaus. «Mäg, holst du mir eine Cola?», bittet der Fahrer, dann klappt er den Fahrersitz in die Liegeposition und macht es sich gemütlich. Rudy klettert nach vorne und setzt sich auf den Beifahrersitz: «Ich brauch mal 'ne andere Perspektive, Leo!» Dieser nickt zufrieden «Das dauert sicher 'ne Weile, denn da vorne ist noch so 'ne Art Souvenirshop», bemerkt Leon. «Da sind die Mädels beschäftigt!» – «Raina, bringst du mir ein Sandwich oder so was in der Art?», bittet Rudy seine Freundin, welche auch gerade aus dem Wohnmobil geklettert ist, allerdings durch die seitliche Türe in der Mitte des Vehikels. Munter plaudernd schlendern die jungen Frauen in Richtung Tankstellenshop. «Erst mal die lebensnotwendigen Fressalien, und dann schauen wir mal, was diese Indianerinnen dort an dem Stand verkaufen», schlägt Margarethe munter vor. – «Pscht, man sagt doch <Native Americans>, <Indianer> ist politisch nicht korrekt!», weist Seraina sie zurecht. – «Sorry, ich mein das doch nicht respektlos!», verteidigt sich Margarethe. Nach kurzer Zeit kommen sie mit Lebensmitteln bewaffnet aus dem Laden und bringen Milch, Brot, Früchte, Chips und andere gesunde oder weniger gesunde Nahrungsmittel zum Wohnmobil, wo Rudy alles durchs Autofenster entgegennimmt. Dann machen sie sich auf zum Stand, welcher die Mädchen magisch anzieht. «Schau mal, ein Amulett mit einem Raben!», erkennt Seraina schon von Weitem. – «Wunderschön, mit all den verschiedenfarbigen Steinen!», staunt Margarethe. – «Das sind alles Tiere aus der Gegend, geschnitzt aus Türkis, Karneol, Jaspis…», erklärt eine der Verkäuferinnen freundlich auf Englisch. «Hergestellt von Native Americans.» – «Wow!», staunen die Mädchen. Die Frau hält ein Messer in der Hand, mit welchem sie an einem Stein schnitzt – was für ein Tier das wird, ist noch nicht erkennbar. Der grosse Rabe in der Mitte des Amuletts hat es Margarethe ganz besonders angetan. Ihr Blick schweift vom Messer, das wie ein kleines Schwert wirkt, zur Rabenfigur. Sie betrachtet den Vogel genauer, und sie glaubt, ein Krächzen zu hören. Das kann doch nicht sein…

…Margarethe kommt wieder zu sich und spürt Holz in ihrem Rücken, als würde sie sich an einen Baum lehnen. Sie legt ihren Kopf in den Nacken und sieht farbige Fratzen über sich. «Wo zum Kuckuck sind wir?», fragt sie aufs Geratewohl und vernimmt dann neben sich die Stimme ihrer besten Freundin: «Wir stecken im Schlamassel – am Marterpfahl!»

* * *

1

Die letzte Nacht

Margarethe seufzt: «Ich bin traurig, überhaupt nicht in Stimmung. Leon legt ihr sanft einen Arm um die Schultern, zieht seine Freundin an sich und küsst sie zärtlich. Sie aber kann sich nicht so richtig auf den Kuss einlassen und blickt ins Leere, als wäre sie in Gedanken weit weg. «Brauchst du ein Hilfsmittel?», fragt ihr Freund und bietet ihr Schokolade an. «Wollen wir uns Lasses Video zu Gemüte führen? Oder einen anderen Film? Ich würde mir gern einen runterholen!» – «He, sei doch nicht so vulgär!», weist das Mädchen ihn zurecht, wohl wissend, dass ihr Liebster einen Hang zu zweideutigen Sprüchen hat. Dieser lacht: «Ach was, ich wollte doch nur einen Film vom Regal runterholen, nix anderes!» Sie grinst: «Aber das andere ist dann die Folge!» – «Blödsinn!», widerspricht er ihr und packt sie, um sie rücklings aufs Sofa zu legen. Während er seine Hand unter ihr Oberteil wandern lässt, stellt er klar: «Wenn du dabei bist, brauch ich doch kein Do-it-yourself!» Sie lächelt ihn zuckersüss an, dann reisst sie an seinem T-Shirt und zieht es ihm über den Kopf, um seinen muskulösen Rücken zu streicheln. «Na hoffentlich auch nicht, sonst wäre ich beleidigt!» Sie verwuschelt seine wilden Locken, während er sie auf die Brust küsst und mit seinen Lippen dann zu ihrem Bauchnabel hinunterwandert. Schon hat er den Knopf ihrer Jeans geöffnet… Lustvoll stöhnt das Mädchen auf.

* * *

«Das ist die letzte Nacht… für längere Zeit!», seufzt Leon erschöpft und umarmt seine Mäg erneut leidenschaftlich. Die beiden lieben sich inbrünstig in Leons Bett, Sie haben die ganze Nacht fast nicht geschlafen, und der Morgen graut bereits. «Wir haben echt langsam Ausdauer!», bemerkt Margarethe müde, aber glücklich. – «Da hat die Wellnessgrotte von Pelinn offenbar doch Wunder gewirkt!», grinst Leon. «Mit oder ohne Film!» Dann werden beide nachdenklich, und die Stimmung kippt. Die junge Frau klammert sich an ihrem Liebsten fest und jammert – verzweifelt.

«Wie soll ich das bloss überleben, ohne dich?» – «Meinst du, ohne mich oder ohne das Liebesspiel mit mir?», neckt ihr Freund sie und streichelt sie zärtlich. «Ich werde dich allerdings auch fürchterlich vermissen!» Beide sind deprimiert, wohl wissend, dass sie jetzt ganze sechs Wochen getrennt sein werden – eine kleine Zeitspanne, doch eine Ewigkeit für ein Liebespaar. Margarethe seufzt: «Das ist eine echte Tortur! Musst du wirklich nach Kalifornien?» Leon holt tief Luft und blickt verklärt in die Ferne: «Weisst du, für mich ist das eine grossartige Gelegenheit, ein Praktikum zu machen – stell dir vor, im Monterey Bay Aquarium! Das ist fantastisch!» Seine Freundin ist hin- und hergerissen zwischen zwei Emotionen: Einerseits gönnt sie es ihrem Liebsten von Herzen, dass er diese Möglichkeit hat, zu Beginn der Semesterferien, sobald die Vorlesungen des ersten Studienjahrs zu Ende sind, an einem von der Universität Zürich eingefädelten Studentenaustausch teilzunehmen. Andererseits hat sie Angst vor der Trennung und vor der Sehnsucht nach ihm. Seit sie ein Paar sind, waren sie noch nie länger als ein paar wenige Tage getrennt gewesen. «Weisst du, es ist besser, wenn ich es jetzt mache, am Anfang der Semesterferien – diesen Herbst habe ich bereits die ersten Prüfungen, die letzten sechs Ferienwochen werde ich zuhause mit Büffeln verbringen. Dafür können wir die mittleren drei Ferienwochen, anschliessend an mein Praktikum, mit einer Reise auf der Route 66 verbinden!» Margarethe lächelt, weil sie sich darauf freut, Leon im Sommer in Kalifornien zu treffen und mit ihm dann drei Wochen im Wohnmobil herumzureisen – so ist es zumindest geplant. Und ihre besten Freunde Seraina und Rudy werden mitreisen. – «Ja, ich freue mich auf die Reise! Auch wenn wir besser zwei Wohnmobile mieten würden…»

* * *

Für Margarethe fühlt sich die Zugfahrt zum Flughafen wie der Gang zum Schafott an: In weniger als einer Stunde ist die Trennung unvermeidlich: Dann wird sie Leon sechs Wochen lang nicht mehr sehen. Das Liebespaar ist sichtlich angespannt. Sie sprechen im Zugabteil kaum miteinander, die Stimmung ist am Tiefpunkt angelangt. Leon drückt seine Freundin an sich – beinahe klammernd. Margarethe ist den Tränen nahe. Und Leon, der freiheitsliebende Löwe, denkt in einem schwachen Moment daran, seine Reise einfach abzublasen und bei seiner Mäg zu bleiben. Zum ersten Mal in seinem Leben ist er zwischen zwei Wünschen hin- und hergerissen: bei seiner grossen Liebe bleiben oder eine einzigartige berufliche Gelegenheit beim Schopf packen. Bisher hat er immer das getan, wonach ihm zumute war. Als er noch mit seinen Eltern unterwegs war, gab es keine solchen Entscheidungen zu treffen. Es gab nur das Forschungsprojekt der Eltern, und Leon fand in Dschungel, Savanne oder Wald einen Spielplatz ohne Grenzen vor. Anders Margarethe, sie ist ein gebranntes Kind: Die Trennung ihrer Eltern war ein einschneidender Moment in ihrem Leben. Wenn sie beim Vater war, vermisste sie ihre Mutter, und umgekehrt. Und sie war auch bei ihrem Ziehraben Plonk hin- und hergerissen: ihn einsperren und immer in Sicherheit wissen oder ihn frei fliegen lassen, dabei aber nie sicher sein, ob er in der freien Wildbahn überleben kann. Die Trennung von Leon bereitet ihr den dritten grossen Trennungsschmerz ihres Lebens – auch wenn er nur sechs Wochen dauern sollte.

Und was, wenn er in den USA ein anderes Mädchen kennenlernt und dort bleibt, suhlt sich Margarethe in dunklen Gedanken. Sie blickt hoch zu Leon, ihre linke Wange streift dabei seine muskulöse rechte Schulter. Hat er Tränen in den Augen, oder meint sie das nur? «Leon», flüstert sie. Er schaut zu ihr, ihre Blicke treffen sich. Margarethe kullern dicke Tränen die Wangen hinunter. Leon atmet tief ein und spricht in ruhigem Tonfall: «Es sind nur sechs Wochen. Du hast sechzehn Jahre ohne mich überlebt!» Margarethe grinst und wischt sich mit der rechten Hand die Tränen aus dem Gesicht. «Ja, aber nur, weil ich damals noch nicht gewusst habe, dass es dich gibt. Jetzt weiss ich es, und jetzt habe ich einen Grund, dich zu vermissen!», bringt sie es auf den Punkt, doch Leon lässt es nicht gelten: «Der Buddhismus lehrt uns, dass sich alles dauernd verändert – heute fliege ich fort, in sechs Wochen treffen wir uns wieder. Alles hat seine Zeit, lass es einfach geschehen…» – «Du bist definitiv schlimmer als Rudy, wenn du so anfängst!», lacht Margarethe und zwickt ihn in den Bauch. Leon quiekt, dass sich die Leute im Nebenabteil nach den beiden umschauen. Dann meint er selbstzufrieden: «Aber mein Ziel habe ich erreicht: Du lachst.» Margarethe seufzt und fühlt sich schon etwas besser – ihr Liebster weiss, wie er sie aufmuntern kann.

Am Flughafen angekommen, vergessen die beiden vor lauter Check-In-Stress für einige Minuten, dass sie sich bald trennen werden. Erst als sie vor der Passkontrolle stehen, schleicht sich wieder dieses bedrückende Gefühl des Auseinandergerissenwerdens in ihre Herzen. «Hier muss ich alleine durch, Mäg, ich…», Leon versagt die Stimme, und Margarethe heult los. Sie wirft sich ihm um den Hals und umklammert ihn wie eine Ertrinkende. Er streichelt ihr beruhigend den Rücken. Als die Durchsage ertönt, dass das Boarding für den Flug nach San Francisco in wenigen Minuten erfolgt, muss sich Leon widerwillig von seiner Mäg losreissen. Mit belegter Stimme spricht er: «Mäg, wo immer ich bin, du bist in meinem Herzen!» Unter Schluchzen antwortet Margarethe: «Und du in meinem! Ich vermisse dich jetzt schon! Geh nicht!» – «Ich muss, aber wir sehen uns wieder. Konzentriere dich auf jenen Moment, nicht auf diesen hier!», versucht er sie zu trösten, dann kramt er etwas aus seiner Tasche. «Diesen kleinen Stein habe ich in Kenya gefunden. Seither bin ich nie ohne ihn in der Tasche irgendwohin gegangen. Er ist ein Teil von mir. Bring ihn mir wieder, in sechs Wochen.» Margarethe nimmt den Kiesel an sich und umklammert nun in ihrer rechten Hand einen grün schillernden Stein und findet: «Wie deine Augen…» – «Eben! Ein Teil von mir bleibt bei dir, Liebste.» Und sie küssen sich zum Abschied inniglich. Dann wendet sich Leon der Passkontrolle zu. Als alle Formalitäten erledigt sind, dreht er sich noch einmal zu Margarethe um und schickt ihr einen Kussmund, und sie ihm – dann geht er durch die automatischen Schiebetüren hindurch Richtung Gate.

2

Blick nach vorne und zurück

«Leon arbeitet doch nicht, der surft sicher die ganze Zeit!», flachst Rudy, als Margarethe ihn und Seraina trifft. – «Im Gegensatz zu dir auf richtigen Wellen – du würdest ja nur im Internet surfen», bemerkt Seraina. «Mein allerliebster Cyborgino!» Margarethe grinst: «Cooler Kosename!» Der Genannte reagiert leicht indigniert, dann kommt prompt die Retourkutsche: «Also, ich sage jetzt nicht laut alle Kosenamen, die du und Leon einander in euren Nachrichten schreibt… und auch sonst ist da noch einiges darunter…», fügt Rudy süffisant hinzu, «…meine Fresse, Raina, was ihr euch so alles schreibt, du und Mäggy, das hätte ich nie von euch gedacht!» – «Waaah, Smartiefon weit wegwerfen, aus dem Radius des Radars meines Cyborgs!», warnt Seraina, und Margarethe ist drauf und dran, dem Rat zu folgen. Mit weit aufgerissenen Augen starrt sie Rudy an: «Echt jetzt, hast du in der kurzen Zeit alle Schweinereien gelesen, die ich mit Leon und Raina heute Vormittag ausgetauscht habe? Wie peinlich!» Er lacht: «Ihr habt es faustdick hinter den Ohren, das ist ja unerhört, was ihr einander schreibt! Also das mit dem Swingerclub im Wohnmobil könnte man sich ja noch überlegen, aber das mit den Handschellen geht schon etwas zu weit…» – Margarethe wird krebsrot und keucht: «Du bist mir echt unheimlich, Rudy! Nächstes Mal lasse ich mein Smartiefon zuhause!»

Rudy nämlich liess sich auf seiner letzten Reise – in eine postapokalyptische Zukunftswelt – mehr oder weniger freiwillig Hightech-Implantate einsetzen, die ihm erlauben, Zugriff auf alle Geräte in seiner Nähe zu haben. Seither kann er sich mit Fug und Recht als Cyborg bezeichnen. Er lacht hämisch: «Hahaha, irgendwie ist es ja lustig, was man so alles über seine Pappenheimer erfährt!» – «Du hast eine sadistische Ader!», erwidert Seraina indigniert. – «Und was muss ich denn über euch Mädels erst sagen? Also bitte, Mäggy, ich bin doch kein Mobility-Leihwagen!» – Margarethe fühlt sich wie ein Dampfkochtopf und würde vor Scham am Liebsten im Boden versinken: «Lies gefälligst nicht unsern Chat, wenn Rai und ich herumblödeln!» Seraina ist hin- und hergerissen zwischen Lachen und Ärger: «Aber Rudolfino, ich teile doch alles schwesterlich mit Mäg!», witzelt sie und klappert mit ihren Augenlidern. – «Trotzdem, man kommt sich ja vor wie auf dem Viehmarkt!», brummt Rudy halb amüsiert, halb indigniert. «Wenn ich euch nicht besser kennen würden, müsste ich jetzt direkt Angst haben!» – «Keine Sorge, an dein Cybertool lass ich Mäg nicht ran!», flachst seine Freundin. Margarethe ist immer noch krebsrot und verbirgt ihren Kopf theatralisch schuldbewusst unter ihren Armen. Rudy setzt noch einen drauf: «Sonst muss ich mir nochmals überlegen, ob wir ein Hotelzimmer zu dritt teilen auf der Reise, bevor Leo dazustösst, oder ob mir das zu gefährlich ist!»

Die drei Freunde können es kaum erwarten, in den Sommerferien in die Vereinigten Staaten zu fliegen. Sie wollen zuerst eine Woche zu dritt in San Francisco verbringen, Leon in Monterey besuchen und mit ihm weiterreisen, sobald sein Praktikum zu Ende ist. Geplant sind drei Wochen zu viert im Wohnmobil auf Achse. Weil sie sich schon den teureren Direktflug gönnen, haben sie beschlossen, aus Kostengründen in San Francisco zu dritt ein Zimmer zu belegen – die King-Size-Betten in den US-Hotels sind ja gross genug. «Aber kommt mir ja nicht auf dumme Gedanken, Mädels!», warnt Rudy scherzhaft und geniesst jedoch offensichtlich seine Rolle als Hahn im Korb. – «Wir müssen dann noch auskäsen, wer in der Mitte pennt», bemerkt Seraina. «Also mir wäre ein Randplatz lieber, sonst fühle ich mich bedrängt.» – «Dann nehmen wir den Hahn im Körbchen in die Zange!», grinst Margarethe schelmisch. Dieser ist allerdings nicht einverstanden: «In der Mitte ist es nicht bequem, wenn es einen Spalt hat! Ich überlasse dir gern die Ehre, Mäggy!» – «Danke, du bist mir ja gastfreundlich!», seufzt sie. «Dann darf ich in der Ritze schlafen… Aber dann spiele ich den Anstands-Wau-Wau: ist vielleicht gar nicht schlecht, dann kommt ihr nicht auf dumme Gedanken!», fügt sie grinsend hinzu. Seraina lacht ihrerseits verschmitzt: «Könnte dann halt passieren, dass dich einer von uns in der Nacht verwechselt…» – «Oh Graus!», schaudert es ihre Freundin. – «Im schlimmsten Fall wirst du eben von beiden Seiten beknuddelt!» Margarethe wird wieder rot: «Jetzt fühle ICH mich aber bedrängt!»

* * *

Die Zeit ohne Leon ist schwierig für Margarethe; sie vermisst ihren Liebsten schmerzlich mit allen Fasern. Zum Glück hat sie liebe Freunde, die sie ablenken und trösten: zuerst einmal ihren Raben Plonk, den sie fast täglich besucht im Horgenbergwald, wohin sie meist mit dem Fahrrad hinaufstrampelt. Manchmal stattet der prächtige Kolkrabe seiner Ziehmutter auch selbst einen Besuch ab in ihrem Garten. Dann hopst er munter auf dem Sitzplatz umher und pickt da und dort an einem Baumstamm oder Tischbein herum, bis sie ihn mit Nüssen füttert, die er besonders gern hat. Er ruft sie «Grrrita!», und sie spricht mit ihm in Menschensprache und ist überzeugt, dass er jedes Wort versteht. «Leo, ey!», krächzt Plonk, und Margarethe staunt über ihren Raben, den sie aufgezogen hat. «Ja, Leon ist weg… in Monterey! Meintest du das?» Die Gesellschaft ihres gefiederten Freundes, der sie nun schon seit sechs Jahren begleitet, lenkt sie ab vom Trennungsschmerz.

Seraina sieht sie täglich in der Schule, und die beiden Mädchen unternehmen oft etwas zusammen, gehen schwimmen, Minigolf spielen, in den Zoo, und häufig ist auch Rudy mit von der Partie.

Die drei sind sogar schon zusammen ausgeritten, wobei Margarethe ihr Stahlross bevorzugt, während Seraina und Rudy hoch zu Ross sind. Je nachdem, wo sie unterwegs sind, gesellt sich manchmal Plonk zu ihnen, der es sich gewöhnt ist, grössere Distanzen zu fliegen. Da er früher sein Revier am Katzensee hatte, ist es für ihn buchstäblich ein Katzensprung bis zu Rudys Reitgebiet.

Nach den Pferden zu schauen, sie zu füttern und täglich auszureiten, den Stall zu reinigen – dafür fehlt Rudy mehr und mehr die Zeit, weil sein aufwändiges Studium ihn sehr beansprucht. So ist er nicht mehr so häufig im Stall wie früher, obwohl der gleich neben seinem Elternhaus steht – ein modern renoviertes Bauerngehöft oberhalb von Wädenswil – allerdings wird dort schon lange nicht mehr Landwirtschaft betrieben, und seit der Umzonung ist die Umgebung mit Einfamilienhäusern übersät.

Bis vor rund drei Jahren hatte Rudy die Stallarbeiten nebenbei erledigen können, wobei er wenig zu tun hatte, da sein Pferd Merry Cherry ursprünglich in einem grösseren Pferdestall Kost und Logis genoss und in Gesellschaft eines Ponys und der Pferde des Bauern aufwuchs. Denn Pferde dürfen in der Schweiz nicht einzeln gehalten werden, weil sie sonst vereinsamen und leiden. Als Merry Cherry ein Fohlen bekam, waren es plötzlich zwei Pferde, und Rudys Eltern willigten ein, einen Stall auf ihrem Grundstück zu bauen und sich selber um die Tiere zu kümmern. Das gab mehr zu tun, als sie sich vorgestellt hatten. Nach dem Tod der Mutterstute musste eine Lösung gefunden werden für das Fohlen Foxy, mittlerweile eine stattliche Fuchsstute, und daher traf es sich gut, dass Rudy seiner Freundin Seraina den Wallach Blacky als Weihnachtsgeschenk kaufte – von seinem Anteil des Nobelpreises, den er für das Heilmittel erhalten hat während der Pandemie. Rudys Eltern hatten früher auch eigene Pferde, doch aus beruflichen Gründen hatten sie das Reiten aufgegeben. Weil sie bemerkten, dass ihr Sohn in der Primarschule den Kontakt zu Gleichaltrigen eher mied, kauften sie ihm ein Pferd, um seine Emotionen zu schulen – es gibt keinen besseren Lehrer als ein Tier, wenn es um das Überwinden von inneren Blockaden geht. Der Umgang mit dem Pferd entwickelte sich schnell zu einer willkommenen Abwechslung für den «hirnlastigen» Rudy; und so war er auch genügend an der frischen Luft und nicht nur vor dem Computer. Mittlerweile liegt es an Seraina, dafür zu sorgen, dass ihr Rudolfino trotz Studium immer noch regelmässig ausreiten geht. Sie selbst, die früher mit Pferden nichts anfangen konnte, besucht jetzt die Tiere regelmässig, reitet ab und zu auch zusammen mit Rudys Mutter aus, oder die jeweilige Reiterin nimmt das zweite Ross einfach ungesattelt mit auf einen Spaziergang. Mit der Zeit musste die Familie jedoch einsehen, dass sie mehr Unterstützung brauchen und jemanden anstellen müssen, der sich um die Stallarbeit kümmert, damit die Tiere nicht vernachlässigt werden. Seraina hat die Lösung umgehend in ihrer Schule gefunden: Da es viele junge Mädchen gibt, die sich gerne ihren Ausritt und ein kleines Taschengeld verdienen, kommt nun eine 14-jährige Schülerin fast jeden Tag nach der Schule und manchmal auch über Mittag nach den Pferden schauen. Zuerst war Rudy skeptisch, aber Seraina hat gleich Vertrauen gefasst zu dem Mädchen und ihr gerne ihren Blacky anvertraut.

Die vielen Prüfungen und der anspruchsvolle Schulstoff halten nämlich auch die Gymnasiastinnen auf Trab, denn gerade absolvieren sie die Vor-Matur, und nach den Sommerferien beginnt das Matura-Jahr bis zum Schulabschluss im Sommer 2023. Seraina und Margarethe treffen sich oft, um Hausaufgaben zu lösen und sich auf die Prüfungen vorzubereiten. Manchmal sind sie auch froh um Rudys Unterstützung. Beide sind jedoch zuversichtlich, auch das letzte Schuljahr heil zu überstehen. Die Vor-Matur ist fast schon geschafft, es fehlt nur noch eine Französisch-Prüfung. Die Matura-Arbeit hingegen stresst die Mädchen weniger, da Margarethe und Seraina sie fast schon fertig haben, während die meisten anderen Mitschüler noch nicht so weit sind. Wie Margarethe damals gegenüber Leon erklärt hatte, als sie sich gemeinsam in die Recherche über Pandemien früherer Zeiten vertieft hatten, ist die Auswertung ihrer Erkenntnisse unter Erwähnung des alten Heilmittels, das sie aufgespürt hatten, tatsächlich zur gemeinsamen Maturaarbeit gereift, die sich sehen lassen darf. Natürlich mussten die beiden Mädchen gewisse Aspekte anpassen und abschwächen: Die Sache mit der Zeitreise hätte für Kopfschütteln gesorgt, daher mussten sie das Auffinden des Heilmittels samt Begegnung mit dem Bader in London 990 und «Workshop» bei Hildegard von Bingen zwar nicht weglassen, aber etwas diffuser formulieren. «Mit akribischer Recherche kann man viele Rückschlüsse ziehen, und wenn wir die Personen etwas lebendiger schildern, so wird uns unsere Geschichtslehrerin sicher nicht den Kopf abreissen», bemerkt Margarethe, und Seraina fügt hinzu: «Zumal Frau Battaglia selber gerne verrückte Geschichten liest und, wie ich gehört habe, sogar historische Fantasyromane schreibt!» Bei dieser Geschichtslehrerin müssen sie sich beileibe keine Sorgen machen, da sie in der Tat auch fleissig recherchiert und mehr Bücher als Internet-Links konsultiert haben, was die Expertin schätzt. Ausserdem spricht der Nobelpreis für sich. «Die Maturaarbeit haben wir in der Tasche, letztendlich könnte man sogar sagen, dank Pandemios!», seufzt Margarethe. Seraina schickt ihr einen fragenden Blick: «Wieso dank Pandemios? Wir haben doch bereits früher nachgeforscht, bevor der auf den Plan trat.» – «Ja, aber der Bösewicht hat die Sache verkompliziert, und ohne ihn wären wir nicht noch zu Hildegard von Bingen gereist», gibt Margarethe zu bedenken. «Und Frau Battaglia hat ja genau betont, dass die Erwähnung der Mystikerin ihr besonders gefallen hat, weil sie die Arbeit noch vielseitiger und lebendiger macht. Das ganze Wissen über die Heilkräuter, die Visionen und die lebendige Schilderung, wie das Antidot gemixt wird, könne man sich so gut vorstellen!» Beide Mädchen lachen, sich wohl an die Begegnung mit der berühmten

Mystikerin erinnernd. Dann wird Seraina wieder nachdenklich: «Den Pandemios haben wir natürlich nicht erwähnt, der wäre sogar bei unserer Fantasy-Liebhaberin nicht so gut angekommen! Aber schon komisch, dieser Hexer Pandemios… warum… ich hab das nie so richtig verstanden!» – «Was denn, was meinst du? Warum er das getan hat? Warum der eine Pandemie gestreut hat?» – «Ja… und dass er so – wie ein Schachtelteufel – einfach so aus der Ruine in Venedig sprang, war schon ziemlich kurios», fügt Seraina hinzu. «Wo kam er her? Aus welcher Zeit? Der war immer genau dort, wo er eigentlich vernünftigerweise nicht sein sollte… konnte… und seine Motivation war mir nie ganz klar.» – «Der wollte doch unbedingt Rabe und Schwert für sich. Der hat alles getan, um uns aus dem Weg zu räumen und an unsere lebende Zeitmaschine zu kommen. Ich vermute, er wollte damit Herr der Zeit werden. Er hatte zwar schon den Raum der Zeit, aber dieser war halt ein Zimmer auf einem Schiff, ziemlich klobig und unpraktisch. Da ist so ein Rabe mit Schwert viel handlicher, den kann man überall mitnehmen!», sinniert Margarethe. «Jedoch hat er die Rechnung ohne Plonk gemacht – und ohne uns! Plonk lässt sich nicht einfach für unlautere Zwecke missbrauchen, und ich tu alles für meinen Raben!» – Seraina fügt hinzu: «Und er hatte zu Recht Angst, dass wir das Rezept gegen seine allerneuste Pandemie finden!» – «Stimmt, die MAE-CD-20 war sicher auch sein Werk – dieses Scheusal! Kein Wissenschaftler konnte bisher herausfinden, woher damals die multiresistenten Bakterien und die mutierten Viren kamen, auch zwei Jahre später nicht. Und er hatte sicher Schiss, wir würden ihm die Millionen von Toten nicht gönnen, die es gegeben hätte, hätten wir das Rezept nicht gefunden!», ereifert sich Margarethe wütend, und Seraina fügt grinsend hinzu: «Aber dem haben wir's gezeigt!» Und Margarethe doppelt nach: «Aber sowas von!»

3

Zwei Engel für Rudy

Die Mädchen spazieren nach der Schule manchmal am See entlang und gönnen sich ein Eis bei Tina. Weil für Rudy ja bereits die Semesterferien begonnen haben, ist er oft mit von der Partie. Leon weilt unterdessen schon seit zwei Wochen in Kalifornien. Die drei verwundert es nicht, dass sie im Park, der das Ufer säumt, ihrem Schulkollegen Gerry begegnen. Dieser zieht stets mit zwei Kumpels durch die Gegend. Seine «Bodyguards» haben nach Einschätzung von Margarethe und ihrer Freunde nicht besonders viel Hirnkapazität, dafür sind ihre Muskeln nicht zu unterschätzen. An einem Nachmittag treffen sich zufällig zwei Trios am gewohnten Begegnungsort. «Ich glaub, mein Schwein pfeift!», zischt Rudy, und Seraina kichert: «Dabei ist Leon doch gar nicht da!» Rudy grinst, und auch Margarethe muss lachen, obwohl ihr jede Erinnerung an ihren geliebten Leon einen Stich ins Herz versetzt. Wenn sie ihn kitzelt, quiekt er meist, was bei dem grossen und muskulösen Jungen besonders komisch wirkt. Seraina ruft laut: «Ach, DIESES Schwein meinst du!», wohl darauf bedacht, dass Gerry die Bemerkung mitbekommt. Er nähert sich und brüllt als Retourkutsche: «Das ist ja Rudy mit seinem Harem!» Gerry hat die Absicht, die Aufmerksamkeit der Passanten zu erregen, darauf hoffend, dass es Rudy und den Mädchen peinlich ist. Diese jedoch hatten bereits früher schon demonstriert, dass sie am längeren Hebel sind, wenn es darum geht, auszuteilen. «Er kann es nicht lassen, dieser Dödel!», raunt Margarethe. «Dabei hat unser Cyborgino ihn letztes Mal so was von fertiggemacht!» Genau das scheint der Betroffene dem Nerd übel zu nehmen. «Vielleicht sollten meine Kumpels mal den kopflastigen Kerl in die Zange nehmen!», brummt Gerry. «Wo der ja bekanntlich auf Sadomaso steht!» Seraina drängt sich vor

Rudy: «Glaubst du echt, deine Gorillas können es mit uns Powerfrauen aufnehmen?» Ihr Gegenüber lacht nur hämisch: «Jetzt legen die Dominas los; dann zeigt mal, was ihr draufhabt!» Seraina packt jedoch nicht Gerrys, sondern Margarethes Arm und fährt fort: «Schau mal, Mäggys Muskeln; die macht Kleinholz aus dir!» Margarethe ist das etwas unangenehm, zumal Gerry seinerseits nach ihrem Arm greift. Unwillkürlich spannt sie ihre Armmuskeln an, um sich seinem Griff zu entringen, und Gerry pfeift: «Meine Fresse, das ist ja unheimlich, Mäggy! Da krieg' ich ja Angst!» – «Warte nur, bis Raina in Fahrt kommt, die macht dich fertig!», warnt diese ihrerseits den Jungen und kämpft ihren Arm aus seiner Umklammerung frei. Rudy steht derweil unschlüssig einen Schritt hinter den aggressiv auftretenden Mädchen und kommt sich etwas überflüssig vor. Als würde er dies spüren, wendet sich Gerry flugs an ihn: «Um deine Kampfweiber beneide ich dich, Rudy! Und du hast deinen Stil verändert, mit Dreitagebärtchen und längeren Haaren, o là là!» Seine Kumpels lachen blökend, aber Rudy richtet sich zu seiner vollen Grösse auf, sodass sich zeigt, dass er unterdessen auch Gerry überragt. Tatsächlich trägt er sein dunkles und dichtes Haar ein bisschen länger als üblich, also nicht mehr ein paar Zentimeter oder gar Millimeter kurz und auch im Nacken nicht mehr so stark ausrasiert wie früher – beides auf Serainas Wunsch, die fand, so schönes, volles Haar müsse doch nicht millimeterkurz geschoren werden: «Du bist doch kein Schaf, Rudolfino mio!», hatte sie gesäuselt, und seufzend hatte er klein beigegeben, obwohl er seine neue Frisur unpraktischer findet. Stolz bemerkt Seraina jetzt in Gegenwart von Gerry: «Mein Rudy hat halt Stil, und nicht alle haben in dem Alter einen gleichmässigen Bartwuchs, gell, Gerry!» Damit trifft sie ins Schwarze und bringt ihren langjährigen Klassenkameraden zum Erröten, welcher offensichtlich bemüht ist, sich einen Bart wachsen zu lassen, was ihm aber nicht so recht zu gelingen scheint. «Ein Stilmerkmal ist es auch, dass klar erkennbar ist, ob man einen Bart kultiviert oder schlicht zu faul ist, sich zu rasieren!», setzt sie obendrauf. Gerry wird noch röter, und seine Gorillas blöken belämmert. Rudy fasst Selbstvertrauen und umfasst die Taillen beider Mädchen, was sein Widersacher trotz seines Ärgers kommentiert: «Glaub bloss nicht, dass du unbesiegbar bist, weil du zwei der drei Engel für Charlie als Sidekicks hast – weiss der Kuckuck, was die an dir finden!» Belustigt spielen die Mädchen mit, schmiegen sich auf jeder Seite an Rudy und drücken ihm beide gleichzeitig einen Kuss auf die Wange. Der umschwärmte Junge ist verblüfft, fühlt sich aber enorm geschmeichelt und strahlt überlegen, und Gerry zieht verärgert eine Schnute und faucht: «Los, Männer, gehen wir, dieser arrogante Gockel nervt.» Seraina versetzt frech: «Ich sag's ja: Schmollmund sieht bei Männern besonders doof aus!» Margarethe und Rudy pflichten ihr lachend bei, und Gerry zieht seine Mundwinkel betroffen nach unten. Er sieht aus, als koche er vor Wut, aber er ist nicht schlagfertig genug, um eine Antwort wie aus der Pistole geschossen zu formulieren. Stattdessen brummt er etwas Unverständliches und signalisiert seinen Bodyguards: «Abmarsch!» Als die drei von dannen ziehen, aktiviert Rudy seine Cyborg-Fähigkeiten und ruft ihnen hinterher: «Schon wieder am Schummeln beim Spielen, Gerry? Ich muss mich doch sehr wundern… und dein Filmgeschmack hat sich nicht wesentlich verbessert… Körbchengrösse XX, ist das noch deutlich mehr als Wassermelonen?» Gerry erwidert nichts, und Margarethe und Seraina prusten los.

* * *

Der Sommer rückt näher, und während die Studenten der Universität und der ETH im Juni schon Semesterferien haben, müssen die Gymnasiastinnen noch ein paar Wochen durchhalten bis zu den Schulferien. Nun, wo auch die letzte Vormatur-Prüfung überstanden ist, fiebern die drei Freunde der grossen Reise entgegen. Und Margarethe und Leon schicken einander täglich Dutzende von Nachrichten. «Wie haben Verliebte bloss früher überlebt, als es noch keine Kurznachrichten gab?», stellt Margarethe eine rhetorische Frage, die Seraina achselzuckend ergänzt: «…und ohne Smartiefon, ohne Internet…» – «…das war ja pure Steinzeit!», seufzt Rudy fassungslos, der das Gespräch mitbekommt, obwohl er am ebengenannten Taschentelefon herumhantiert. – «Ja, für dich Weiterentwicklung schon, Cyborgino mio!», seufzt Seraina und zieht ihre Stirne kraus. «Aber stell dir vor, wie romantisch das auch war… richtige Briefe schreiben und darauf warten, bis sie ankommen… telefonieren mit einem altmodischen Kabeltelefon, das mit dem geringelten Kabel, mit dem man so schön spielen kann…» – «Was schwärmst du so über dieses vorsintflutliche Zeug?», versetzt er abschätzig. – «He! Das haben unsere Eltern noch erlebt!», erinnert sich Margarethe. «Und die haben sich auch verliebt und so weiter. Irgendwie war es vielleicht schon romantischer, aber ich vermisse Leon auch so ganz schrecklich. Und dann erst recht, wenn er sechs Wochen in Monterey mit den Seeottern und Meeresfischen rumhängt, und da würde ich durchdrehen, wenn ich nicht täglich von ihm hören würde!» Seraina schickt ihrer Freundin einen mitfühlenden Blick.

* * *

Endlich sind die Sommerferien angebrochen! Nur noch wenige Tage trennen Margarethe von der Wiedervereinigung mit ihrem Leon. Die Nervosität steigt – auch bei ihrer Mutter, welche die Siebzehnjährige nur sehr ungern so weit fliegen lässt. Doch sic vertraut immerhin Margarethes Freunden; und Leon ist bereits volljährig. So hat sich ihre anfängliche Skepsis verflüchtigt.

Margarethes Vater dagegen hatte seine Tochter bestärkt in ihrem Unterfangen. Er findet es sinnvoll, dass eine junge Frau auch mal ohne Eltern verreist. Rudys Eltern haben Verwandte in Kalifornien – somit wissen sie, dass ihr Sohn sich jederzeit an diese wenden kann, sollte etwas Unvorhergesehenes passieren. Serainas Tante war am schwierigsten zu überreden. Sie legte sich lange quer, was eigentlich erstaunt, weil Seraina sie nie als «Glucke» wahrgenommen hatte, die ihre Nichte verhätschelt und umsorgt. Aber offenbar hängt sie doch mehr an ihrer Pflegetochter, als sie bisher gezeigt hatte. Doch dank Rudys Logik, der sie sich noch nie hat entziehen können, kam auch sie zum Schluss, dass es problemlos war, die jungen Leute ziehen zu lassen.

Margarethe verabschiedet sich am Vorabend der Reise von ihrem Raben, was ihr schwerfällt: Einerseits freut sie sich riesig, nach der langen Trennung endlich mit ihrem Leon wiedervereint zu sein, andererseits bedeutet das eine vierwöchige Trennung von ihrem Rabenziehsohn! «Ich bin schon komisch, Plonk – egal, wie ich es mache, ich vermisse immer einen meiner Liebsten!», spricht sie zu ihm und seufzt. Als der letzte Sonnenstrahl den Baum des Raben streift, passiert etwas Magisches: Mensch und Vogel verständigen sich auf mysteriöse Weise – auf einer unterbewussten Ebene. Margarethe scheint plötzlich telepathisch mit Plonk zu kommunizieren: als wäre ein Schalter umgelegt. Sie fasst Vertrauen, dass sie ihren geliebten gefiederten Freund auch während dieser vier Wochen Abwesenheit spüren wird – ihr Rabe vermittelt ihr dieses Gefühl. Das lindert den Trennungsschmerz.

* * *

Nun sind sie startbereit. Rudys Mutter bringt die Teenager mit ihrem Tesla direkt an den Flughafen – schliesslich haben sie drei grosse Koffer und je ein Handgepäck dabei. Sie lässt die drei Freunde im Kurzparkierbereich hinaus und umarmt Rudy zum Abschied mütterlich. Ihm ist dies jedoch ziemlich peinlich, jedoch will er auch nicht seine Mutter vor den Kopf stossen – so lässt er es über sich ergehen, kriegt aber knallrote Ohren. Als sie endlich mit dem Wagen davonbraust, atmet Rudy auf und meint zu seinen Reisebegleiterinnen: «Ich liebe meine Mam, aber sie wird mich noch wie einen kleinen Jungen behandeln, wenn ich schon 50 bin…» – Margarethe zuckt mit den Achseln: «Kein Wunder, sie denkt wohl, du kommst nur im Internet zurecht!» Rudy schickt ihr einen vernichtenden Blick, da geht Seraina dazwischen: «Hallo Leute! Nicht schon in die Luft gehen, bevor wir überhaupt im Flugzeug sind!» – Die Angesprochenen verdauen kurz die Worte und müssen dann unwillkürlich über das treffende Wortspiel lachen. Derart wieder entspannt, nehmen sie den Check-In in Angriff.

Dann hängen sie in der Sicherheitskontrolle fest, weil Rudys Cyborg-Implantate Alarm auslösen. Er wird von den andern getrennt und in einem durch Vorhänge abgeschirmten Bereich durchsucht. «Ich hatte mal einen Unfall. Das sind Metallplatten, die den Knochen in der richtigen Position gehalten haben, damit er optimal zusammenwächst», erklärt Rudy dem Sicherheitsmann, der ihn von Kopf bis Fuss filzt. Der Beamte glotzt ihn schief an, doch er kann nichts Verdächtiges an Rudy finden, also lässt er ihn durch. Jetzt können sie zum Gate.

«Diese Warterei auf dem Flughafen ist übel. Da wartet man vor dem Check-In, vor den WCs, vor der Passkontrolle, vor der Sicherheitskontrolle, am Gate und jetzt dann bald im Flugzeug! Ist jedes Mal so gewesen, wenn ich mit meinem Papi weggeflogen bin – eine einzige Warterei! Und wenn man Pech hat, sitzt man beim Zielflughafen auf einigen Kilometern Höhe in einer Warteschlaufe fest, bis endlich die Landeerlaubnis kommt!», grummelt Margarethe vor sich hin. Seraina bekommt es mit und meint: «Ich fahre lieber Zug, da kannst du in Ruhe essen und trinken und die Landschaft bewundern. Und es ist umweltfreundlicher!» – «Ach was!», klinkt sich Rudy ins Gespräch rein, «Mit dem Auto ist es am gemütlichsten, da kannst alles mitnehmen, was du willst. Und du kannst überall anhalten, wenn dich was interessiert.» – «Besonders, wenn beim Tesla der Strom ausgeht, dann will ich sehen, wie dir die Sicherungen durchbrennen!», flachst Seraina und erntet einen bösen Blick von ihrem Liebsten. Jetzt ist es an Margarethe, dazwischenzustehen: «Runter vom Gas, Leute! Nicht dass wir noch verhaftet werden, weil sie Randale im Flugzeug befürchten!» In dem Moment kommt die Durchsage, dass jetzt das Boarding beginnt. Im Nu bewegen sich alle Anwesenden Richtung Flugticketkontrolle. «Ich sag's ja, eine einzige Warterei!», zischt Margarethe, und Seraina macht «Pscht!». Rudy grinst und macht seine Begleiterinnen darauf aufmerksam, dass sie jetzt an die Reihe kommen. Margarethe flachst: «Hoffentlich kriegt er ihn wenigstens schnell hoch…» Und sie erntet eine hochgezogene Augenbraue von Rudy, worauf sie sich beeilt, hinzuzufügen: «…der Pilot das Flugzeug, meine ich!»

Endlich im Flugzeug, beziehen sie ihre Plätze. Sie lassen Rudy ans Fenster, weil die Mädchen so den Gang zur Toilette rascher unter die Füsse nehmen können. Als sich das Flugzeug endlich in Bewegung setzt, sind erst einmal die Sicherheitsanweisungen fällig – wo die Schwimmwesten zu finden sind, wie man sie anzieht, was zu tun ist, wenn die Sauerstoffmasken von der Decken baumeln…

Als die Starterlaubnis kommt, drehen die Düsen voll auf. Das ganze Flugzeug beginnt zu vibrieren, und langsam setzt es sich in Bewegung. Immer schneller wird es. Als die Teenager das Gefühl haben, jetzt könne es gar nicht mehr schneller gehen, da drückt sie der finale Schub voll in die Sitze, und der Metallvogel hebt ab. In einer leichten Kurve schraubt sich der Flieger hoch. Rudy blickt auf einen langgezogenen, bananenförmigen See, den Zürichsee, dessen Wasseroberfläche glitzert, als wären Millionen Perlen darüber verstreut. Er meint sogar, sein Elternhaus entdeckt zu haben. Nach ein paar Minuten haben sie die Flughöhe von über zehn Kilometern erreicht. An den Flügeln verändern sich die Positionen der Klappen, und die Düsen hören sich nun ruhiger und gleichmässiger an. Nun gilt es, mehr als elf Stunden totzuschlagen. Sobald es wieder erlaubt ist, benutzt Rudy sein Smartiefon. «Super, der hat einen Fensterplatz, glotzt aber nur noch auf sein Ding», grummelt Margarethe. Seraina grinst, doch Rudy ist viel zu sehr mit seinem Handy beschäftigt, um etwas davon mitzubekommen. Weil das Flugzeug entgegen der Erdrotation fliegt, fahren sie quasi mit der Sonne mit. Der Vorteil: Der Jetlag beim Hinflug lässt sich besser verkraften, weil das Licht einen langen Tag vorgaukelt. Beim Rückflug wird eine lange Nacht zu schläfrigen Passagieren führen, die kurz vor Mittag verwirrt und übernächtigt in der Heimat landen werden. Doch daran denken sie vorerst nicht, die drei reiselustigen Teenager, denn jetzt freuen sie sich erst einmal auf eine Woche in San Francisco, dann auf drei Wochen unterwegs auf der Route 66.

4

Die Rückkehr der Seeotter

Endlich ist die Westküste der USA erreicht. Des Filmeglotzens sind die drei schon überdrüssig, und die Lektüre ist ihnen ausgegangen. Schon sinkt das Flugzeug rapide. Margarethe wird es mulmig zumute, denn ihr scheint, dass es etwas gar zu schnell hinuntergeht. Rudy kann sie auch nicht wirklich beruhigen mit seinen technischen Details. Hier fehlt ihr klar Leons Gelassenheit, um die aufkommende Panik im Keim zu ersticken. Margarethe sitzt zwar nicht zum ersten Mal in einem Flugzeug, aber ein Langstreckenflug über ein grosses Gewässer ist eine andere Sache als eine kurze Europa-Städtereise. «Da ist ja nur Wasser!», ruft Seraina aus und bekommt es nun ebenfalls mit der Angst zu tun. «Der landet auf dem Wasser!» Margarethe ist schon kreidebleich, als Rudy locker hinzufügt: «Die Piste in San Francisco beginnt am Strand. Kein Grund zur Aufregung, die Landeklappen kommen jetzt hoch...» – «Bei mir... kommt gleich... das Mittagessen hoch», würgt Margarethe. Seraina nimmt sie in die Arme. Da finden Margarethes Finger Leons Stein in der Hosentasche. Sie zieht ihn heraus und hält ihn in ihrer Faust umklammert – die Übelkeit löst sich langsam auf. Im nächsten Moment rumpelt es, und das Flugzeug hat auf der Landebahn aufgesetzt. Die Passagiere klatschen, um den Piloten für die geglückte Landung zu danken.

Schnell sind die Teenager draussen und eilen zur Gepäckausgabe. «Schon wieder warten...», beschwert sich Margarethe. Doch auch diese Hürde ist bald geschafft. Bei der Einreisekontrolle wird es noch einmal etwas harzig, besonders, weil Rudys Einbauteile wieder Alarm auslösen. Und die Amerikaner sind in dieser Angelegenheit viel nervöser als die Schweizer. Rudy wird in einen separaten Raum gebracht. Nach einer geschlagenen halben Stunde gesellt er sich kreidebleich zu seinen Reisebegleiterinnen, die beinahe auf den ungemütlichen Sitzen im Transitbereich eingeschlafen wären. «Was zum Kuckuck hat so lange gedauert, Mann!», grunzt Margarethe vorwurfsvoll, und Seraina lacht: «Wetten, die wollten dir die Chips rausoperieren…» – Rudy atmet tief ein und stöhnt: «Ja, sowas in der Art… Die haben mich behandelt wie einen Terroristen… musste mich sogar…» – «…ausziehen?», fragt Margarethe geschockt. Rudy nickt, verzieht das Gesicht und grummelt: «Also wenn ich das gewusst hätte, ich hätte das Flugzeug gekapert und zur Rückkehr in die Schweiz gezwungen!» – Seraina flachst: «Na ja, dann wärst du wirklich ein Terrorist…» – «Pscht!», sagt das Wort nicht so oft, wir sind immer noch nicht aus'm Schneider. Bestimmt haben wir jetzt das FBI am Hals», ermahnt Margarethe ihre Freunde. Sie schauen sich gehetzt um und beschliessen, so schnell wie möglich ihr Hotel aufzusuchen.

* * *

Im Hotelzimmer ist es schön kühl, die Klimaanlage surrt aber ziemlich laut. Die drei Freunde sind so erschöpft, dass sie dies nur am Anfang wahrnehmen. Sie stellen die Koffer achtlos in eine Ecke, ziehen die Schuhe aus und fallen dann wie tote Fliegen aufs Bett. Rudy und Seraina schlafen sofort ein, Margarethe jedoch starrt an die Decke. – Was Leon jetzt wohl macht, denkt sie und sucht im Schein ihrer kleinen Taschenlampe den Zettel, auf dem der kostenlose WLAN-Zugang notiert ist, und wählt sich mit ihrem Smartiefon ein. Da ist auch schon eine Textnachricht von ihrem Liebsten drauf: Schon gelandet, my Love?

Margarethe blickt zu ihren fest schlafenden Freunden. Rudy liegt auf dem Bauch so nah am Bettrand, dass sein linker Arm und sein linkes Bein auf den Boden hinunterhängen. Seraina liegt auf dem Rücken, ihre rechte Hand berührt Rudy, ihre linke Hand liegt auf ihrem Bauch. Beide atmen ganz leise ein und aus. Die friedliche Stimmung wird nur durch das Surren der Klimaanlage gestört. – In luxuriöseren Hotels wären die Klimaanlagen leiser, denkt sich Margarethe und tippt in ihr Smartiefon: Ja, wir sind im Hotel, die R-Fraktion pennt. Hab Sehnsucht nach dir, mein Liebster! Sehen wir uns morgen? Kommst du hoch?

Nach ein paar Minuten antwortet Leon überschwänglich: Klar! Bin motorisiert! Hole euch ab für eine Privatführung durch's Monterey Bay Aquarium! – Margarethe schickt ihm ein gelbes Smiley mit Kussherzchen und legt sich nun ebenfalls rücklings aufs Bett, darauf bedacht, die andern beiden nicht zu stören. Sie schliesst ihre Augen und sieht vor ihrem geistigen Auge Leons Antlitz – seine gütigen grünen Augen funkeln. In ihrer Hand hält sie den Stein, den er ihr beim Abschied vor sechs Wochen gegeben hat – morgen wird sie ihn ihrem Liebsten zurückgeben können. An mehr erinnert sie sich nicht mehr, denn sie ist eingeschlafen, bevor sie es bemerkt.

Am nächsten Morgen wachen alle auf wie aus einem komaähnlichen Zustand. «Jetzt haben wir unsere erste Nacht zu dritt verpennt, ohne einen flotten Dreier hingelegt zu haben», flachst Seraina und folgt mit den Augen einem Rudy, der wie ein Maulwurf am Boden nach seiner Brille tastet. Margarethe gähnt und scherzt: «Wenn du in der Bettmitte wachst wie eine Muräne, dass ich deinen Schatz nicht in die Finger kriege, dann wird's schwierig.» – Seraina grinst und bückt sich, um Rudys Brille aufzulesen: «Hier, mein herzallerliebster Blindgänger! Was kriechst du zu Kreuze, hier ist dein Brillenständer… äh gestell!» Rudy steht auf und murrt: «Hättest du das nicht früher sagen können?» – «Hab's auch erst jetzt gesehen!», entschuldigt sich Seraina und küsst Rudy, als er endlich wieder klar sieht. Das Paar schaut dann vorwurfsvoll zu Margarethe, und Seraina findet: «Das Bad ist frei, ich war schon drin, du bist dran, Mäg.» Und in ihrem Blick liest Margarethe zwischen den Zeilen: Lass mich und Rudolfino mal in Ruhe knutschen. Margarethe grinst und verschwindet im Bad. Die lauwarme Dusche tut ihr gut.

Doch zu mehr als zu innigen Küssen kommen Seraina und Rudy nicht. Margarethe ist schnell fertig. Jetzt ist Rudy dran. Nachdem auch er das Bad beansprucht hat – alle drei hatten eine Dusche dringend nötig nach dem langen Flug – geht's hinunter zum Frühstücksbüffet, das reich gedeckt ist, allerdings mit ziemlich viel Süssem und Fettigem. «Die spinnen, die Amis, zum Zmorge nehme ich doch keine Pancakes mit Honig! Und schon gar nicht so'n Riesending!», beschwert sich Rudy. Seraina hebt beide Augenbrauen und findet, leicht errötend: «Klar, du bist selber süss genug, und gross genug ist…» – «…dein Appetit!», beendet Margarethe schnell den Satz, weil sie bemerkt, dass ein deutsches Paar vom Nebentisch herüberglotzt.

* * *

Die drei Freunde verlassen das Hotel, und da steht vor einer Art Lieferwagen ein junger Mann in Hawaii-Hemd und lässigen Shorts, barfuss in Flip-Flops, eine dunkle Sonnenbrille vor den Augen, eine kecke rote Baseballkappe auf dem Kopf – unter der die Locken blonder als gewohnt hervorquellen – und einen Drei- oder eher Siebentagebart im Gesicht: Leon. Margarethe stürzt auf ihn los. Leon fängt sie auf und stemmt sie wie eine Feder in die Höhe. Sie jauchzt vor Glück, und er lacht bis über beide Ohren. Schliesslich setzt er sie wieder ab, und sie küssen sich stürmisch. Rudy und Seraina schauen sich etwas ratlos an und fragen sich, ob sie wohl besser allein ins Monterey Bay Aquarium fahren und den beiden Turteltauben das Hotelzimmer überlassen… doch die beiden Siebzehnjährigen habe noch keinen Führerschein, darum wird es etwas schwierig, den Lieferwagen legal zu lenken.

«Ä-hem!», räuspert sich Rudy und fügt zurückhaltend hinzu: «Sorry für die Interruption, aber wir sollten mal los. Monterey ist noch ein Stück weg, und es ist auch schon elf Uhr…» – Margarethe und Leon drehen sich nach dem Sprechenden um und schauen drein mit einer Miene, die zu sagen scheint: Ups, die zwei sind ja auch noch da…

Unterwegs fühlt es sich an wie in der GAZ-13 bei ihrem DDR-Zeitreiseabenteuer damals in Berlin im Jahr 1966 – nur dass diesmal die richtigen Pärchen nebeneinandersitzen und der Lieferwagen nach Fisch und Meersalz riecht und nicht nach muffigen sowjetischen Autopolstern. Rudy und Seraina rümpfen beide synchron die Nase, befinden sie sich auf der hinteren Sitzreihe doch sehr viel näher am Laderaum, der nur durch ein vergittertes Fenster von der Fahrgastzelle abgetrennt ist.

Margarethe ist überglücklich, ihren Leon wiedergefunden zu haben. Als sie einmal anhalten und aussteigen, um die Aussicht aufs Meer zu bewundern, hält sie ihm feierlich die Faust vors Gesicht und öffnet langsam die Hand. Leons Stein wird sichtbar und glitzert in der Sonne. Leon lächelt und nimmt seinen Schatz aus Kenya wieder an sich, verstaut ihn in seiner Hosentasche und fragt dann: «War's jetzt so schlimm, wie du gedacht hast?» – Margarethe verschränkt ihre Arme und blickt treuherzig zu Leon hinauf: «…na ja, eigentlich, es ging so. Gut, haben wir jeden Tag Textnachrichten ausgetauscht.» – Leon lacht laut: «Jetzt hörst du dich an wie unser Cyborg…» Margarethe zwickt ihn in die Seite, und Leon quiekt wie ein Schweinchen. Das veranlasst das Mädchen, ihren Freund weiter zu kitzeln, was er zuckend und lachend quittiert. Seraina und Rudy drehen sich nach den beiden um, da flachst Seraina: «Ich glaub, Rudy hatte Recht, wir hätten euch das Hotelzimmer überlassen sollen… Los! Gehen wir zurück zum Auto und fädeln uns in den Verkehr ein, bevor hier mehr Verkehr herrscht als auf der Strasse...» Margarethe und Leon werden knallrot.

* * *

Im Monterey Bay Aquarium zeigt Leon seinen Freunden nach einem schnellen Mittagessen die wichtigsten Attraktionen, etwa das grosse Kelp-Becken mit den putzigen Seeottern. «The kelp... äh, ich meine: Der Kelp, riesige Algen, Nahrungsgrundlage und Habitat für diverse Meerestiere, ist beinahe komplett verschwunden, weil die Seeotter durch die Pelzjagd so stark dezimiert worden sind, so dass gefrässige Seeigel überhand genommen und die Algen vertilgt haben. Erst als die Seeotter wieder angesiedelt worden sind und Seeigel gefressen haben, konnten sich auch die submarinen Kelp-Wälder erholen», weiss Leon zu berichten. – «Typisch Mensch! Beutet die Natur aus und muss dann mühsam den entstandenen Schaden reparieren!», äussert sich Margarethe empört, und Seraina seufzt: «Ja, das Schlimmste ist, dass es überall auf der Welt geschieht, und niemand lernt von den Fehlern der anderen...» – «Seht es positiv: Es gab eine Lösung!», wendet Rudy ein und erntet von Margarethe ein Augenrollen. «Hey, ist doch wahr...», verteidigt sich Rudy und bekommt Schützenhilfe von Leon: «Na ja, und deswegen wird es niemals an Jobs für Biologen mangeln. Irgendwas zum Reparieren wird es immer geben.» – «Ihr Männer wollt immer alles reparieren», beschwert sich Seraina, doch Leon kontert wie aus der Pistole geschossen: «Wer wollte die flauschigen Pelzmäntel? Ihr Frauen!» – «Ich nicht!», ereifert sich Margarethe indigniert, und Seraina zeigt mit einem Daumen auf sich selber und verneint es ebenfalls mit der dazugehörigen Handbewegung.

Weiter geht es zu den Becken mit den Quallen, die wie Tänzerinnen im Wasser schweben und elegante rhythmische Bewegungen vollführen. «Wow, sind die schön!», findet Seraina; Margarethe jedoch erschaudert, denn sie weiss von ihrem Vater, dass diese Wesen ziemlich giftig sind. Rudy ist ebenfalls total fasziniert. Komplett sprachlos steht er vor dem Quallenbecken. Leon erklärt: «Die seltsamen Wesen werden mit einem speziellen Licht angestrahlt, dass die schwebenden Gallertkörper noch viel mystischer aussehen lässt.» Seraina muss ihren Rudy regelrecht wegzerren, so gebannt starrt er ins Becken. «Rudolfino mio! Normalerweise starrst du mich immer so an. Ich werd' gleich eifersüchtig auf die Medusa!», spricht sie halb belustigt, halb genervt. Rudy wird ganz verlegen und stottert: «Äh, was? Ich… qualle die Staren… äh… starre die Quallen… doch nicht an… ich… ich kenne… keine… Melissa…» – «Medusa heisst Qualle auf Italienisch», erklärt Seraina prustend, Margarethe und Leon grinsen.

Nun bittet der Aquarienführer seine Freunde, ihm weiter zu folgen. Schliesslich stehen sie vor dem riesigen Becken mit Mondfischen und Haien. Den Siebzehnjährigen ist es nicht ganz geheuer, so nahe bei diesen riesigen Bewohnern der offenen See zu sein. Leon lächelt, weil er ihre Gedanken errät: «Well… äh, ich meine: Gell, denen möchte man nicht beim Baden begegnen!» Margarethe und Seraina nicken, Rudy schweigt ehrfurchtsvoll. – «Habt ihr bemerkt: Die haben keinen Schwanz», weist Leon auf eine anatomische Besonderheit der Mondfische hin. Margarethe grinst, und nun ist es an Leon, die Augen zu verdrehen: «Die Lady denkt sich wieder was…» – «Da hat sich schliesslich auch was aufgestaut! Mäg bleibt, glaub' ich, über Nacht bei dir, Leo. Hast du Platz?», schlägt Seraina vor und erntet ein breites Grinsen von Margarethe und Leon. «Klar, ist nur Queen-Size bei mir, aber für die Königin meines Herzens und meine Wenigkeit reicht das!», findet Leon und zieht Margarethe an sich. – «Queen-Size ist okay – solange du mehr zu bieten hast als der Mondfisch!», witzelt sie.

So geschieht es, dass die Liebespärchen doch noch eine Woche Privatsphäre geniessen werden, bevor die vier im engen Wohnmobil eingepfercht die Route 66 in Angriff nehmen.

Bevor sie den Weg zum Hotel unter die Räder nehmen, erklärt Leon: «Morgen Montag habe ich frei, und am Dienstag habe ich nur Nachtdienst. Wir könnten einen Abstecher ins Death Valley machen und dort übernachten. Den Wagen hier darf ich benutzen. Packt nur das Nötigste ein. Wir müssten allerdings früh los und können uns nur kurz dort aufhalten, weil es ziemlich weit weg ist. Aber es lohnt sich.» Für seinen Vorschlag erntet er drei freudige Gesichter. «Okay, dann holen ich und Mäg euch ab, morgen aber schon um sechs Uhr, so sind wir gegen Abend im Death Valley.» – «Waaah!», machen Seraina und Rudy im Chor, und Letzterer protestiert: «Bist du bescheuert, Leo! Ist ja wahnsinnig früh!» Achselzuckend erwidert der Angesprochene: «Was willst du, ist auch wahnsinnig weit. Ist aber die Reise wert!» – «Wieso machen wir das nicht später, wenn wir vielleicht sowieso mit dem Wohnmobil nach Las Vegas fahren, wäre das nicht näher?», gibt Margarethe zu bedenken, die eine Strassenkarte im Handschuhfach behändigt hat und geflissentlich studiert. – «Unsere Kartenleserin hat Recht», pflichtet ihr Leon bei. «Aber mit einem kleineren Fahrzeug sind wir schneller und wendiger als mit einem sperrigen Wohnmobil; wir können eine abenteuerlichere Route wählen und Zeit sparen. Zudem ist der Lieferwagen klimatisiert – wer weiss, ob das beim Camper auch der Fall ist… Es kann fürchterlich heiss werden im Death Valley – darum heisst das Gebiet ja auch Tal des Todes!» Rudy schluckt sichtbar heftig, wie die Bewegung an seinem Adamsapfel zeigt, verklemmt sich aber jegliche Widerrede. Leon chauffiert ihn und Seraina ins Hotel nach San Francisco und fährt dann mit Margarethe zurück zu seiner Studentenbude, einem kleinen Zimmer, dass kaum mehr Platz hat als für einen Schrank, ein Bett und einen Tisch mit wackligem Stuhl. Dusche und WC sind auf dem Gang. Rund ein Dutzend Studenten teilen sich eines. Margarethe rümpft die Nase, doch die kleine Unannehmlichkeit nimmt sie gerne in Kauf, um ihrem Leon nahe zu sein.

Leon schliesst die Zimmertüre und dreht den Schlüssel. Dann sieht er Margarethe an, die neben ihm steht. Plötzlich sind beide befangen. So lange waren sie getrennt, dann einen Tag zusammen mit ihren Freunden, aber zu zweit sein ist plötzlich ganz ungewohnt für sie. Sanft ergreift der junge Mann die Hand seiner Liebsten und führt sie an seine Lippen. Sie strahlt ihn an mit leuchtenden, honigbraunen Augen und sieht überrascht zu, wie er eine Verbeugung vor ihr macht. Galant führt er Margarethe dann zu seinem Bett. «Verehrteste, erlaubt mir, Euch zum Schlafgemach zu geleiten», spricht er mit sanfter Stimme. Das Mädchen lächelt verwirrt, hatte sie doch eher erwartet, ihr Löwe würde zuerst ein paar Anzüglichkeiten von sich geben und auf Quallen, Otter oder Mondfische Bezug nehmen, um sich dann wie ein ausgehungertes Tier auf sie stürzen und ihr die Kleider vom Leib zu reissen, um sie wie ein vielarmiger Tintenfisch zu umschlingen. Stattdessen verhält er sich ganz zurückhaltend und rücksichtsvoll. Zu rücksichtsvoll für ihren Geschmack. Sie setzt sich zaghaft auf den Bettrand, und er setzt sich neben sie, fast etwas schüchtern, mit einem kleinen Abstand, ergreift ihre Hand mit beiden Händen und sieht ihr tief in die Augen. Und dann verliert sie sich in endlosem Grün von einer Tiefe, wie sie es nicht einmal in Rom erlebt hat, als sie ihre erste Liebesnacht feiern durften. Keuchend nähert sie sich mit ihren Lippen den Seinigen, magisch angezogen vom grünen Meer seiner Augen. Die beiden verschmelzen mit ihren Mündern, und dann ist es um sie geschehen.

5

Gegrillt im Tal des Todes

Die Temperatur beträgt fast 50 Grad Celsius. Der Lieferwagen vom Monterey Bay Aquarium ist zum Glück klimatisiert. Doch als die vier Freunde nach langer Fahrt aussteigen, um die atemberaubende, marsähnliche Landschaft des *Death Valley* zu bewundern, da schlägt ihnen die staubtrockene, heisse Luft mit voller Wucht entgegen – obwohl es bereits Abend ist. «Boah, wie in einem Backofen!», ruft Leon aus, «Hier möchte ich keine Autopanne haben!» – «A propos… haben wir genug Wasser dabei?», fragt eine praktisch veranlagte Seraina, und Rudy zeigt auf zwei grosse weisse Plastikbehälter, die bestimmt je fünfzig Liter fassen. «Sind beide voll mit Wasser? Wozu so viel?», fragt Margarethe argwöhnisch, denn sie denkt daran, dass es schnell schal wird und man es dann wegschütten muss, weil es ungeniessbar geworden ist. Da erklärt die angehende Ärztin Seraina trocken: «Bei der Temperatur musst du draussen in der Hitze mindestens einen Liter pro Stunde trinken! Die Luft hier enthält kein Wasser, sie saugt dich richtiggehend aus. Du schwitzt, aber du merkst es nicht, weil alles grad verdunstet. So dehydrierst du in wenigen Stunden. Es sind hier schon Leute gestorben…» – «Waaaah! Grässlich!», erschaudert Margarethe, und sie schämt sich ein wenig für ihre doofe Frage. «Schau!», fügt Seraina hinzu und schüttet den Rest aus ihrer Trinkflasche auf ihr T-Shirt – es ist binnen weniger Sekunden wieder trocken. Leon und Margarethe staunen Bauklötze, Rudy lächelt – erstens, weil er es natürlich selber weiss, zweitens, weil er stolz darauf ist, dass seine Rai in Sachen Logik auch was drauf hat.

In einem unbemerkten Moment flüstert Margarethe zu Leon: «Manchmal fühle ich mich so… naiv, wenn die R-Fraktion loslegt wie vorhin. Bei Rudy bin ich es mir ja gewohnt, aber Rai fährt immer mehr die gleiche Schiene…» – Leon grinst lässig und streichelt Margarethes linke Wange, dann meint er seufzend: «Die meisten Menschen klingen superklug, wenn sie in ihren Wissensgebieten auftrumpfen. Du hast uns auch schon verblüfft, Mäg, wenn es um Zeitreisen ging. Aber meistens bist du viel zurückhaltender als die andern. Darum lieb ich dich ja so!» Und er küsst sie leidenschaftlich. Margarethe wird leicht ums Herz. Sie hat oft das Gefühl, etwas vorschnell blöde Fragen zu stellen. Doch Leons Einstellung gefällt ihr, überhaupt gefällt er ihr total: Genau so hat sie sich den Mann ihres Lebens immer vorgestellt!

Margarethes Blick schweift über das trockene Tal, das sich vor den Teenagern auftut: Felsen in diversen Nuancen der Farbe Rot formen eine ausserirdisch wirkende Landschaft. Die Luft vibriert. Die wenigen Pflanzen, die hier existieren – oder eher dahinvegetieren – haben ledrige Aussenhüllen, um möglichst kein Wasser zu verlieren. Weiter ins Tal hinein blickend, entdeckt das Mädchen überhaupt keine Pflanzen mehr. Und plötzlich bewegt sich da etwas. «Hey, beim… Busch, da… hinten… ein kleiner Wolf?», stottert Margarethe aufgeregt. – «Ein Kojote», erkennt Leon mit seinem Biologenblick. Das Tier bleibt im Schatten und äugt misstrauisch zu den vier Freunden. Mittlerweile haben auch Rudy und Seraina das Tier entdeckt. Doch allzu lange mögen sie dem Kojoten bei der Siesta nicht zuschauen. Erstens ist es langsam langweilig, zweitens zu stickig. Alle vier sind froh, wieder im klimatisierten Auto zu sitzen und ein paar Becher Wasser zu sich zu nehmen. «Puh, das stinkt nach Chlor!», beschwert sich Rudy, und Leon lacht laut auf: «Daran musst du dich gewöhnen, die Amis tun das ins Wasser, um es trinkbar zu machen.» – «Trinkbar? Das ist jetzt ein Witz, oder?», grunzt Rudy, doch Leon schüttelt den Kopf: «Hast du bis jetzt noch kein Wasser getrunken?» – «Nur Mineral aus der Flasche, das schmeckt normal», kontert der Angesprochene. Leon betätigt mit einem «ach so» die Zündung und fährt los, da taucht vor dem Wagen plötzlich eine rennende Kreatur auf. Vogelfreundin Margarethe frohlockt: «Das ist doch ein Vogel! Das ist doch dieser Mieb-Miep, wie heisst er noch?» – «Roadrunner! Auf Deutsch ein Wegekuckuck», erklärt Leon und fährt achtsam hinter dem Tier her, das in einem Affenzahn vor dem Auto herrennt, als hätte es einen diebischen Spass daran, Touristen zu necken. «Achtung Kante, du Fahrschüler!», warnt Rudy von hinten, und Leon macht ein Ausweichmanöver, um nicht im Strassengraben zu landen. Es schüttelt alle ziemlich durch. «Ein Déjà-vu!», meint Margarethe und atmet auf, weil alles gut gegangen ist. Schon in Berlin zu DDR-Zeiten war Leon ein Malheur passiert mit der Sowjet-Limousine, weil er kurz unaufmerksam war. Vor lauter Schreck haben die Freunde den Kuckuck aus den Augen verloren. Der Rennvogel ist vermutlich ebenfalls erschrocken und hat das Weite gesucht. Bei unkonzentrierten Fahrern ist es immer besser, das Feld zu räumen…

Nach einiger Zeit erreichen sie eine Ebene, *Badwater* genannt. Als sie aussteigen und sich den weissen Boden näher ansehen, nachdem sie sich wieder an die Wucht der Hitze gewöhnt haben, erkennen sie, dass der Boden bedeckt ist mit einer eingetrockneten, rissigen Salzkruste. «Wir sind hier 85,5 Meter unter dem Meeresspiegel. Das war mal ein Salzsee – und ja, er ist ausgetrocknet. Warum, muss ich euch nicht erklären, oder?», doziert Rudy und bückt sich, um die Kruste anzufassen. «Autsch! Das ist messerscharf!», beschwert er sich und richtet sich wieder auf, einen Finger im Mund. Seraina ist besorgt und reagiert sofort: «Hast du dich verletzt, Rudolfino? Zeig her!» – «Hey, du bist schlimmer als meine Mutter!», grunzt der Angesprochene, und sowohl Margarethe wie auch Leon grinsen verschmitzt. Seraina geht nicht darauf ein, stattdessen packt sie Rudys verletzte Hand, zieht den Finger aus seinem Mund und sieht sich den Schnitt an. Rudy protestiert: «Hey…» – Doch sie überhört auch das und diagnostiziert: «Na ja, bei der Hitze und Trockenheit ist eine Infektionsgefahr eher unwahrscheinlich. Warte, ich hab ein

Pflaster.» Schnell kramt sie eine kleine Reiseapotheke aus ihrem Rucksack und verarztet Rudy. Dieser hält brav still und ist schlussendlich doch ganz glücklich über das Pflaster. Nur zugeben will er es nicht, zu peinlich ist es ihm, wenn man ihn so bemuttert.

In der einzigen Herberge im Death Valley nehmen sie ein deftiges Abendessen zu sich, beziehen zwei Zimmer und finden es schade, dass sie schon am nächsten Morgen die Rückreise antreten müssen.

«Die Klimaanlage macht einen grauenhaften Krach!», beschwert sich Rudy, «Da bekomme ich Kopfschmerzen, wenn dieses Ungetüm über dem Bett die ganze Nacht läuft!» Seraina seufzt leise und betätigt den Off-Schalter. Im Zimmer nebenan ist es Margarethe, die wegen des lauten Klimageräts genervt ist. «Wenn du nix gesagt hättest, ich hätte es glatt überhört», grinst Leon und zieht seine Mäg an sich, um sie zu küssen. Er merkt schnell, dass seine Freundin total angespannt ist, und lässt sie los, um die Klimaanlage abzuschalten. Erleichtert atmet Margarethe auf. Im Zimmer der R-Fraktion ist ohne Kaltluftzufuhr bereits eine drückende Hitze zu verspüren. «Boah, das ist ja nicht auszuhalten! Ich fühle mich wie in einem Backofen!», jammert Rudy weiter, obwohl er mittlerweile bis auf die Unterhose entkleidet ist. Seraina lächelt ihm zu und meint neckisch: «Na, dann haben wir eine weitere Ausnahmesituation in unserer sehr privaten Checkliste abzuhaken: Liebe im Umluftbackofen-Modus!» – Rudy stöhnt: «Jetzt habe ich definitiv Kopfschmerzen!» – Derweil steigt die Temperatur auch beim anderen Pärchen. Leon zieht lässig das T-Shirt aus und wirft es Margarethe zu, die es auffängt und ihren Liebsten erwartungsvoll anschmachtet. Doch mit zunehmender Hitze hat auch dieses Paar wenig Lust auf allzu viele zusätzliche Bewegungen. – Mit Klimaanlage wäre es kühl genug, doch das Geräusch der Anlage erstickt jede lustvolle Stimmung im Keime, und ohne Klimaanlage benötigt die kleinste

Anstrengung eine ziemliche Überwindung. Leon keucht: «Diese Hitze! Und dann noch im Gummianzug! Fürchte, das wird nix heute!» So geschieht es, dass sich beide Paare unabhängig voneinander zum gleichen Ergebnis durchringen: Ohrstöpsel benutzen, Klimaanlage auf halbe Stärke stellen, sich küssen und einschlafen.

Als die Mädchen morgens nach dem Haarewaschen nach draussen gehen, treffen sie sich vor ihren Zimmern und staunen, dass bei beiden die nassen Haare in Sekundenbruchteilen trocken sind – die Luftfeuchtigkeit liegt nahezu bei Null, da wird jedes Tröpfchen gleich aufgesaugt. «Gestern war ja schnell ruhig bei euch drüben, habt ihr…», flüstert Seraina und schaut ihre Freundin erwartungsvoll an, «…habt ihr etwa auch den Schutzschild im Hotel liegenlassen? So was Blödes, aber Risiken geh ich nicht ein!» – «Nein, aber da war eh nicht viel zu wollen, entweder Hitze oder Surren – das törnt sowas von ab! Und mit Ohrstöpseln würde sich das anfühlen, als würde man in einer Taucherglocke…», erklärt Margarethe die gestrige Ruhe im Raum, als die Jungs zu ihnen stossen. Das angeschlagene Thema wird schnell beiseite gelegt, um ausgehungert das Morgenbüffet anzusteuern, das im Haupthaus aufgetischt wird.

Frisch gestärkt geht es auf die Rückreise. Da tröpfelt es auf die Windschutzscheibe. Die Strasse aber bleibt staubtrocken. «Wahnsinn, der Regen schafft es nicht bis zum Boden, der verdunstet noch, bevor er ganz unten ist!», staunt Leon und fährt langsamer, um das kurze Schauspiel zu bewundern, das so schnell vorbei ist, wie es angefangen hat. Auch die Mädchen und sogar Rudy sind komplett aus dem Häuschen. Letzterer doziert: «So alle zehn bis fünfzehn Jahre regnet es mal richtig, so dass sich das Death Valley in ein Blütenmeer verwandelt.» – «Wow, das wäre schön zu sehen!», ruft Margarethe aus, und Seraina pflichtet ihr bei. – «Dann wimmelt es hier bestimmt von Touristen, das muss furchtbar sein!», grummelt Rudy, der grosse Menschenansammlungen noch mehr fürchtet als Spinnen.

«Hey, Leo, der Tank ist fast leer!», bemerkt er dann und klopft Leon auf die rechte Schulter. Dieser blickt kurz auf die Anzeige und erbleicht. Das rote Lämpchen leuchtet. «Wie lange… bre-brennt das schon?», stammelt er und wirkt ganz zerknirscht. – «Keine Ahnung, du bist der Fahrer!», kontert Rudy vorwurfsvoll, und die Mädchen schauen sich entgeistert an. Doch Leon wäre nicht Leon, wenn er sich nicht schnell wieder beruhigen würde: «Ach was, die Anzeigen sind so gebaut, sodass sie frühzeitig einen leeren Tank vorgaukeln, dass man schleunigst eine Zapfsäule ansteuert, bevor es kritisch wird. Die Amis gehen immer auf Nummer sicher, darum steht ja auch auf jedem Seiten- und Rückspiegel, dass alles, was man drin sieht, kleiner wirkt und näher ist, als es scheint…» – «Na super, mit der Einstellung sehe ich uns schon eine weitere Nacht im Death Valley verbringen, aber diesmal draussen…», stöhnt Rudy, und Seraina meint: «Wenigstens haben wir genügend Wasser…» – Rudy verdreht die Augen, und Margarethe wird es mulmig zumute. – «Ach was», spielt Leon die Situation weiter herunter, «es geht hier bergab, wir verbrauchen kaum Sprit, und in spätestens fünfzig Kilometern ist bestimmt eine Tankstelle. «Waaaaas!», schreien die andern drei entsetzt. Leon grinst und beschwichtigt: «War nur ein Scheeerz!» Doch der Scherz wird bitterer Ernst, denn sie fahren und fahren und fahren. Da beginnt der Motor schon zu stottern. Nun wird es auch Leon etwas zu brenzlig, doch er behält ein Pokerface, damit wenigstens einer nicht jammert. Schliesslich erscheint eine kleine Ortschaft, und die rettende Tanksäule erreichen sie mit den letzten Tropfen Benzin. – «Ich hab's ja gesagt, null Problemo! Was habt ihr alle?», zieht Leon seine Freunde auf, die kreidebleich um den Wagen stehen, während das Benzin aus der Zapfsäule in den Tank fliesst, als wäre der Wagen ein verdurstender Elefant. Beim Anblick der Rechnung schluckt Leon leer – nicht wegen des Preises, Treibstoff ist in den USA vergleichsweise günstig, aber die angegebene Menge deutet tatsächlich darauf hin, dass der Tank wirklich leer war. – «Na, grosse Klappe, aber wenn die Quittung kommt, haste die Hosen voll, gell!», rächt sich Rudy kumpelhaft für Leons russisches Roulette auf vier Rädern. – «Okay, okay! Ich nehm's auf meine Kappe! Sorry Leute!», entschuldigt sich Leon zerknirscht, wendet aber sofort ein: «Aber das muss man ja auch zuerst mal hinkriegen: mit 'nem leeren Tank so weit kommen!» Weil die drei Gesichter, die ihn jetzt anstarren, ziemlich vorwurfsvoll dreinschauen, begibt sich Leon kleinlaut ans Steuer. Die anderen drei steigen ebenfalls wortlos ein, und weiter geht die Fahrt.

Als sie abends, durstig und ausgehungert, aber mit vielen spannenden Eindrücken im Gedächtnis, im Hotel ankommen, wollen sie vor allem ein feines Abendessen in einem klimatisierten Speisesaal geniessen. Margarethe und Leon bleiben dafür dort und fahren erst danach zu Leons Studentenbude in Monterey.

Sie kommen beim Aquarium erst an, als Rudy und Seraina vermutlich schon in süssen Träumen weilen. Leon zieht beide Augenbrauen hoch, als er die Tür zu seinem Zimmer verschliesst, und meint: «Also, in einer Stunde habe ich Nachtdienst, eigentlich sollte ich etwas Schlaf vorholen. Aber egal, ich werde morgen müde sein, aber nachdem ich das Tal des Todes überlebt habe, möchte ich doch noch etwas Lebendiges vernaschen, bevor ich zum Dienst antrete.» Margarethe dreht sich nach ihm um und errötet leicht. Da sie im Death Valley nicht sehr viele Kleiderschichten benötigt haben, sparen sie zumindest in dieser Hinsicht Zeit, die sie dafür investieren in sinnliche Umarmungen. Und ein weiteres Déjà-vu poppt in Margarethes Kopf auf: Sie erinnert sich an das Video aus der Grotte von Pelinn, wie beide in Trance ineinander verschlungen waren, betäubt von einem heimtückischen Aphrodisiakum, das sie sogar jeglichen Gedanken an Verhütungsmittel vergessen liess. Bei klarem Verstand zu sein, macht die Sache prickelnder, denkt sich Margarethe, wobei sie im nächsten Augenblick ihre Zweifel bezüglich klarem Verstand hat, denn ihr hungriger Löwe raubt ihr gerade ebendiesen.

6

Der Asphalt gehört uns!

Die letzten vier Tage von Leons Praktikum sind schnell vorbei. Margarethe durfte ihm zur Hand gehen bei der Arbeit. Es ging vor allem darum, die Forschenden zu unterstützen, wenn sie auf dem Meer Proben holten. Man musste alles beschriften, damit man die Proben danach der richtigen Meerestiefe zuordnen konnte. Im Labor gab es ebenfalls viel zu tun: Die erhobenen Daten mussten in den Computer eingegeben werden. Das war äusserst mühselig, doch jemand musste es tun. Margarethe fand es sehr spannend, doch sie war auch froh, als es endlich Freitag war und das Forscherteam Leon mit einem Grillplausch gebührend verabschiedete. Margarethe durfte dabei sein. Sie fand es rührend, wie schnell die Leute sie wie eine gute Freundin behandelten. Überhaupt waren die Kalifornier sehr herzlich. Während Margarethe Leon zur Hand ging, haben Seraina und Rudy ein paar Stadtteile von San Francisco angeschaut, sind *Cablecar* gefahren und haben die Golden Gate Bridge bestaunt. Die Zeit verging auch für das zweite Pärchen wie im Fluge.

* * *

Es ist Samstag-Morgen. Leon hat seine Siebensachen schnell gepackt. Sein Praktikums-Betreuer, Liam Bennett, hat ihm sogar angeboten, ihn und Margarethe nach San Francisco zu fahren. Das haben sie gerne angenommen. Mit Rudy und Seraina haben sie sich gleich bei der Autovermietung verabredet, um das Wohnmobil abzuholen. Es klappt alles wie am Schnürchen. Liam Bennett gönnt sich noch einen Kaffee aus dem Automaten bei der Autovermietung, während die Teenager das Wohnmobil erklärt bekommen. Das Häuschen auf Rädern ist ein älteres Modell, gut geeignet für vier Personen, dabei aber einfach ausgestattet und noch komplett analog – Leon kommentiert es folgendermassen: «Ohne jeden technischen Firlefanz, so liebe ich es!» Dafür ist es ziemlich preisgünstig, da die meisten Reisenden modernere Fahrzeuge bevorzugen. Für die vier Freunde ist es jedoch perfekt; Liam Bennett hat es ihnen vermittelt.

Von aussen ist das Vehikel schon riesig, aber innen ziemlich geräumig. Und die beiden Betten – eines über der Fahrerkabine, eines ganz hinten – sind Queen-Size, das Erstere allerdings mit wenig Kopffreiheit. Leon will über der Fahrerkabine schlafen, doch Margarethe befürchtet, dass sie nachts Platzangst kriegt. Aber Leon wiegelt ab: «Nachts ist es dunkel, da siehst du nix. Und wenn die R-Fraktion nicht zu wild tut hinten, dann merkst du es nicht mal. Ausserdem bin ich ja noch da…» Margarethe ist noch nicht ganz überzeugt, aber es gibt kein Zurück mehr.

Ein Problem haben sie aber noch: Weil niemand von ihnen älter als 21 Jahre ist, gebärdet sich der Autovermieter kompliziert. Der Angestellte der Vermietungsfirma weigert sich, die Schlüssel herauszurücken, wenn nicht eine Person, die älter als 21 Jahre ist, unterschreibt. Schnell rennt Leon nach draussen, um Liam Bennett, der soeben seine Kaffeepause beendet hat und in den Lieferwagen gestiegen ist, am Wegfahren zu hindern. Es war knapp, denn der Meeresbiologe wollte gerade aufs Gaspedal drücken. Kurz erklärt Leon seinem Praktikums-Betreuer sein Problem. Bennett ist sofort bereit, für die Jugendlichen zu bürgen. Nun ist auch diese Hürde gemeistert – dem Roadtrip steht nichts mehr im Weg.

* * *

Die ersten paar Tage werden sie damit beschäftigt sein, von San Francisco nach Los Angeles hinunterzufahren, um dort auf die Route 66 einzubiegen. Die Strasse führt grösstenteils an der Küste entlang. Es ist eine wunderschöne Strecke. Extra für Rudy machen sie einen Abstecher ins Silicon Valley, wo viele grosse Computerfirmen und diverse hoffnungsvolle Start-ups ihren Hauptsitz haben. Besonders die Ortschaft namens Cupertino hat es Rudy angetan, denn da hat die Firma mit dem angebissenen Obst im Logo sein Hauptquartier. Wie ein riesiger Donut wirkt das Gebäude von oben. «Hey, Ru, was zeigst du uns das Bild auf dem Smartiefon, wir stehen genau davor!», beschwert sich Leon spielerisch, da grunzt Rudy: «Ja, aber die Form sieht man nicht so gut, wenn man am Boden ist.» – «Kannst du dich reinhäcken, Rudolfino mio?» – Rudy grinst süffisant, tritt ans Gebäude heran und berührt mit der Hand die Fassade. Für einen kurzen Moment wirkt er wie versteinert – seine Cyborg-Implantate, die er aus der Zukunft mitgebracht hat, sind sogleich hyperaktiv und bombardieren Rudy mit Informationen, die sein Gehirn gar nicht so rasch verarbeiten kann. – «Sie arbeiten an einem eigenen Autoprojekt! Die Batterien sind sowas von revolutionär, aber das ist noch *top secret*!», ruft er erstaunt aus, als er sich etwas erholt hat vom Datensturm. – «Nicht so laut, Ru, wenn jemand das hört, verhaften sie uns wegen Spionage!», zischt Leon gestresst und greift nach Rudy, um ihn wegzuzerren. «Au!», beschwert sich der Abgeführte. Doch eigentlich ist Rudy ganz froh, denn sein Hirn ist komplett überflutet mit Informationen zu neuen Smartiefons und schnelleren Prozessoren.

Und weiter geht die Fahrt. Sie beschliessen, sich einen schönen Campingplatz an der Küstenlinie zu suchen und finden in Cambria auf einer Klippe einen Ort mit Überblick. Sie haben Glück und kriegen einen Standplatz zugeteilt ohne Reservation. Sie bezahlen die Gebühr für eine Nacht. Leon parkiert das grosse Gefährt geschickt, was sogar Rudy neidlos zugibt: «Alle Achtung, Leo, du hast das Monster im Griff!» Der Fahrer lächelt selbstzufrieden; das Lob aus Rudys Mund tut ihm gut. Rudy hat bereits die ganze Fahrzeugbeschreibung ausführlich studiert: «Wir müssten jetzt eigentlich das Abwasserrohr anhängen…», fängt er an und erntet lange Gesichter. Niemand hat Lust, sich mit dem WC-Abwasser zu befassen. Leon winkt ab: «Ach was, nach einem Tag Fahrt sind die Tanks doch noch nicht voll. Verschieben wir das auf morgen.» Die anderen drei stimmen ihm zu.

Als die erste Nacht der Wohnmobil-Reise anbricht, grillieren sie spät vor dem Wohnmobil, was ihnen Beschwerden der Nachbarn einbringt. Auf amerikanischen Campingplätzen herrschen strikte Regeln! Doch alle sind müde von der Fahrt, darum mögen sie nicht mehr streiten – besonders Rudy, der seine Eindrücke, die ihm seine implantierten Chips von der Computerfirma übermittelt haben, noch nicht wirklich verdaut hat. Aber auch der Fahrer spricht nicht mehr allzu viel, denn er hat um die acht Stunden am Steuer eines Gefährts gesessen, wie er noch keines zuvor gefahren ist. Und niemand konnte ihn ablösen. Die Mädchen sind noch am gesprächigsten. Seraina und Margarethe tuscheln miteinander und lassen den Tag Revue passieren. Doch wiederholtes Gähnen zeigt auch bei ihnen beiden an, dass sie Schlaf nötig hätten. Im Wohnmobil gibt es dafür zwei Möglichkeiten: ein grösseres Bett mit Vorhang und ein kleineres Bett mit richtiger Türe zum verschliessen. Sie hatten sich rasch einigen können, wer wo schläft – Seraina und Rudy überlassen dem Fahrer mit seiner Liebsten gerne das grössere Bett über der Fahrerkabine, das nur über eine wacklige Leiter erreichbar ist. So ziehen sich die zwei Pärchen in ihre Betten zurück – wobei Privatsphäre nicht gerade üppig gesät ist im Wohnmobil, was Liebesspiele schon einmal erschwert. Dazu kommt noch eine sehr enge Dusch- und WC-Kabine, die sie sich zu viert teilen müssen – und dies drei Wochen lang. Ob das gut geht?

Bis nach Los Angeles zur Route 66 rechnen die Teenager mit drei Tagen und zwei Übernachtungen. Der nächste Morgen ist extrem windig, Leon muss gut achtgeben, die Spur zu halten, weil Windböen das hohe Gefährt schnell einmal aus der Bahn zu drücken drohen. Zudem erschüttert ein Erdbeben das Wohnmobil, als sie eine kurze Rast einlegen. Sie sind sich schon gewohnt, dass in Kalifornien mehrmals am Tag die Erde leicht bebt, und im Auto bei voller Fahrt merkt man es gar nicht; wenn, dann fühlt es sich an wie ein Rumpeln, doch dieses Erdbeben ist deutlich stärker und dauert etliche Sekunden. Die Freunde, die sich alle im Wohnraum befinden und sich einen Snack gönnen, schauen sich erschrocken an, doch Leon spielt es herunter: «Ach was, in den sechs Wochen Praktikum habe ich das jede Woche einmal erlebt, das beruhigt sich wieder.» – Rudy kontert: «Wenn du mit <ach was> anfängst, willst du uns doch nur in falscher Sicherheit wiegen. Du bist nicht meine Mam, hör auf mit dem Scheiss, bitte!» – Leon schaut Rudy überrascht an, hebt entschuldigend beide Hände und begibt sich wortlos zurück auf den Fahrersitz, dann meint er: «Ready for Takeoff?» – Die andern drei bejahen.

Sehnsüchtig blicken Leon und Margarethe aufs Meer, als sie einen Halt machen. «Ich würde zu gern surfen», seufzt der Junge, und seine Freundin schickt ihm einen Blick: «Stimmt, du hast das ja probiert, ist das gut?» – «Ist einfach suuuper! Und macht süchtig! Ich war ein paar Mal mit dem Kumpels wellenreiten; ich würde dir das gern mal zeigen, aber es ist jetzt viel zu windig. Und ob die kopflastige R-Fraktion das mitmachen würde?» Margarethe schüttelt den Kopf. «Verschieben wir das besser auf eine andere Reise!» Ein Krächzen erregt Margarethes Aufmerksamkeit, und sie wendet den Kopf und späht in die Lüfte. «Plonk?», fragt sie instinktiv. – «Sicher ein Blue Jay, ein Blauhäher – auch ein Rabenvogel, typisch für hier!», vermutet Leon, der den Schrei mitbekommen hat. Oder war der Schrei nur in ihrem Kopf, ein Gruss von ihrem geliebten Raben?

Die zweite Nacht im Wohnmobil, auf einem schönen Campingplatz bei Santa Barbara, droht etwas unruhig zu werden, denn draussen heulen Kojoten. Margarethe hat sich immerhin an den Umstand gewöhnt, dass sie wenig Kopffreiheit hat. Doch um stundenlang wachzuliegen, dafür ist das Bett über der Fahrerkabine des Wohnmobils nun wirklich nicht geeignet. Den andern dreien scheint das Geheul weniger auszumachen: Leon schläft seelenruhig, und das Paar ganz hinten im Gefährt scheint auch zu träumen. Je länger die Kojoten sie vom Schlafen abhalten, desto mehr fühlt sich Margarethe beengt. Sie klettert mit weichen Knien die Leiter hinunter und rollt sich erst auf einem der Sessel zusammen, aber das ist unbequem, und der Tisch ist zu wacklig. So angelt sie ihren Schlafsack vom Bett herunter, legt sich einfach auf den Boden und schläft dort schnell ein.

Als Leon aufwacht, ist er kurz irritiert, dass seine Mäg nicht neben ihm liegt. Er erblickt sie überrascht auf dem Boden schlummernd. Als sie nach Leons Morgentoilette immer noch schläft und die R-Fraktion – den Geräuschen aus dem hinteren Schlafzimmer nach zu urteilen – langsam «bootet», wie es Rudy ausdrücken würde, entscheidet sich Leon dafür, Margarethe zu wecken. Er kitzelt sie sanft an den nackten Fusssohlen. – «Nfft kiffzen…», grummelt Margarethe im Aufwachmodus und quiekt dabei leise – es hört sich schon fast an wie Leon, wenn man ihn piekst. Als sie realisiert, was läuft, stösst sie einen spitzen Schrei aus und zieht die Beine an den Körper. «Gemein! So aufzuwachen ist grausam!», beschwert sie sich schlaftrunken. – «Sorry, aber die zwei Füsschen schrien schon fast nach einer Kitzelattacke!», grinst Leon schelmisch, und Margarethe kontert mit einem gespielt saurem Gesicht: «Na warte! Ich räche mich, wenn du es nicht erwartest!» – Leon grinst und meint spöttisch: «Ich kann es kaum erwarten, meine liebste Domina!» – In diesem Moment öffnet sich die Schlafzimmertüre, und zwei Augenpaare blicken vom hinteren Bett erstaunt herüber auf das, was sich im Wohnbereich abspielt. Seraina gähnt: «Aaaaalso, sollen wir rasch raaaaaaus, damit ihr euch maaaal gegenseitig ordentlich durchkitzeln könnt, so dass wir für den Rest der Reise Ruhe haben?» – Margarethe und Leon laufen rot an.

«Warum hast du überhaupt auf dem Boden gepennt?», erkundigt sich Leon bei seiner Freundin, als sie ihren Morgentee schlürft. – «Die Kojoten waren so laut, ich konnte nicht schlafen, und mir fiel fast die Decke auf den Kopf, also bildlich gesprochen. Da wollte ich wenigstens an einem Ort sein, wo ich – falls ich die ganze Nacht wach bleibe – mehr Kopffreiheit habe.» – «Dafür fiel ich fast über dich drüber; fragt sich, was schlimmer wäre, die Decke oder ich!», bemerkt Leon und atmet auf: «Aber es beruhigt mich, dass du nicht vor mir geflüchtet bist. Ich dachte nämlich schon, ich sei schuld, weil ich vielleicht geschnarcht habe.» – «Ausnahmsweise mal nicht...», kontert Margarethe schelmisch, und Leon leckt ihr als Retourkutsche frech mit seiner Zunge über die Nasenspitze, worauf sie erwidert: «Leck mich!» – «So, fertig geknutscht, lasst uns mal weiterfahren, sonst kommen wir nie auf die Route 66!», fordert Rudy und wäscht seine Tasse, seinen Teller und das Besteck ab. Seraina ist ebenfalls schon fertig mit dem Frühstück. – «So ein Stress!», jammert Leon gespielt und nimmt seinen Platz am Steuer ein, ohne den Abwasch zu machen. «Ich fahre, abwaschen könnt ihr!», murrt er und dreht am Zündschlüssel. Als der Motor startet, faucht Seraina: «Könnte dir so passen, du Macho! Nix da, jeder putzt den eigenen Dreck weg!» – Leon seufzt und fährt los. Er legt eine CD ins Abspielgerät und erntet ein Murren, als die ersten Töne erklingen. «Muss das sein?», murrt Rudy, und Leon seufzt: «Ohne Musik kann ich nicht fahren!» Margarethe dreht den Lautstärkeregler so, dass nur die beiden in der Fahrerkabine etwas hören. Rudy nickt, während Seraina seufzt: «Also ICH hätte nix gegen guten Sound einzuwenden.»

Los Angeles liegt kurz vor den vier Freunden, sie haben es bald geschafft, den Anfang der Route 66 zu erreichen. Auf dem Beifahrersitz meint Margarethe: «Fine for Littering? Was soll dieses Schild? Warum ist es jetzt gut, seinen Müll aus dem Fenster zu werfen?» – Leon bricht in schallendes Gelächter aus, beinahe wäre er in den Strassengraben gefahren, und entschuldigt sich sogleich: «Sorry, ich lach dich nicht aus, aber es ist einfach zu witzig: Hey, schau, unten steht 1000 Dollar. Du meinst, man soll hier einen Tausenddollarschein rausschmeissen? Nein, <fine> heisst in diesem Zusammenhang nicht <gut>, sondern <Geldbusse>.» Margarethe ist etwas eingeschnappt, denn sie hat sich sprachlich blamiert, und Leon hat sie ausgelacht. Zu allem Überdruss hat es die R-Fraktion im Bauch des Wohnmobils mitbekommen, denn Lachen dringt auch von hinten an sie heran. Leon streichelt Margarethes linke Schulter mit der rechten Hand und entschuldigt sich erneut: «Sorry, war nicht böse gemeint, es war einfach so lustig… Mach deswegen nicht so ein Gesicht!» Doch Margarethes grummelt indigniert: «Was für ein Gesicht? Ich hab' kein anderes!» Die anderen drei prusten erneut los. «Also in Sachen Schlagfertigkeit schlägt sie dich locker, Leo! Und wenn du die Rache fürs Aufwachkitzeln hinzurechnest, dann mach dich mal auf was gefasst!», hören sie Serainas Stimme aus dem Wohnmobilbauch. Margarethe funkelt Leon gespielt teuflisch an, er schluckt leer und meint: «Ich plädiere für mildernde Umstände, zumal ich der einzige Fahrer bin und somit unter keinem psychischen Druck stehen sollte…» – «Abgelehnt!», zischt Margarethe mit einem breiten Grinsen. Alle wiehern vor Lachen und sind wieder guter Laune.

7
Schlachtplan oder Planungsschlacht?

Die gute Laune hält jedoch nicht lange an, denn das Strassengewirr und der Verkehr in der Grossstadt Los Angeles sind ein gewaltiger Dämpfer, und nach endlosem Herumfahren ist nicht nur der Fahrer genervt. Kurzerhand fährt er von der Autobahn herunter, die sich achterbahnartig durch die Stadt schlängelt auf mehreren Spuren, kurvt trotz Protesten der anderen mit dem Riesengefährt in einem Quartier herum, bis er eine Tankstelle findet. «Was machst du denn da, ist der Tank schon wieder leer?», erkundigt sich Seraina ungeduldig aus dem hinteren Teil des Wohnmobils, wo sie und Rudy angegurtet auf Sesseln sitzen, denn herumlaufen ist während der Fahrt verboten. – «Sicher ist sicher», antwortet Leon. «Ausserdem brauch ich eine Cola, sonst dreh ich durch mit diesem Mordsverkehr!» Margarethe schmunzelt, und Seraina reagiert wie aus der Pistole geschossen – als würde sie die Gedanken ihrer Freundin lesen: «Du meinst, wenn in der Nacht schon kein Mordsverkehr im Wohnmobil war, verträgst du den draussen umso schlechter!» Diese Bemerkung kann sogar dem Fahrer ein Schmunzeln abringen, und Margarethe kontert: «Ihr zwei da hinten bleibt hübsch angeschnallt; glaubt ja nicht, dass ihr da den Verkehr aufdoppeln könnt!»

Nach dieser Kurzpause möchte Leon gleich weiterfahren, aber Rudy besteht darauf, zu viert auf die Karte zu sehen, um die Route nochmals zu besprechen. So kommt es bereits, bevor sie aus Los Angeles herauskommen, um auf die Strasse nach San Bernardino abzubiegen, zum ersten Streit. Denn offensichtlich sind sich die Jungs nicht einig, und auch die Mädchen haben unterschiedliche Vorstellungen von der Reise. Nach einiger Herumdiskutiererei verwirft Leon entnervt die Hände: «Was soll das eigentlich? Ist das etwa Meuterei?» – «Was glaubst du eigentlich? Dass du als Fahrer der Diktator bist?», blafft ihn Rudy an, und Seraina doppelt nach: «Nur weil du fährst, kannst du nicht alles allein bestimmen, Leo!» Mit vorgestreckten Handflächen geht Margarethe zwischen die Streithähne und versucht zu beschwichtigen: «Moment mal, hört auf, niemand bestimmt irgendwas!» Nun richten sich die vorwurfsvollen Blicke ihrer Freunde auf sie, und ihr wird angst und bange, weil alle drei wütend sind. «Hey, ihr müsst mich nicht gleich zerfleischen, wenn ich einen Streit schlichten möchte! Ich sehe nur nicht ein, warum ihr aufeinander losgeht, wenn wir das doch in Ruhe besprechen könnten.» Die anderen drei nicken beschämt, und die Schlichterin fährt fort: «Jetzt soll doch jeder der Reihe nach sagen, was er oder sie möchte, wo wir zuerst hinfahren sollen.» – «Das ist doch klar!», fällt ihr Rudy ins Wort, wird aber von Seraina zurückgehalten: «Ganz ruhig, Rudolfino!» Das verärgert diesen erst recht, und er sieht aus wie ein Dampfkochtopf, dessen Ventil gleich zu pfeifen beginnt. Wieder ist es Margarethe, die mit ihrem Eingreifen eine weitere Eskalation verhindert: «Kurz zusammengefasst, wollen wir alle auf die Route 66. Nun stellt sich jedoch heraus, dass wir uns gar nicht alle genauere Gedanken darüber gemacht haben, was die Route 66 eigentlich ist. Es gibt die historische Route, die nur teilweise erhalten ist und nicht mehr so gut befahrbar. Dann gibt es die Autostrasse, die den Stationen folgt, die alle wissen, die das Lied kennen – *Get your kicks on Route 66…*» – «*It goes to St. Louis, Joplin, Missouri, Oklahoma City looks might pretty…*», fängt Leon an und erntet einen Missfallenslaut von Rudy. – «*You'll see Amarillo, Gallup, New Mexico…*», fällt Seraina in das Lied ein, und Margarethe singt den Schluss: «*…Flagstaff, Arizona, don't forget Wynona, Kingman, Barstow, San Bernardino.*» Rudy verdreht die Augen, und die anderen drei verfallen in befreiendes Gelächter.

Lachend nimmt Leon den Faden seiner Freundin wieder auf: «Genau, wir haben die übliche Route, einfach in umgekehrter

Reihenfolge, aber man kann natürlich Abstecher machen; ich bin da sehr tolerant!» – «Ich möchte aber nicht dauernd irgendwo anhalten oder von der Route abzweigen!», setzt sich Rudy zur Wehr. «Das wird mir sonst zu unübersichtlich; dann verfahren wir uns und kommen nie vorwärts!» Seraina verdreht ihre Augen: «Rudolfino mio, wir müssen doch nicht in Rekordzeit über die Route 66 brettern!» Und Margarethe gibt zu bedenken, dass es für den Fahrer auch recht anstrengend ist, weil er ja nie eine Ablösung bekommt. «Am Besten, wir schreiben auf, wer was unbedingt ansehen möchte, damit wir vorausplanen können», schlägt sie vor und nimmt einen Block zur Hand, den sie auf ihren Reiseführer legt. Leon blättert in den Landkarten in einem grossen, atlantenähnlichen Buch im A3-Format und schlägt die Gesamtkarte der Vereinigten Staaten auf. «So, was wollt ihr? Ich nehme Wünsche entgegen!»

«Las Vegas wäre toll!», seufzt Seraina. – «Das ist viel zu weit nördlich, das ist ein Riesenumweg!», protestiert Rudy. – «Da stimme ich Cyborgino ausnahmsweise zu», bemerkt Leon und erntet einen finsteren Blick. «Wobei ich das nicht verstehe: Mit deinen Cybertools würdest du alle Jackpötte knacken!» Rudy winkt ab: «Viel zu einfach! Sparen wir uns die Spielhölle lieber noch auf!» Die beiden Mädchen wollen unbedingt ins «Indianergebiet», wogegen die Jungs nichts einzuwenden haben. «Dort sind all die verrückten Landschaften», weiss Leon, «die ganzen Canyons; der Bryce Canyon muss wunderschön sein!» – «Aber die Rainbow Bridge wäre auch grossartig!», schwärmt Seraina. «Die ist den Native Americans heilig!» – «Ja, aber da kommen wir doch zu weit von der Route ab», gibt Rudy zu bedenken. – «Und wenn schon!», findet Margarethe. «Wenn wir schon mal hier sind!» Leon seufzt: «Bedenkt immer, dass ich der einzige Fahrer weit und breit bin!» Seine Freundin wird nachdenklich: «Stimmt, wir müssen Rücksicht auf dich nehmen, sonst bist du immer fix und fertig!» Rudy flachst bösartig: «Ist doch egal, solange er fahren kann – musst ihn halt in der Nacht schonen!» –

«Du Fiesling!», schimpft Seraina und schlägt ihren Rudolfino spielerisch mit der Faust. – «Jetzt fängt das wieder an!», ruft dieser gespielt entsetzt. «Dabei habe ich immer noch blaue Flecken von Glanzenberg!» – «Von wegen, die sind neu – von letzter Nacht!», kommt prompt die Retourkutsche. Leon zieht beide Augenbrauen hoch: «Soso, man steht hinten auf Sadomaso!» – «Wie soll man das wieder verstehen?», grinst Rudy, und Leon macht ein unschuldiges Gesicht: «Im hinteren Schlafzimmer geht es offenbar hart zur Sache des Nachts, wenn wir harmlos über der Fahrerkabine pennen!» Margarethe wird ungeduldig: «Los jetzt, weiter in der Planung!» Diese Anweisung fordert Rudy seinerseits zu einer Bemerkung heraus: «Offensichtlich ist vorne tote Hose, sonst wäre Mäggy nicht so gereizt!» Jetzt erntet er von der anderen Seite einen Faustschlag auf seinen Oberarm. Leon steht auf, und die anderen nehmen an, er wolle auf die Toilette. Er aber öffnet den Schrank und greift ins obere Fach. «Muss das Ding runterholen», murmelt er. – «Was will der… sich einen runterholen?», kommentiert Rudy wiehernd. «So schlimm steht es also schon?» – Unbeirrt holt Leon etwas aus dem Fach heraus, dann sitzt er auf seinen Sessel und fängt an, auf einer blauen Ukulele zu schrummen. «Meine Fresse!», seufzt Rudy. «Ich werd' wahnsinnig!» – «Wieso, ist doch ein niedliches Instrument», findet Margarethe versonnen. «Und Leon spielt im Fall nicht schlecht; er hat mir schon was vorgespielt in seinem Zimmer.» – «Darum hatte er wohl ein Einzelzimmer!», brummt Rudy und ärgert sich über Serainas schwärmerischen Blick: «Ukulele finde ich waaahnsinnig romantisch!» Rudy hebt drohend seinen Zeigefinger und starrt Leon herausfordernd an: «Aber wehe, du spielst stundenlang, dann steig ich aus und mache Autostop!»

Mit der Musik entspannt sich Leon, und sein Ukulelenspiel wirkt ebenfalls beruhigend auf die Mädchen. Rudy ist nicht begeistert, aber immerhin singt der Spielende aus Rücksichtnahme auf ihn nicht, und die Ablenkung tut allen gut nach den hitzigen Gesprächen. Sie beschliessen, die genaue Festlegung der Route zu vertagen – im vollen Bewusstsein, dass sie nicht die ganze Route 66 werden fahren können bis Chicago, weil sie das Wohnmobil wieder in San Francisco abgeben müssen.

Als sie endlich losfahren, ist Leon nicht allzu zuversichtlich, dass sie noch viel Weg zurücklegen, denn es ist schon spät. Sie fahren auf dem *Santa-Monica-Boulevard* aus Los Angeles hinaus und bemerken das erste Schild, das auf die historische Strasse hinweist. «Die Route 66 ist hier noch nicht sehr spannend, das wird erst nach Barstow wilder», bemerkt Margarethe, die ihren Reiseführer auf dem Beifahrersitz studiert. – «Dann auf nach Barstow, und raus aus dem Smog der Grossstadt!», ruft Seraina von hinten. Leon gibt Gas, und bald brettert das Wohnmobil an Orangenhainen und bebauten Feldern vorbei, denn San Bernardino, die nächste grössere Stadt nach Los Angeles, hat seinen Reichtum auf den Apfelsinen aufgebaut – als Zentrum des «Orange Empire». Immer wieder zitiert Margarethe aus ihrem Lieblingsreiseführer: «1851 wurde San Bernardino gegründet, von einer religiösen Gemeinschaft – von denen es ja hierzulande wimmelt.» – «Die ersten Siedler waren ja alles Religionsflüchtlinge, oder?», erinnert sich Seraina. «Die suchten im Lande der unbegrenzten Möglichkeiten Zuflucht und breiteten sich dann hemmungslos aus – auf Kosten der Urbevölkerung!» Um eine Diskussion über Religion zu verhindern – zumal die Sitzordnung im Vehikel nicht geeignet ist für ein Palaver –, fügt Margarethe rasch hinzu: «Hier kommt übrigens auch der Hamburger her!» Leon lechzt: «Ich hab' Hunger!»

In Rialto staunen die vier Freunde über das *Wigwam Village Motel* mit steinernen Tippis. «Seht ihr, was auf dem Schild steht?», lacht Leon. – «Was?», wundert sich Seraina und prustet los. – «Aber aber», grinst Rudy. «*Do it in a Teepee*! Wäre mal was Neues!» – «Also denken nicht nur WIR zweideutig, sondern sogar die alten Route-66-Reisenden!», stellt Margarethe grinsend fest. «Wollen wir hier übernachten? Das klingt doch verlockend!», schlägt Seraina vor. – «Nein, ich möchte noch ein Stück vorwärtskommen», legt Rudy Einspruch ein.

Der Horizont flimmert, denn nach Barstow führt die Route durch die *Mojave Desert*. «Seht ihr die Hitzeschleier?», staunt Seraina. – «Das ist wegen der Salzseen», weiss Rudy. – «Hielten wir nördlicher, würden wir nach Las Vegas gelangen, das wäre auch spannend», gibt Leon zu bedenken, aber die Diskussion früher am Tag hat ergeben, dass die Casinostadt im Moment kein Thema ist. – «Wir fahren in Richtung Needles», erklärt Margarethe und liest: «Hier steht, ein Trip in die Hölle wäre weniger schlimm! Das ist ja ermutigend!» Leon schickt ihr einen Seitenblick: «Pass auf, dass dir nicht übel wird, wenn du auf der Fahrt liest!» – «Keine Sorge, ist ja alles flach!» Eine halbe Stunde später verlangt die Beifahrerin dringend nach einem Toilettenstopp und schwankt besorgniserregend, nachdem sie aus der Fahrerkabine gestiegen ist und wieder festen Boden unter ihren Füssen hat. «Mäg, are you allright?», ruft ihr Leon besorgt hinterher und murmelt: «Dachte ich's mir doch, dass dir schlecht wird!»

Seraina folgt ihrer Freundin fürsorglich, doch bereits die frische Luft tut der angeschlagenen jungen Frau gut. Sie hatten vereinbart, Dusche und Toilette im Wohnmobil möglichst wenig zu benutzen, damit der Schmutzwassertank nicht zu schnell voll wird, und Margarethe ist es jetzt nur recht, sich die Beine ein bisschen zu vertreten bis zum öffentlichen WC. Rudy allerdings ist nicht begeistert, dass die Mädchen allein in den schmuddeligen Tankstellenshop mitten in der Wüste gehen, daher folgt er ihnen in einiger Entfernung. «Du siehst aus wie ein Geheimagent», frotzelt Leon aus der Fahrerkabine. «Vööööllig unauffälllig!» Als die drei zurückkommen, sitzt Leon auf der ausklappbaren Treppe, die ins Wohnmobil führt, und schrummt ein Lied auf seiner Ukulele. Seraina strahlt ihn an, und Rudy rümpft die Nase. «Los, wir müssen weiter!», treibt er seine drei Begleiter an. – «Sklaventreiber!», motzt Leon etwas beleidigt.

Sie fahren weiter, immer noch durch Kalifornien, und es erscheint allen endlos lang. Monoton ist die Landschaft, alles flach und farblos, was sicher auch am Wetter liegt und daran, dass die Dämmerung langsam hereinbricht. Die Gegend ist wüstenähnlich und ereignislos. Alle vier sind verzaubert von der Wüstenatmosphäre und gleiten langsam in einen Dämmerzustand. Niemand spricht mehr, und Musik hören mag auch keiner. Leon fährt wie in Trance und geniesst die meditative Fahrt.

Als sie Newberry Springs erreichen, eine winzige Stadt auf der traditionellen Route 66, wirft Leon das Handtuch: «Sorry, Folks, ich bin k.o.!» – «Jetzt kommt auch eine lange Durststrecke, bis wir wieder einen RV-Campingplatz finden, wo wir mit dem Wohnmobil vorfahren können; besser, wir suchen uns hier etwas», stellt Margarethe fest. Auch Seraina willigt sofort ein: «Ja, nicht, dass wir am Ende noch am Strassenrand in der Wüste übernachten müssen.» Nur Rudy wäre gerne noch weitergefahren und ist nahe dran, vorzuschlagen, es ohne Führerschein zu tun: «Ich meinerseits bin noch topfit!» Seraina kennt ihren Rudolfino gut und wackelt tadelnd mit ihrem Zeigefinger hin und her: «Don't even think about it, Rudolph!» – «Nana, woher kommt diese kriminelle Energie?», wundert sich Margarethe. «Fangen deine Cyborg-Teile an, dich zu korrumpieren?» Der Fahrer ruft nach seiner Freundin, welche kurz zu den anderen nach hinten gekrochen ist, als er am Strassenrand angehalten hat: «Mäg, hilf mir doch bitte, einen Campingplatz zu finden.» – «Klar, my Love, mach ich doch gerne!» Sie suchen eine Weile, da es schon langsam dunkel wird, und Rudy ist es, der das Schild als Erster aus dem Seitenfenster erspäht. Auch diesmal haben sie Glück und erhalten auf Anhieb einen Platz. Leon parkiert das Vehikel, dann steht er auf und lässt sich stöhnend auf einem Sessel nieder – er ist total erschöpft. Margarethe küsst ihren Liebsten: «Gut gefahren!» Auch die andern beiden danken dem Fahrer, was dieser lediglich lächelnd zur Kenntnis nimmt, denn er ist zu müde, um auch nur ein Wort zu erwidern. Seraina schlägt vor, sich diesmal um das Abendessen zu kümmern. Rudy macht eine Daumenhoch-Handbewegung, der erschöpfte Leon hingegen reagiert nicht mal, denn er ist eingenickt. Margarethe bietet an, Seraina zu helfen. Der kleine Herd im Wohnmobil erlaubt zwar keine grosse Kocherei, aber da sie sich unterwegs in einem winzigen Supermarkt *in the middle of nowhere* mit frischen Lebensmitteln eingedeckt haben, bereitet es den Mädchen Spass, zusammen etwas Leckeres zuzubereiten.

Leon ist nach einem Powernap wieder einigermassen fit und hat bereits wieder seine Ukulele behändigt, was Rudy mürrisch quittiert: «Das ist ja eine Sucht mit diesem Ding, aber echt jetzt!» Seraina ruft aus der Küche, um den Dampfabzug zu übertönen: «Das ist doch romantisch, Rudolfino mio!» Sie steuert mit dem Küchenmesser in der Hand auf Rudy zu, welcher demonstrativ leer schluckt und im Sessel zurückweicht, und küsst ihren Freund. Dieser freut sich über die Aufmerksamkeit, wackelt dann aber ungeduldig mit seinem Fuss und steht wieder auf, als Seraina zurück in die winzige Küche geht. «Ich muss noch ein paar Schritte machen!», erklärt er, und Leon hört auf zu spielen: «Prima, einer sollte nämlich unbedingt den Abwasserschlauch anhängen; wir müssen den dringend leeren, sonst überläuft der Tank.» – «Igitt, das wäre eklig!», kommentiert Seraina angewidert. Rudy verzieht sein Gesicht: «Ich weiss nicht, wie man das macht!» Die Mädchen lachen. – «Quatsch!», grinst Leon und schrummt weiter auf seinem Instrument. «Du bist doch so ein Schlaukopf und immer so geschickt! Du musst nur den Schlauch vom Wohnmobil lösen und den Deckel des Ablaufs öffnen. Dann das Ding rein ins Loch, und ab geht die Post!» Die Mädchen kichern. Leon schüttelt seinen Kopf: «Ich will mir ja nicht vorstellen, was die Ladies wieder denken!» Margarethe prustet: «Das kannst du dir ja wohl ausmalen!» Sie linst aus dem Fenster, als Rudy angewidert den Deckel des Ablaufs im Boden neben dem Wohnwagenparkplatz öffnet und sich am Schlauch zu schaffen macht. Er löst die Klammer und bewegt den Schlauch mit spitzen Fingern in Richtung Abflussloch. Als er den Verschluss des Rohres sorgfältig löst, indem er den Schlauch nach oben hält, damit ja nichts herausläuft, wird auch Seraina neugierig, und beide Mädchen recken ihre Hälse und beobachten Rudy aus dem geöffneten Fenster bei der Küche. «Ob er wohl weiss, wo er's reinstecken muss?», flüstert Margarethe frech, und ihre Freundin unterdrückt ein Quietschen. Mit einer Grimasse bewegt Rudy schnell das Ende der Röhre zum Abfluss und steckt den Schlauch ins Loch. Er atmet schon erleichtert auf, da durchzuckt eine Bewegung das Rohr, als hätte ein Blitz eingeschlagen, und wie ein Darm schlängelt sich der Schlauch in wilder Bewegung, bis das Ende aus dem Abflussloch gerissen wird. Schmutzwasser spritzt heraus in alle Richtungen, und Rudy nimmt einen gewaltigen Satz aus der Schusslinie der Dreckschleuder. Panisch versucht er sodann, das wilde Rohr einzufangen, das sich wie eine Schlange windet. Er erwischt es und steckt es erneut ins Loch, aus dem es aber wieder herauskatapultiert wird. Wie von der Tarantel gestochen springt Rudy in Deckung hinter das Wohnmobil, während der Schlauch den ganzen Tankinhalt auf dem Asphaltboden entleert. Fassungslos sehen die Mädchen dem Schauspiel zu, und bevor es fertig ist, bricht Margarethe in hysterisches Gelächter aus, und Seraina stimmt mit ein. Geistesgegenwärtig stürzt Leon sogleich zur geöffneten Türe, schlägt diese zu und beobachtet dann aus dem Guckloch in der Türe die Fortsetzung des Spektakels, indem er sein Lachen nur schwer unterdrücken kann und aussieht, als platze er gleich. Als der Schlauch den Tank komplett entleert zu haben scheint, bleiben alle vier noch in Deckung. Nach endlos lang erscheinender Zeit wagt sich Rudy aus seinem Versteck heraus, setzt vorsichtig seine Füsse auf trockene Stellen auf dem Parkplatz und starrt das Schlauchmonster angewidert an. Jetzt kann sich Leon nicht mehr beherrschen und brüllt vor Lachen, während die Mädchen sich schütteln vor Heiterkeit und laut quietschen. Nur Rudy blickt finster drein; er findet das Erlebte überhaupt nicht lustig. «Soll mal einer am Empfang melden, dass der Abfluss verstopft ist!», fordert er die anderen drei missmutig und vorwurfsvoll auf, und Margarethe meldet sich freiwillig. Mit offensichtlich schlechtem Gewissen steuert Seraina fürsorglich auf ihren Rudy zu: «Alles okay, Rudolfino, mein Held?» Diese Bemerkung bringt ihr einen tödlichen Blick ein. Sie schluckt leer und reicht Rudy schnell ein Badetuch: «Willst du vielleicht duschen?»

Für den Rest des Abends ist Rudy nicht ansprechbar und hat einen versteinerten Gesichtsausdruck; Leon und die Mädchen setzen bewusst ein Pokerface auf, und wortkarg nehmen sie das Abendessen im Wohnmobil ein, da niemand draussen sitzen mag – obwohl sie den Standplatz wechseln durften. Sie sollen einfach zwei Plätze weiter nach links, hatte ihnen der Aufseher munter mitgeteilt. Auf Margarethes Frage, was mit der Schweinerei passieren soll, erwiderte der Mann lediglich: «Don't worry, folks!» Die Campingplatz-Crew würde es später aufräumen. Als die Paare sich für die Nacht zurückziehen, schickt Margarethe den beiden im hinteren Schlafzimmer Schlafenden besorgte Blicke hinterher. Leon zieht seine Liebste an sich und flüstert: «Gut, bin ich der Fahrer, da muss ich mich nicht um jeden Sch… kümmern und rieche dafür immer noch gut!» Sie schnuppert an seinem Hals und rümpft die Nase, worauf er eine Augenbraue hochzieht. «Wie bitte? Stinkt es dir etwa mit mir?» Margarethe lacht: «Halb so wild, du riechst etwas verschwitzt, aber das gehört halt dazu, wenn man *on the road* ist!» Sie möchte ihren Pyjama anziehen, aber ihr Freund fängt sie auf halbem Weg ab: «Lohnt sich doch nicht!» Besorgt schielt sie zur hinteren Türe: «Aber die andern? Was, wenn die rauskommen?» Leon grinst: «Dann kriegen sie mal was zu sehen!» Kraftvoll dreht Margarethe ihren Freund um 180 Grad auf der Stelle und zieht ihm schnell seine Hose hinunter, bevor er weiss, was ihm passiert. Frech lacht sie ihm ins Gesicht: «Dann sollen sie aber DEINEN geilen Arsch sehen!»

8
Auf glühendem Asphalt

Am nächsten Morgen ist Rudy immer noch eingeschnappt, und seine Freunde vermeiden jegliche Anspielung auf das Desaster des Vorabends, obwohl sie es auch im Rückblick furchtbar lustig finden. Sie schicken einander Blicke und müssen jeweils ein Grinsen unterdrücken. Das bleibt nicht unbemerkt, was den Betroffenen zusätzlich verärgert. Darum sind Margarethe und Leon bestrebt, möglichst schnell zusammenzupacken und abzureisen, bevor die Situation eskaliert. «Irgendwie hatte ich mir das Ganze harmonischer vorgestellt», seufzt Margarethe, als sie wieder neben ihrem Leon auf dem Beifahrersitz eingerichtet ist mit der Landkarte auf ihren Knien. Der Fahrer zuckt mit den Schultern: «Ist doch normal, wenn vier Leute auf engem Raum zusammen sind. Früher oder später gibt's einfach Zoff!» – «Ja, schon...», fängt Margarethe nachdenklich an. – «Aber?» – «Wir sind so alte Freunde... so vertraut. Ich hatte mir das echt anders ausgemalt!» Sie wirkt enttäuscht und betrübt. Leon muss dem Impuls widerstehen, sie zu umarmen, da er beide Hände am Steuer braucht, denn das Vehikel ist schwer und nicht so einfach zu lenken, auch wenn die Strecke durch die Wüste relativ flach ist. «Auch unter den besten Freunden kriselt es manchmal, wenn sie zu eng aufeinandersitzen. Wir zwei hatten ja auch schon Streit wegen irgendeinem Blödsinn, und am Ende lag der Grund darin, dass wir beide einfach mal unsere Ruhe wollten! Du und ich, wir sind ja im Grunde genommen auch Eigenbrötler», gibt er zu bedenken, und sie nickt. Dann greift sie zu ihrem Reiseführer und schlägt ihn dort auf, wo sie das letzte Buchzeichen gesetzt hatte: «Also, dann ab nach Needles und dann Staatenwechsel nach Arizona!», ruft sie laut, so dass es die Passagiere hinter ihnen auch hören können. Leon lacht: «So gefällst du mir besser, Mäg!»

Die Wüste flimmert betörend. An diesem Tag legen sie viele Kilometer zurück und wollen unbedingt noch Arizona erreichen, wo es wieder ein bisschen grössere Städte gibt, wo sie ihre Vorräte an Lebensmitteln und vor allem Wasser aufstocken können. Rudy ist nämlich schon etwas nervös deswegen, und er fragt ständig nach, ob noch genug Benzin im Tank ist. «Nerv mich nicht, Ru, ich muss mich aufs Fahren konzentrieren!», schnaubt Leon. Endlich erreichen sie Needles und passieren die Staatengrenze. «Bye-bye, California!», seufzt Leon.

Die Strecke wird nun landschaftlich ziemlich dramatisch und anstrengend zu fahren. «Die Strecke bis Kingman ist das gefährlichste Stück im Fall», warnt Margarethe. «Mit den steilen Haarnadelkurven.» Rudy stöhnt aus dem Wagenfond: «Hör auf, mir wird beim Gedanken schon schlecht!» Begeistert liest die Reiseführerin vor: «In den Dreissigerjahren mussten die Thunderbirds sogar rückwärts über die steile Serpentinenstrasse gefahren werde, weil nur der Rückwärtsgang genug Halt gab.» – «Wow!», lacht Leon. «Soll ich die Karre wenden?» – «Bloss nicht!», schreien seine drei Beifahrer entgeistert. – «Mäggy würde ich raten, nicht zu lesen, wegen der Kurven», rät Rudy, worauf die Angesprochene flachst: «Wieso, ich bin doch gar nicht so kurvig!» Seraina kichert, und Leon fasst seiner Freundin ganz unverschämt ans Hinterteil: «Kurvig genug für mich, meine Schöne!» – «He, Hände ans Steuer!», protestiert sie, und Rudy doppelt nach: «Kein Sex am Steuer!» – «Okay, übernimm du mal, Cyborgino!», witzelt Leon. «Mir steht grad der Sinn nach anderen Kurven!»

Eine Zeitlang konzentrieren sich alle vier auf die Strecke und atmen tief durch, und als es überstanden ist, fängt Rudy an zu erzählen: «Ich habe ein paar Fakten über die Route 66, die ihr vielleicht kennt oder auch nicht. Alles fing bekanntlich mit den Autos an. 1913 hatte Henry Ford das Fliessband eingeführt, und das legendäre Model T kostete nur noch sage und schreibe 345

Dollar.» – «Was für damalige Verhältnisse sicher immer noch eine stolze Summe war», gibt Seraina zu bedenken. – «Immerhin wurden 1920 in den USA schon über zehn Millionen Automobile gezählt», fährt Rudy fort. «Und zehn Jahre später waren es schon doppelt so viele. 1923 wurde der erste sogenannte Highway frenetisch gefeiert – eine kaum befahrbare Geröllpiste namens *Lincoln Highway*. So wurde er zumindest genannt auf den ersten Strassenkarten der Mineralölkonzerne.» – «Nachher wurden die Strassen ja dann alle durchnummeriert», weiss Margarethe. «Die Verbindung zwischen Chicago und L.A. sollte die Nummer 60 bekommen, aber in Missouri gab es bereits diese Nummer, darum gab man der Strecke die magische Nummer 66!» – «Der Highway mit der heissen Nummer wurde dann nicht erst 1966, sondern bereits 1926 eröffnet», ergänzt Rudy, «und er führt als Transkontinentale durch acht Bundesstaaten über 2448 Meilen zwischen Chicago und dem Pazifik.»

«Warte mal», unterbricht Margarethe mit Blick auf die Strassenkarte. «Welche acht? Kalifornien ist klar, dann Arizona, Utah…» – «Nein, Utah gehört nicht dazu», wendet Leon ein. – «Nevada auch nicht», weiss Rudy, der auf seinem Smartiefon nachsieht, und Margarethe fährt unbeirrt fort mit der Aufzählung: «…dann also New Mexiko, Texas, Oklahoma, Missouri und Illinois… also ich komme nur auf sieben.» – «Vielleicht Arkansas?», rätselt Seraina mit Blick auf eine Gesamtkarte der USA. – «Kandidatin erhält… 0 Punkte!», bemerkt Rudy süffisant und erntet einen indignierten Blick von seiner Freundin. «Dafür einen Kuss!», fügt er versöhnlich hinzu und küsst Seraina. «Kansas!», klärt er das Rätsel auf, als er wieder sprechen kann.» – «Na im Ernst jetzt?», wundert sich die Navigatorin. «Sieht man ja gar nicht… du meinst diesen kleinen Zipfel? Gilt das denn?» – «Also, ich repetiere: in umgekehrter Richtung führt die Route 66 durch Kalifornien, Arizona, New Mexiko, Texas, Oklahoma, Kansas, Missouri und Illinois», resümiert Seraina. «Was uns aber nicht daran hindern soll, einen Abstecher nach Nevada und Utah zu machen!» Margarethe nickt eifrig: «Ich bin dabei!», während Rudy seufzt.

«Von mir aus gern», wirft Leon ein. «Nix gegen Seitensprünge einzuwenden.» Margarethe räuspert sich vernehmlich und setzt eine entrüstete Miene auf. Leon beugt sich zu ihr hinüber und küsst seine Mäg, verursacht dabei aber einen kleinen Schlenker mit dem Wohnmobil, was Rudy einen empörten Schreckensschrei entlockt. Unbeirrt lacht der Fahrer: «Unsere gute Route 66 wurde übrigens auch *Mother Road* genannt.» – «…oder Highway der Hoffnung, denn die Auswanderer strömten über den neuen Highway 66 in der Hoffnung auf eine bessere Welt», setzt Seraina hinzu. «Nicht mit Planwagen wie die Pioniere und ersten Siedler, sondern motorisiert.» – «Und ohne abrupte Manöver!», fügt Rudy bissig hinzu. – «Dafür in wesentlich unbequemeren Vehikeln», kontert Seraina. Margarethe muckt auf: «Das Motto lautete <*go west*>, und wir fahren in die falsche Richtung!» – «Wurscht», brummt Rudy, «solange es nur vorwärts geht!»

Leon keucht: «Puh, du hast leicht reden, Ru, nach der langen Fahrt und so einem Schlagabtausch der Informationen bin ich ja schon total erschöpft!» Rudy klopft ihm grinsend auf die Schulter: «Weiter im Takt, Sklave, du musst nur rudern!» Der Fahrer schickt ihm einen provozierenden Seitenblick: «Dann muss ich aber Musik haben; ich brauche Rhythmus!» Rudy zuckt mit den Schultern: «Da ich keine Trommel habe, muss ich wohl diesmal nachgeben.» Leon hebt überrascht eine Augenbraue. Erstaunlicherweise können sich die vier auf eine CD einigen, und Leon summt zufrieden mit.

Vor der Abfahrt hatten Margarethe und Leon im Reiseführer ein Hotel entdeckt, in welchem sie ausnahmsweise gerne übernachten würden: ein Route-66-Original, das ziemlich bekannt und auf vielen Fotos der alten Reisestrecke zu sehen ist. Dazu müssen sie allerdings noch ein Stück fahren. «Das *Frontier Inn* liegt in

Truxton, zwischen Kingman und Seligman, auf der Originalstrecke der Route 66, die noch erhalten ist», liest Margarethe vor. Auch Rudy und Seraina sind von der Idee angetan, eine Nacht in getrennten Hotelzimmern zu verbringen – paarweise, versteht sich. Das alte Motel aus dem Jahr 1953 ist hellblau angemalt und steht gefühlt in der Wüste. Die Zimmer sind alt, aber gemütlich, und auf der Veranda richtet sich Leon sogleich ein mit seiner Ukulele und schrummt, dazu singt er ein Lied. Seraina stimmt mit ein, und Margarethe summt mit, weil sie den Text nicht kennt. Langsam geht die Sonne unter, und der Abend wäre so schön, wenn die Zorneswolke über Rudys Kopf nicht so stark spürbar wäre. Leons Ukulelenspiel provoziert ihn offenbar ziemlich, was die Mädchen nicht verstehen können – dabei war er auf der Fahrt doch letztendlich guter Laune gewesen. Aber Leons Bemerkung, an diesem Abend müsse der Abwassertank ja zum Glück nicht geleert werden, hat die unangenehme Erinnerung wieder geweckt. Dabei hatte er nur einen Mundwinkel leicht hochgezogen.

Rudy hat sich ins Hotelzimmer zurückgezogen und hantiert an seinem Lieblingsspielzeug herum. Nach einiger Zeit wünscht Seraina dem anderen Paar eine gute Nacht und tritt ins schummrige Zimmer. Von draussen hört sie noch Leons Stimme: «Wenn er dich rausschmeisst, kannst du bei uns pennen, Rai!» Sie zuckt zusammen und verzieht das Gesicht, schielt besorgt zu ihrem Freund und säuselt: «Rudolfino mio!» Ohne sie anzusehen, reagiert Rudy barsch: «Ich hab' Kopfschmerzen!» Aber Seraina wäre nicht Seraina, wenn sie so leicht aufgeben würde. Sie schliesst die Zimmertüre, tritt näher zu ihrem Freund und legt ihm von hinten ihre Arme um den Hals, schmiegt ihr Gesicht an seinen Hinterkopf und flüstert: «Mein Lieber, wenn du auf stur schaltest, dann sehe ich mich gezwungen, dich zu erwürgen!» Sie schlingt ihre Arme fester um seine Schultern und legt ihm spielerisch die Hände an den Hals. Er keucht und protestiert röchelnd, dann aber gibt er sich geschlagen, als ihre Lippen von hinten schon fast die seinigen erreicht haben. Der temperamentvolle Kuss seiner Freundin bringt ihn zuerst zur Besinnung, dann beinahe um den Verstand. Seraina lässt ihren Rudolfino nicht mehr zu Wort kommen und schlängelt sich um ihn herum, ohne ihn loszulassen, darauf bedacht, dass ihre Lippen in Kontakt bleiben, bis sie ihn von vorne umarmen kann. Sofort macht sie sich an seinem T-Shirt zu schaffen und zieht es ihm langsam über den Oberkörper, dabei denkt sie an seine Brille, bevor sie es ihm über den Kopf zieht. «Copy paste!», fordert sie ihn auf, und er folgt ihren Anweisungen umgehend und streift ihr das T-Shirt ab. Seraina streichelt Rudys Brust und Bauch und seine Arme und staunt: «Wow, jedes Mal, wenn ich dich ausziehe, hast du an Muskeln zugelegt!» Er lächelt und sucht erneut die Lippen seiner Freundin, welche noch undeutlich die Worte formuliert: «Du trainierst sicher heimlich! Mit welchem Game denn?» Er umfasst ihre Taille und schiebt ihr Top nach oben, während er sie immer leidenschaftlicher küsst und seine Lippen langsam über ihren Hals zu ihrer Brust wandern lässt: «Nur mit dir spiele ich Spiele, meine wackere Säbelfechterin!» Keuchend stösst sie hervor: «Und… welches… Spiel… möchtest… du… heute…spielen?» – «Canyoning», antwortet er atemlos, die Nase im Canyon zwischen ihren Brüsten vergraben, während sie sein Haar verwuschelt und es geniesst, dass es endlich etwas zu zerzausen gibt auf seinem Kopf: «Wenn wir schon mal nicht hinten pennen und leise sein müssen, dann könnten wir doch auch mal…» – «Du… meinst… wilde… Gorillas?» Seraina stöhnt lustvoll auf.

* * *

«400 Meilen führt die Route 66 durch Arizona, und diese Kilometer sind laut Reiseführer die authentischsten auf der ganzen Strecke», erzählt Margarethe mit dem Buch in ihrer Hand. «Hier ist auch das längste ununterbrochene Teilstück der alten Route 66, ganze 87 Meilen.» – «Ja, man merkt's!», beschwert sich Rudy. «Dachte schon, das Geholper liege an Leos Fahrweise!» Leon räuspert sich vernehmlich und schickt vom Fahrersitz her eine Retourkutsche nach hinten: «Ich will dich mal am Steuer sehen, wenn wir dauernd wieder ein Schild <*Dead End*> vor der Nase haben!» – «Das gehört aber genau zur Route-66-Romantik!», betont Margarethe. «Rai, kannst du nicht Rudy ein bisschen ablenken, à propos Romantik?» Ihre Freundin kichert und entgegnet: «Dachte, es sei verboten, während der Fahrt nicht angegurtet zu sein?» – «Du kannst ja Rudy ans Bett fesseln, dann ist zumindest er angegurtet!», schlägt Margarethe vor, worauf Leon ihr einen Seitenblick schickt: «Mäg, ich muss doch sehr bitten!» – «Was?», entgegnet sie frech. – «Das ist illegal! Am Ende komm ich noch in den Knast, wenn es die R-Fraktion hinten wild treibt!» – «Stimmt, als Fahrer haftest du ja für uns alle…» – «Ausserdem finde ich es pietätlos, wenn ich hier nur der Chauffeur bin und sich alle amüsieren!» Seraina brüllt aus dem Wohnmobil: «Du bist unser Arbeitssklave! Gewöhn dich dran!» Leon lässt einen Missfallenslaut los, der nach unterdrücktem Löwengebrüll klingt: «Na warte, eines Tages räche ich mich!» – «Das will ich zu gerne erleben!», erwidert Seraina frech. – «Nur über meine Leiche!», protestiert Rudy drohend. «Vielleicht fesseln wir Leon mit Handschellen ans Steuer – oder noch besser an den Abwasserschlauch?» Der Fahrer grölt: «Versuchs mal, du halbe Portion! Erst musst du den mal an den richtigen Ort stecken!» Rudy grollt: «Ich weiss schon, wohin ich den stecken würde…» – «Bitte! Bleiben wir sachlich!», greift Margarethe schlichtend ein. «Bevor ihr Blödsinn damit macht, versuche ich heute Abend den nächsten Stunt mit dem Ding, unter Einsatz meines Lebens!» – «Mäg ist unsre Heldin!», jubelt Seraina.

«Mist!», flucht Leon. – «Ja, wirklich ein Mist, mit diesem Abwasser», pflichtet ihm Rudy bei. – «Nein, wir haben uns verfahren, weil ihr immer plappert! Wie soll man sich da konzentrieren!» Der Fahrer ist verärgert und fühlt sich im Stich gelassen, und Margarethe sucht fieberhaft auf ihren Karten und im Reiseführer nach Hinweisen, während Rudy und Seraina aufmerksam aus den Seitenfenstern nach Strassenschildern Ausschau halten. Leon flucht: «Ich glaub's einfach nicht, wir haben uns wieder verfranst! So langsam hab' ich die Nase voll!» Kurzerhand parkiert er das massige Wohnmobil auf einem Parkplatz hinter einer Lagerhalle im Nirgendwo, gurtet sich ab und holt seine Ukulele. Rudy schimpft: «Bitte nicht! Nicht jetzt das noch!» – «Dann geh ich halt raus!», schnauzt ihn Leon an. «Fahrt doch selber weiter!» Wutentbrannt entriegelt er die Türe, sodass die Treppe automatisch ausgeklappt wird, stampft aus dem Wohnmobil und verschwindet dahinter mit seiner Ukulele. Die andern drei sind sprachlos über den unerwarteten Wutausbrauch, und sogleich eilt Margarethe ihrem Freund besorgt hinterher. Sie findet ihn auf einem halb verfallenen Mäuerchen sitzend, auf seiner Ukulele schrummend. Offensichtlich beruhigt ihn das, daher spricht sie kein Wort und setzt sich schweigend neben ihn. Nach einiger Zeit wirken Leons Gesichtszüge wieder entspannter, und seine Freundin schmiegt sich an ihn. Nach zwanzig Minuten treten Seraina und Rudy hinzu; beide wirken etwas kleinlaut. «Leo, sorry, wir wollten dich nicht verrückt machen», entschuldigt sich Seraina. «Wir haben halt während der Fahrt nix zu tun, ausser blöde Sprüche zu klopfen.» – «Ich hab die ganze Arbeit und null Wertschätzung, und wenn ich das tun will, was mich beruhigt und entspannt, beschwert man sich auch wieder!», brummt Leon. «Wo ihr mich ja beim Fahren fast nie Musik hören lasst!» – «Nur einer beschwert sich; ich find's voll romantisch!», verteidigt sich Seraina. Rudy räuspert sich und macht einen Vorschlag zur Güte: «Leo, Kumpel, wie wär's, wenn wir zwei mal die Route studieren, und ich präg mir das alles ein und helfe beim Navigieren?» Mit einem entschuldigenden Blick zu Margarethe fährt er fort: «Ich will dir nix wegnehmen, Mäggy, aber es wäre auch für mich eine willkommene Abwechslung; ich fühle mich so nutzlos. Und du kannst ja immer noch mit Rai zusammen die Reiseführer studieren und Ideen liefern.» Die vier Freunde schicken einander Blicke und nicken alle. «Gute Idee!», findet Margarethe. «Dann sitzt ihr Männer vorne, und wir Frauen tratschen und beraten.» – «Und kommandieren euch rum!», fügt Seraina süffisant hinzu.

Weit entfernt krächzt ein Rabe, und alle vier horchen auf. «Plonk!», ruft Margarethe, und Leon nickt: «Tönt wirklich wie Plonk.» Rudy wendet ein: «Kann nicht sein!». Aber Seraina signalisiert ihm, zu schweigen. Es scheint, als würden Margarethe und Leon gerade einen telepathischen Gruss aus der Heimat erhalten. Wortlos verständigen sich die «Rabenflüsterer», denn beide können unterdessen telepathisch mit dem Raben kommunizieren. Dass er in Gedanken bei ihnen ist, beruhigt sie.

Guter Dinge fahren sie weiter, finden den Weg zurück auf die richtige Fährte und erreichen bald Flagstaff und biegen dann ab, um die nördliche Route zu den Naturmonumenten einzuschlagen. Diese zweigt zwar ab von der traditionellen Route 66, aber die *Painted Desert*, den *Bryce Canyon* und das *Monument Valley* wollen sich die Freunde nicht entgehen lassen, wenn sie schon einmal in Arizona sind, nahe an der Grenze zu Utah. «Die Painted Desert erreichen wir heute problemlos, aber vor dem Monument Valley müssen wir uns vielleicht noch einen Campingplatz suchen», erklärt Rudy. «Vielleicht noch in Arizona.» – «Dummerweise werden wir genau in der grössten Mittagshitze dort sein!», gibt Seraina zu bedenken. «Nicht so angenehm… ich hätte mir das gerne angesehen, aber wenn es so heiss ist – nein danke!»

Atemberaubend schön ist die Landschaft, die sich vor ihnen ausbreitet. Die Sanddünen muten wirklich an, als hätten Riesen sie mit Aquarellfarben bemalt. Von zartrosa bis neonorange leuchtet die Wüste in allen Farben. Wegen der grossen Hitze verweilen die Freunde nicht, sondern knipsen lediglich ein paar Fotos von und mit der Landschaft, posieren in Gruppen und bedauern es, dass keiner von ihnen einen Selfiestick hat – «Obwohl die Selfiestick-Träger bekanntlich Kandidaten für den Darwin-Award sind», bemerkt Margarethe, worauf ihr Rudy einen überraschten Blick schickt: «Diese Worte hätte ich eher aus Leons Mund erwartet!» – «Weiss doch jedes Kind, dass in der Anfangszeit der Selfiesticks Touristen in den Grand Canyon gestürzt sind – famous last words: Das gibt ein tolles Foto!» Leon grinst und fügt hinzu: «Do-it-yourselfie-Sticks sind gefährlich!» Seraina lacht dreckig: «Ob es ihnen im Flug noch gelungen ist, das Foto auf Grinstagram zu posten?» Rudy setzt einen entrüsteten Gesichtsausdruck auf: «Raina, ich bin entsetzt über deinen schwarzen Humor!»

Lachend steigen sie wieder ein, um der Hitze zu entfliehen, schalten die Klimaanlage auf Volltouren, und Leon gibt Gas. Nachdenklich bemerkt er: «Mein Umweltgewissen ist schon nicht so ganz glücklich: Wir verpulvern auf dieser Reise Treibstoff wie blöd!» – «Stimmt!», pflichtet ihm seine Freundin bei, aber Rudy entgegnet: «Wir haben die Welt letztes Jahr aus einer Pandemie gerettet, also müssen wir nicht immer ALLES vorbildlich machen!» – «Was hat das denn damit zu tun?», wundert sich Leon. – «Rudy meint, wir hätten genug Karma gesammelt, das reicht für eine Weile!», erklärt Seraina, worauf Rudy schon den Mund öffnet, aber seine Freundin beugt sich vor zu ihm und verschliesst seinen Mund mit einem Kuss. – «Sag bloss nix Schlechtes über das Karma!», tadelt Leon den Geküssten, der tatsächlich zum Schweigen gebracht wurde. «Und küsst euch gefälligst leiser – rumknutschen in Hörweite des Fahrers ist nicht nett! Sonst halte ich an und verziehe mich mit Mäg in unser Himmelbett über der Fahrerkabine!»

9
Schwebende Juwelen und steinerne Raben

Wegen der Hitze und weil sie noch vorwärtskommen und vielleicht sogar die Grenze in den Staat Utah passieren wollen, fahren sie ohne Zwischenhalt weiter. «Wir sind jetzt im Navajo-Indianerreservat», stellt Margarethe nach einem Blick auf die Karte fest. «Die nächste Stadt ist Tuba City.» – «Wenn wir Glück haben, erreichen wir Monument Valley noch vor Einbruch der Dunkelheit», vermutet Leon. «Wenn wir allerdings noch zu viele Stopps machen müssen, dann sollten wir unterwegs übernachten, denn in den Canyonlands sieht man nachts nichts.» Nachdenklich studieren alle ihre jeweiligen Karten oder Reiseführer, dann halten sie es für vernünftiger, nochmals einen Halt einzulegen, finden aber ausser in Tuba City keinen Ort mit Campingplatz mit Wohnmobilanschlüssen. Allerdings würden sie lieber noch ein Stück weiterfahren. «Notfalls müssen wir irgendwo anhalten, das geht schon», findet Leon, aber dieser Vorschlag missfällt Rudy: «Wild campen finde ich keine gute Idee! Viel zu gefährlich, und wenn wir erwischt werden, gibt's nur Ärger!» Seraina nickt und gibt zu bedenken, dass dies besonders im Reservatsgebiet der Native Americans nicht gut ankommen würde: «Das ist respektlos, wenn Touristen da einfach machen, was sie wollen.» Die andern pflichten ihr nickend bei.

Die Landschaft wird immer spektakulärer, und als es langsam eindunkelt, erblicken sie vor sich im letzten Abendsonnenlicht einen riesigen Mexikaner mit Sombrero. «Das ist der Mexican Hat, schaut mal!», schreit Margarethe begeistert. «Leon, halt an, ich möchte ein Foto machen!» Der Fahrer reagiert leicht genervt, weil er von der langen Fahrt schon ziemlich müde ist. Als er endlich eine Gelegenheit zum Wenden findet, ist die Sonne weg, und im Dunkeln sieht man die Felsformation nicht mehr. Das ist ein Dämpfer, aber die Freunde hoffen, am nächsten Tag die Sehenswürdigkeit im Morgenlicht bewundern zu können. Zu müde, sich um Abwasser und dergleichen zu kümmern, leisten sich die Freunde zwei Zimmer im malerischen Motel gleich am Ortseingang und lassen das Wohnmobil auf dem Parkplatz stehen. Nach der dicken Luft finden sie es gut, ein bisschen Raum zu haben und eine gemütliche Unterkunft.

* * *

Am nächsten Morgen ist Margarethe früh wach und schleicht leise auf die Veranda vor ihrem Hotelzimmer, um ein bisschen Zeit und Ruhe zum Lesen zu finden. Kaum hat sie sich auf dem Gartenstuhl in der ersten Morgensonne niedergelassen, hört sie ein Stöhnen und vermutet, dass Leon gerade dabei ist, zu erwachen. Unbeirrt schlägt sie ihren Roman auf und liest die erste Zeile, da klingt Leons Stimme nach draussen: «Mä-äg!» – «Hmm?», macht sie zerstreut, nicht gewillt, sich von ihrer frühmorgendlichen Lektüre ablenken zu lassen. – «Määg, wo bist du?» – «Auf der Veranda, bin hier grad so schön am Lesen!» – «Komm, Mäg, ich muss dir was zeigen!» – «Was denn?», murmelt sie und versucht, weiterzulesen. – «Ich habe hier… einen Säbel…» Margarethe verdreht die Augen, denn nun tritt Seraina aus dem Nebenzimmer auf die Terrasse und sieht ziemlich verschlafen aus. Ihre Haare sind zerzaust, aber sie schmunzelt verschmitzt. «Da klingt's wie im Schafstall. Määäh-g! Willst du nicht Leons Säbel bewundern?», grinst sie, und Margarethe verdreht ihre Augen noch stärker und stöhnt: «Ich will einfach nur lesen!» Aber Leon gibt nicht nach: «Es geht um eine Zeitreise!

Da brauch ich dich!» – «Was für eine Zeitreise?» – «Sechs Wochen ohne dich! Das muss man reparieren!» Seine Freundin seufzt und hält das aufgeschlagene Buch in ihrer Hand, während Seraina sich den Mund mit beiden Händen zuhalten muss, um nicht laut herauszuprusten. «Rabenherz, du musst eingreifen!», flüstert sie amüsiert. «Offensichtlich ein Notfall!» Die Angesprochene schickt ihrer Freundin einen genervten Blick. Dann legt sie ihr Buch auf den Tisch und tritt ins Zimmer. «Kann man denn nie in Ruhe lesen?», murrt sie und hört noch auf dem Nebenzimmer eine verschlafene Stimme: «Raaina, wo bist du?»

Später frühstücken die vier Reisenden gemütlich auf der Terrasse und sind begeistert von den *Hummingbirds*, den Kolibris, die im Motelgarten gefüttert werden mit Zuckerwasser. «Die sehen aus wie schwebende Juwelen!», staunt Seraina. Die zierlichen Vögel schlagen so schnell mit ihren Flügeln, dass sie gleichsam in der Luft zu stehen scheinen, während sie mit ihren langen, dünnen Schnäbeln Nektar aus Blütenkelchen saugen – oder in diesem Fall Zuckerwasser aus dem dazugehörigen Behälter, der an einem Baum aufgehängt ist. «Jetzt aber los, die Landschaft einsaugen!», fordert die immer unternehmungslustige Margarethe ihre Begleiter auf, die alle noch müde sind. Leon seufzt: «Mäg, du machst mich fertig! Den ganzen Tag fahren, und dann…» Er verdreht die Augen. – «Du meinst, in der Nacht lässt sie dir auch keine Ruhe?», grinst Rudy. «Ich kenne da noch so eine Kandidatin.» Zärtlich umfasst er Serainas Taille und zieht seine Freundin zu sich heran, die sich dann an seine Schulter schmiegt und ihn küsst. Leon packt seine Freundin und küsst sie besitzergreifend, was sie sich gerne gefallen lässt. «Muss doch unseren Arbeitssklaven bei Laune halten!», bemerkt sie süffisant. «Ausserdem warst DU es, der heute in aller Hergottsfrühe Action wollte… ich wollte nur in Ruhe lesen!» – Rudy lacht: «Jaja, das sagen die Frauen immer!»

Nach der langen Fahrerei der Vortage nehmen sie es an jenem Tag gemütlich, schauen den Kolibris zu im Garten oder ruhen sich aus im Zimmer, bis sie ein spätes Check-Out machen, dann statten sie nochmals dem Sombreroträger im Felsen einen Besuch ab und bedauern es, dass die Lichtverhältnisse nicht mehr so perfekt sind wie am Vorabend. Schliesslich cruisen sie im Monument Valley umher, halten ab und zu an, um Fotos zu machen; die Mädchen entdecken einen Souvenirstand, wo sie auch T-Shirts mit Tiermotiven im indigenen Stil finden. «Schau mal, ein Rabe!», freut sich Seraina. Im gleichem Moment vernimmt Margarethe ein Krächzen, und ein Blickaustausch mit ihrer Freundin verrät ihr, dass diese den Ruf auch gehört hat. «Das ist ein Zeichen!», findet Seraina. «Los, Mäg, wir kaufen uns beide ein Raben-Shirt. Der hat doch eine besondere Bedeutung bei den Indigenen, der *Raven…*» – «Gute Idee, mit dem Shirt… wo wir doch entfernte Verwandte und nahe Seelenschwestern sind!», stimmt ihr Margarethe begeistert zu.

Die Jungs warten draussen und geniessen derweil die Landschaft. «Was jetzt?», fragt Leon auffordernd, als die weibliche Fraktion wieder zurück ist beim Wohnmobil. «Fahren wir doch weiter in Richtung Bryce Canyon!», drängt Margarethe. «Das ist der mit den märchenhaften Felsengestalten.» – «Auja!», stimmt ihr Seraina zu. «Da kommen wir doch am Lake Powell vorbei, laut Karte – dort wäre die sagenhafte Rainbow Bridge.» – «Ich habe was gelesen von den Stone Arches, da hat es sagenhafte Felsformationen, aber das wäre noch ein Stück weiter… dort kann man sicher auch rumklettern», schlägt Leon vor. «Allerdings führt uns das noch weiter *off track* von der Route 66.» Rudy verzieht sein Gesicht: «Das ist zu viel Hin und Her… könnten wir das allenfalls auf dem Rückweg machen?» Ungeduldig treibt Margarethe die anderen drei an: «Los, verschwenden wir keine Zeit mehr! Fahren wir einfach in Richtung Bryce Canyon und schauen, wie weit wir heute kommen! Dann entscheiden wir, wann wir umkehren und auf der Nostalgiestrasse weiterfahren. Wir haben ja Zeit!» – «Zeit schon, aber wir müssen den Wohnwagen wieder in San Francisco abgeben. Daher müssen wir, ob wir wollen oder nicht, die Route 66 vorzeitig verlassen und gen Norden fahren…», wendet Leon ein, und Rudy bemerkt sarkastisch: «Das nennt man dann 66 interruptus oder so…» Da erntet er ein Lachkonzert von seinen Freunden.

Alle vier finden es schade, nicht die gesamte Route 66 abklappern zu können. Leider ist es nun mal nicht anders möglich, deshalb beschwert sich auch niemand. Doch als Margarethe den Satz «Nächstes Jahr machen wir das fehlende Stück» ausspricht, stöhnt die männliche Fraktion. Nach etwas Nachdenken meint Leon: «Obwohl, bis dann habt ihr alle euren Führerschein, das wäre dann ganz chillig für mich! Dann wechseln wir uns ab oder nehmen sogar zwei Wohnmobile.» – «Ich werde die Autoprüfung sicher mehrmals wiederholen, bei meinem Glück, und am Schluss noch beim Verkehrspsychologen antraben müssen, weil ich es drei Mal versemmle!», malt Margarethe ein düsteres Bild ihrer angehenden Autofahrkarriere. Leon grinst schelmisch: «Verkehrspsychologe? Also mir ist nichts aufgefallen nachts, das psychologischer Betreuung bedürfte… bei unserem Verkehr…» Da kriegt er einen Knuff von Margarethe und stöhnt auf. «Oh Mann, das kann ja heiter werden!», ruft Seraina aus und verdreht die Augen. Margarethe und Leon piesacken sich noch eine Weile spielerisch, bis dann wieder Ruhe einkehrt bei den vier Freunden. Je weiter sie fahren, desto entspannter werden sie. Langsam fühlt es sich wirklich wie Ferien an.

«Take it easy…», dudelt Musik aus dem Radio, welche perfekt zur Landschaft passt, die vorbeizieht, während das Wohnmobil Kilometer um Kilometer abspult. Die wilden blonden Locken des Fahrers tanzen im Fahrtwind; durch das offene Fenster weht trockene Wüstenluft herein. «Wahnsinn!», keucht die Beifahrerin, die ihre langen gebräunten Beine hochgelagert hat auf dem Armaturenbrett und ihren Ellenbogen aus dem Autofenster hängen lässt. Margarethe geniesst es, ihrem geliebten Leon wieder so nahe zu sein, und saugt die umgebende Szenerie regelrecht in sich auf: die in der Abendsonne rötlich schimmernden Felsen, den hellen Sand, die spärliche Vegetation, den Himmel, der in unglaublichen Farben über allem prangt wie eine Decke. «Das muss ein Traum sein!», frohlockt sie schwärmerisch. «Ich komme mir vor wie im Film!» – «Unglaublich chillig, was?», bemerkt Leon, der am Steuer sitzt und – so findet Margarethe – umwerfend gut aussieht, mit seinem braungebrannten Gesicht, dem Dreitage- oder auch Siebentagebart und den langen Haaren, die um sein Gesicht tanzen. Er lächelt seine Freundin an, und ihr wird warm ums Herz – ihr ganzer Körper ist erfüllt von wohliger Wärme, sodass sie seufzt: «Ich kann es kaum fassen! Wir sind hier, in der Wüste, zusammen… und ich habe das Zeitgefühl völlig verloren!» – «Das ist ja nix Neues!», ruft eine männliche Stimme provozierend aus dem Bauch des Wohnmobils heraus. «Das passiert uns doch regelmässig auf unseren Reisen, egal, ob wir im Hier und Jetzt reisen oder in einer anderen Raumzeit!» Leiser fügt er hinzu: «Und schuld ist natürlich immer unser Rabenherz!» – «Mein Rudolfino hat Recht wie immer!», bemerkt eine weibliche Stimme säuselnd. «Aber das ist doch egal, was interessieren uns Zeit und Raum? Hauptsache, wir sind zusammen hier!» Die beiden murmeln etwas Unverständliches im Gedärm des Caravans, und das Paar in der Führerkabine schmunzelt und schickt einander Seitenblicke. Alles deutet darauf hin, dass in den Tiefen des Wohnmobils leidenschaftlich geküsst wird. Margarethe hätte auch Lust, ihren Leon zu küssen, aber ihre Vernunft gebietet ihr, ihn nicht beim Autofahren abzulenken, zumal das Gefährt, das er lenkt, ziemlich umfangreich ist und dementsprechend anspruchsvoll zu manövrieren.

Der Fahrer aber geniesst seine Rolle und die Verantwortung, die er für die kleine Gruppe trägt, und lacht zufrieden: «Das ist das wahre Leben! Einfach weiterfahren, durch die Wüste, und nie mehr anhalten!» – «Und irgendwann verhungern!», tut seine

Beifahrerin ihren Sarkasmus kund, greift hinter den Autositz und angelt eine grosse Chipstüte hervor. – «Lasst Mäggy bloss nicht an die Chips, sonst ist die Packung leer!», warnt die weibliche Stimme von hinten, und als die Naschkatze erneut in die Tüte fasst, versucht ihr eine Hand, die aus dem Dunkeln kam, die Packung zu entreissen. «Hee, das sind meine Chips, die habe ich selber gekauft!», schimpft die Hungrige spielerisch, und ihre Nahrungskonkurrentin gibt aber den Griff an den Leckereien nicht auf und lacht laut: «Ich will auch Chips, du Fressack!» – «Hee, Ladies, ihr werdet euch doch nicht über ein paar lausige gebratene Kartoffelscheibchen prügeln!», grölt der Fahrer und versucht seinerseits, die Packung zu erhaschen, erwischt aber stattdessen das T-Shirt einer der Kämpferinnen um die fettigen Knabbereien. «Hee, du Wüstling!», schimpft die Ertappte scheinbar entrüstet. «Mein neues T-Shirt! Rudolfino mio, der Löwe will mir an die Wäsche!» – «Unverschämt!», reagiert der Mann aus dem Bauch des Wohnmobils unbeeindruckt. «Da muss ich wohl mal ein Machtwort sprechen… später! Aber machen wir doch mal Halt an einer Fressbude, bevor die Mädels hier komplett austicken!»

Gesagt, getan. Bald gerät eine Tankstelle ins Sichtfeld der vier Reisenden, und der Fahrer hält an. Die Beifahrerin öffnet die Türe der Fahrerkabine und klettert flink hinaus. «Mäg, holst du mir eine Cola?», bittet der Fahrer, dann klappt er den Fahrersitz zurück in die Liegeposition und macht es sich gemütlich. «Bier wäre noch chilliger, aber ich muss ja schliesslich noch autofahren», fügt er seufzend hinzu. Seine Freundin schnalzt mehrmals kopfschüttelnd: «Du Chauvi, du, kommandierst mich wieder mal rum! Weib, bring mir ein Bier!» – Seraina lacht laut im Inneren des Mobils, während Rudy nach vorne klettert und sich auf dem Beifahrersitz niederlässt: «Ich brauch mal ’ne andere Perspektive, Leo!» Dieser nickt zufrieden «Das dauert sicher ’ne Weile, denn da vorne ist noch so ’ne Art Souvenirshop», bemerkt Leon. «Da sind die Mädels beschäftigt!» Rudy seufzt: «Schon wieder so ein Kitschramschladen? Die Weiber waren doch erst heute Vormittag in einem! Raina, bringst du mir ein Sandwich oder so was in der Art?», bittet er seine Freundin, welche auch gerade aus dem Wohnmobil geklettert ist, allerdings durch die seitliche Türe in der Mitte des Vehikels. «Jetzt fängt der auch noch an, Bedingungen zu stellen!», murrt sie spielerisch. «Na warte, ich kassier dann noch ein!», warnt sie mit laszivem Augenbrauenspiel, was Rudy aus dem Autofenster grinsend quittiert. Munter plaudernd schlendern die jungen Frauen in Richtung Tankstellenshop. «Erst mal die lebensnotwendigen Fressalien, und dann schauen wir mal, was diese Indianerinnen dort an dem Stand verkaufen», schlägt Margarethe munter vor. – «Pscht, man sagt doch <Native Americans>, <Indianer> ist politisch nicht korrekt!», weist sie Seraina besorgt zurecht. – «Sorry, ich mein das doch nicht respektlos!», verteidigt sich Margarethe verblüfft. Sie nehmen den Laden in Augenschein und haben natürlich nicht nur Augen für das Notwendige – wobei «notwendig» eine Definitionsfrage ist! «Besser, wir decken uns ein, auch mit dem ungesunden Kram, damit wir die Männer bei Laune halten!», beschliesst Seraina, und ihre Freundin stimmt ihr zu: «Genau, wo doch heute alle wieder so gut gelaunt sind, nach der häufigen Streiterei in den letzten Tagen! Also, Schokolade, Nüsschen, Chips…, weil du mir die ja weggefressen hast…» – «He, das lasse ich aber nicht auf mir sitzen!» «…wie wäre es mit Salsa-Sauce dazu?» – «Yummi!», findet Seraina zustimmend. «Ist so furchtbar schön ungesund-lecker!» – «Und hier noch eine Gammelwurst für Rudy! Die mag er doch so gerne, erinnerst du dich an Venedig?», prustet Margarethe. «Die heissen hier Peperoni; komisch, was!» Beide Mädchen lachen, weil Rudys angebliche Vorliebe für Salami purer Ironie entspringt, und nach kurzer Zeit kommen sie mit Lebensmitteln bewaffnet aus dem Laden, bringen Milch, Brot, Früchte und andere gesunde oder weniger gesunde Nahrungsmittel zum Wohnmobil, wo Rudy durchs Autofenster die «Beute» erfreut entgegennimmt. «Finger weg; genascht wird später!», warnt ihn Seraina mit einem Augenzwinkern. Dann machen sie auf dem Absatz kehrt und sich auf zum Stand, welcher die Mädchen magisch anzieht: Eigentlich ist es nur ein Tisch, auf welchem offenbar Schmuck oder anderes Handwerk von Indigenen aus der Umgebung ausgebreitet ist. «Schau mal, ein Amulett mit einem Raben!», erkennt Seraina schon von Weitem. – «Wunderschön, mit all den verschiedenfarbigen Steinen!», staunt Margarethe. – «Das sind alles Tiere aus der Gegend, geschnitzt aus Türkis, Karneol, Jaspis…», erklärt eine der Verkäuferinnen freundlich auf Englisch. «Hergestellt von Native Americans.» – «Wow!», staunen die Mädchen und sind echt begeistert, als sie die kleinen Kunstwerke bewundern.

Die Frau hält ein Messer in der Hand, mit welchem sie an einem Stein schnitzt – was für ein Tier das wird, ist noch nicht erkennbar. Der grosse Rabe, der in der Mitte des Amuletts prangt, hat es Margarethe ganz besonders angetan. Ihr Blick schweift vom Messer, das wie ein kleines Schwert wirkt, zur Rabenfigur. Sie betrachtet den Vogel genauer, und sie glaubt, ein Krächzen zu hören. Das kann doch nicht sein…

* * *

Verwirrt kommt Margarethe wieder zu sich und spürt unangenehm hartes Holz in ihrem Rücken, als würde sie sich an einen Baum lehnen, bloss fühlt es sich nicht warm und lebendig, sondern tot an. Sie fühlt sich in ihrer Bewegungsfreiheit ziemlich eingeschränkt: Ihre Arme kann sie nicht richtig bewegen, und ihr Brustkorb ist eng, als litte sie unter Atemnot. Beunruhigt legt sie ihren Kopf in den Nacken und sieht farbige Fratzen über sich. Erschrocken zuckt sie zusammen. «Wo zum Kuckuck sind wir?», fragt sie aufs Geratewohl und vernimmt dann neben sich die Stimme ihrer besten Freundin: «Wir stecken im Schlamassel – am Marterpfahl!»

Fassungslos starrt Margarethe ihre Nachbarin an, die mit Hanfseilen an den gleichen dicken Holzpfahl gefesselt ist. Sie selbst kann ihre Arme fast nicht bewegen, da ihre Hände auch von Seilen umwickelt sind und zusätzlich ihre ganzen Arme. Die Seile spannen unangenehm auf ihrer Brust und drücken auf ihren Magen. Dieser fühlt sich ziemlich leer an, und ihr Mund ist ganz trocken. Es ist dunkel, rundherum ist nichts zu erkennen ausser einem grossen Feuer, um welches ein paar Gestalten kauern, die zu schlafen scheinen. Der Feuerschein liefert das einzige Licht, in welchem Margarethe zu erkennen versucht, wo sie sich befinden. «Wie… wie sind wir nur in diese beklemmende Lage geraten?», fragt Margarethe und ärgert sich, dass sie meistens so weggetreten ist während ihrer Zeitreisen, dass sie am wenigsten von allen mitkriegt und am längsten braucht, bis sie wieder zu sich kommt. Seraina dagegen scheint immer bestens informiert zu sein, so auch diesmal: «Die – sagen wir halt mal: Indianer – haben uns gefangengenommen, als sie gegen eine Gruppe weisser Siedler kämpften. Die trugen ganz seltsame Kleider, die Frauen so doofe Hauben, die Männer lange Bärte. Irgendwie sahen die mir verdächtig religiös aus. Sie warfen sich dann auf die Knie und fingen an zu beten, und dann ging ein Gemetzel los – fürchterlich! Du hast Glück, hast du das nicht mitgekriegt!» – «Wieso, wo war ich denn?», möchte Margarethe wissen. – «Im Reich der Träume, bewusstlos, was weiss ich. Jedenfalls nicht ansprechbar. Als ich einigermassen bei Sinnen war, zog ich dich ins Gebüsch, in der Hoffnung, die Krieger übersehen uns», keucht Seraina. «Wir hatten ein Schweineglück, dass die uns nicht niedergemetzelt haben – die Indianer oder die Siedler!» Erschrocken keucht auch Margarethe: «Aber wieso haben sie uns an den Totempfahl gefesselt? Denn der bunte Geschnitzte mit den Tierköpfen ist doch ein solcher, und das ist nicht das Gleiche wie ein Marterpfahl. Ich habe kürzlich gelesen, dass diese malerischen Totempfähle in Wirklichkeit gar nie dazu benutzt wurden, um Gefangene zu fesseln und zu foltern – das sind nur Klischees aus Hollywoodfilmen, um den Nervenkitzel für das Publikum zu erhöhen.» – «Wissen das unsere Indianer hier?», wendet Seraina ein. «Vielleicht ist das ja alles auch nur inszeniert, vielleicht haben wir gar keinen Zeitsprung gemacht. Oder wir träumen das alles nur und wachen irgendwann einfach auf.» – «Schön wär's…», seufzt Margarethe gequält, und Seraina fährt fatalistisch fort: «Und wenn es real ist, dann opfern sie uns wohl ihren Göttern… ganz oben hockt übrigens ein Rabe.» – «Waaas?», ächzt Margarethe, als sie versucht, ihren Hals so weit zu drehen, dass sie nach oben blicken kann. Tatsächlich ist die Figur zuoberst auf dem kunstvoll geschnitzten Pfahl ein Rabe, mit kräftigem Schnabel, bunt bemalt. Das hölzerne Tier strahlt eine unglaubliche Kraft aus, welche beide Mädchen spüren. Seraina starrt Margarethe an, aber sie blickt ihr nicht ins Gesicht. – «Was ist?», wundert sich diese. – «Du trägst ja den Raben!», stellt Seraina verwundert fest und blickt auf die Brust ihrer Freundin. Diese senkt ihren Blick und gewahrt das steinerne Rabenamulett an der Kette mit den geschnitzten Tierfiguren: «Ja, die Kette, die mir so gefallen hat… aber ich kann mich gar nicht mehr erinnern, sie gekauft zu haben!» – «Erstaunlich. Vielleicht haben sie dich darum nicht umgebracht», mutmasst Seraina. – «Und dich nicht wegen deines T-Shirts!», entgegnet Margarethe, die erst jetzt die schemenhafte Gestalt auf dem blauen T-Shirt ihrer Freundin erkennt: «Du trägst ja einen Raben, so, wie ihn die Indianer darstellen. Wie hiess er schon wieder?» – «Brendigeidvran», murmelt Seraina. – «Wie bitte?» – «Na, so nannten ihn doch die Kelten, damals, im Wald bei der Bechburg.» – «Stimmt! Aber wie hiess er bei den Native Americans? Es liegt mir auf der Zunge…» – «Dann spuck's aus, bevor sie dir die Zunge rausreissen!», drängt Seraina angstvoll. – «Quatsch, wieso sollten sie?» – «Du hast das Gemetzel nicht erlebt; alles ist möglich, wobei die Weissen auch schlimm gewütet haben!» Angstvoll fragt Margarethe: «Wo sind unsere Männer?» – «Hoffen wir mal, im Wohnmobil in Sicherheit. Sie waren ja nicht dabei am Verkaufsstand, als wir die Rabenkette bewunderten…» – «Aber dass ein Steinschnitzmesser zum Schwert taugt, um eine Zeitreise auszulösen, erstaunt mich doch sehr!», gibt die erfahrene Zeitreisende zu bedenken. – «Egal, wir haben offenbar einen zeitreisetauglichen Raben – dein Amulett. Und wir brauchen eine weitere Waffe!», erklärt Seraina lapidar. «Und wenn es nur darum geht, unsere Fesseln durchzuschneiden!»

Margarethe seufzt: «Warum immer ich? Ich steh' doch wirklich nicht auf Sadomaso!» Seraina lacht bitter: «Und ich hänge wiedermal mit drin! Mach bloss nicht mich verantwortlich!» – «Warum? Weil du den Lasse in Handschellen gesteckt hast? Den verrückten Forscher, auf unserer Zukunftsmission? Meinst du, du hast als Domina schlechtes Karma gesammelt?», frotzelt Margarethe gequält. Ihre Freundin antwortet das, was sie von Rudy erwartet hätte, sozusagen seinen Lieblingsspruch in einer solche Situation: «Scheisskarma!»

10

Leon und Rudy unter Zugzwang

Leon ist in heller Aufregung, was sonst gar nicht seiner Art entspricht. Der selbstbewusste Junge, der normalerweise in sich ruht und auch beruhigend auf seine Umgebung einwirkt, wähnt sich im falschen Film. «Ich hab' ja schon Verrücktes erlebt, aber jetzt artet es wieder aus – und es war doch eben noch so chillig!», seufzt er fassungslos, als er sieht, wie Rudy abgeführt wird. «Halt, das ist ein Missverständnis!», ruft er den Uniformierten hinterher, die seinen Kumpel in Gewahrsam genommen haben. Rudy trägt zwar noch keine Handschellen, aber einer der Polizisten hält ihn am Arm fest und bugsiert ihn in einen Streifenwagen, während sein Kollege darauf achtet, dass der Kopf des Jungen nicht am Türrahmen hängenbleibt. Unsanft drückt er Rudys Haupt nach unten. Dieser protestiert lautstark auf Englisch, und Leon, der die Mädchen suchen ging und nun herbeigeeilt ist, redet wie ein Wasserfall auf die Polizisten ein. Sein Englisch ist flüssig, und wortgewandt versucht er, die Uniformierten zu überzeugen, dass sie einem Irrtum aufgesessen sind. Aus dem Auto heraus verteidigt sich Rudy: «Ich habe das Wohnmobil nur von der Zapfsäule weggefahren, damit es die Tankstelle nicht blockiert!» Leon fügt hinzu: «Stimmt, und für die paar Meter fahren an einer Tankstelle braucht es keinen Führerschein, das ist doch lächerlich!» Rudy schluckt leer und schickt Leon einen entgeisterten Blick. Die Beamten halten inne und funkeln den Sprecher grimmig an. Jetzt schluckt auch Leon, als er sich dessen bewusst wird, dass «lächerlich» durchaus als Beamtenbeleidigung verstanden werden kann. Kann es noch schlimmer kommen? Ja, denn einer der Beamten erklärt: «Wir verhaften ihn nicht wegen des Fahrens ohne Führerschein, sondern wegen Spionagetätigkeit in Cupertino. Wir können mit Hilfe von Computerprotokollen und Aufnahmen von Überwachungskameras nachweisen, dass Ihr Freund die ihm zur Last gelegte Straftat begannen hat. Danken Sie Gott, dass lediglich ein Haftbefehl gegen Rudolf von Arx vorliegt! Wir müssen zudem sämtliche technischen Geräte aus dem Wohnmobil beschlagnahmen.» Somit ist Rudys kleines Intermezzo im Silicon Valley nicht unbemerkt geblieben. Es kommt also tatsächlich schlimmer! Rudy wird gerade verhaftet, Leon balanciert auf Messers Schneide, und die Mädchen sind spurlos verschwunden!

«Ich glaub, ich bin im falschen Film!», seufzt Leon, als der Polizeiwagen losfährt mit Rudy in Gewahrsam. Leon hatte insistiert, mitzufahren, aber die Beamten hatten ihm erklärt, das gehe nicht. Trotz seines Wortschwalls voller Überzeugungskraft hatte er nichts erreicht, und er konnte im Augenblick nichts für Rudy tun. Wenn er es bedenkt, hatte er riesiges Glück gehabt, nicht als Komplize mit Rudy zusammen verhaftet zu werden. Gemäss der Polizisten hatte Leons Vorgesetzter im Monterey Bay Aquarium ein gutes Wort für ihn eingelegt – vorläufig war Leon aus dem Schneider. Nur seine Personalien haben die Beamten aufgenommen, und er darf das Land nicht verlassen. Jetzt steht der einzig legitime Fahrer mit Führerschein und Wohnmobil buchstäblich in der Wüste.

* * *

Rudy versucht, ruhig zu bleiben. Mittlerweile stecken seine Hände in Handschellen. Doch das ist sein geringstes Problem. Das Superhirn überlegt, was er nun tun kann. Ihm ist es ein Rätsel, wie die Computerfirma so schnell bemerken konnte, dass er unerlaubt hochsensible Daten heruntergeladen hat. Und vor allem erstaunt es ihn, dass sie auf ihn gekommen sind – seine Cyborg-Tools sind ja den heutigen Systemen total überlegen, sie dürften eigentlich keine elektronischen Spuren hinterlassen und auch nicht zu orten sein. Aber darüber zu sinnieren, bringt jetzt nichts, er muss vorwärts blicken. Irgendeine Lösung muss es geben. Er spielt schnell diverse Szenarien durch, während die Beamten ihn an einen Ort fahren, wo er vermutlich inhaftiert und verhört wird. Bringen sie ihn auf einen Polizeiposten? Oder gleich zum FBI? Zur CIA? Womöglich zur NSA? Und wohin genau werden sie ihn bringen? Nach Cedar City in der Nähe, oder müssen sie bis nach Salt Lake City fahren? Rudy weiss es nicht, aber er sieht drei Möglichkeiten. – Szenario 1: Man flieht und erspart sich so das Gefängnis und die Verhöre, aber man ist Freiwild und auf der Flucht. Erfolgsaussichten, freizukommen: 75 Prozent. Erfolgsaussichten, nach Hause zu gelangen: 1 Prozent. – Szenario 2: Man könnte versuchen, den Amerikanern zu erklären, dass man es nicht böswillig getan hat. Doch wer glaubt einem die Nummer? Die Minicomputer in den Schläfen und am rechten Handgelenk sind zwar reell existierend. Man kann beweisen, dass man die Implantate trägt. Doch sie sind überaus verdächtig, was ihre Herkunft betrifft, und der Beweis der eigenen Schuld! Erfolgsaussichten, freizukommen: 0 Prozent. Erfolgsaussichten, nach Hause zu gelangen: 0 Prozent. – Szenario 3: Man könnte auf Margarethes Rabenzauber mit Zeitreise warten. Das könnte erfolgversprechend sein. Die Frage ist nur, wie lange das dauert. Endlose Verhöre hält niemand durch. Selbst wenn die Menschenrechte eingehalten werden, sind Verhöre immer eine Qual. Erfolgsaussichten, freizukommen: 99 Prozent. Erfolgsaussichten, nach Hause zu gelangen: 99 Prozent.

Dann kommt Rudy eine Idee: Man kombiniere Szenario 1 mit Szenario 3, also man fliehe, um das Unangenehme (Knast und Verhöre) zu vermeiden und die sichere Lösung (Rabenzauber und Zeitreise) anzustreben. – Aber wie flieht man aus einem fahrenden Polizeiauto? Rudy hat den Wagentyp schon bei der Tankstelle erkannt: Es ist ein Tesla – die SUV-Variante mit Flügeltüren. Das Gefährt ist computergesteuert, Rudy könnte sich vielleicht reinhäcken! Der Cyborg grinst zuerst selbstzufrieden vor sich hin, besinnt sich dann aber eines Besseren: Er versucht jetzt, unbeteiligt zu wirken, um nicht die Aufmerksamkeit der Polizisten auf sich zu ziehen. Er schaltet per Gedanken seine Chips ein und infiltriert den Bordcomputer. Gut, der Wagen ist neu und hat den Furz-Modus, denkt Rudy belustigt. Das ist eine kleine Spielerei, die die Ingenieure eingebaut haben. Man kann die Sitze dazu bringen, ein Furzgeräusch von sich zu geben. Das könnte bei der Ablenkung der Polizisten nützlich sein. So beginnt Rudy das Spiel: Der Beifahrersitz furzt. Der Mann wird rot und bestreitet, die Darmwinde losgelassen zu haben. Er beschuldigt stattdessen den Fahrer, den Furz-Modus aktiviert zu haben und findet es gar nicht lustig. Jetzt furzen nacheinander alle Sitze. Der Beamte neben Rudy beschimpft nun seinerseits den Fahrer und befiehlt ihm, mit dem Blödsinn aufzuhören, denn ihr Einsatz sei ernster Natur. Während sich die Polizisten verbal in die Haare geraten, häckt sich Rudy unbemerkt tiefer ins System ein und übernimmt das Steuer. Das Auto bremst abrupt ab, wendet wie von Geisterhand und gibt dann wieder Gas! Der Fahrer verwirft die Hände und flucht, als er merkt, dass ihm das Fahrzeug nicht mehr gehorcht. Die Sitze furzen derweil Amok.

* * *

«Hier steh ich nun, im Monument Valley, und weiss nicht weiter… – ich klinge ja schon wie Martin Luther, der hat doch auch sowas in der Art gesagt…», führt Leon Selbstgespräche und ist ziemlich ratlos. «Was zum Geier ist eigentlich los? Und was soll ich jetzt nur machen?» Er ist hin- und hergerissen zwischen den Gedanken, tatenlos abzuwarten oder mit dem Wohnmobil einfach dem Streifenwagen hinterherzufahren und mit dem Riesending vor dem Polizeiposten vorzufahren, um Rudy rauszuhauen

– entweder durch seine Überredungskünste oder mittels eines waghalsigen Stunts. In der Rolle des Actionhelden würde sich Leon gefallen, aber das Risiko ist ihm doch etwas zu hoch – in diesem Staat braucht es wenig, um straffällig zu werden, wie Beispiel zeigt, und selbst im Knast sitzen, darauf verspürt er wenig Lust. Ausserdem muss er die Mädchen finden! Das scheint ihm doch die akutere Notlage zu sein, auch wenn ihm der arme Rudy leid tut. «Mäg sieht es nicht ähnlich, einfach zu verduften, und zusammen mit Raina macht sie üblicherweise keinen Blödsinn», überlegt er und zieht den logischen Schluss: «Demzufolge sind sie nicht freiwillig verschwunden: Also müssen die zwei entweder entführt worden sein oder haben einen Zeitsprung gemacht. Bloss, wie und wo finde ich sie wieder?» Er lässt seinen Blick zu dem Verkaufsstand neben dem Tankstellenshop schweifen, welcher die beiden Mädchen magisch angezogen hatte – als Leon sie zuletzt gesehen hat, wobei er zugegebenermassen nicht so aufmerksam beobachtet hat, in der Meinung, das bisschen Shopping schaffen sie auch ohne Bodyguards. Nun ist er echt beunruhigt, aber er neigt eher zur Zeitreise als zur Entführungstheorie. Sicherheitshalber schliesst er das Wohnmobil ab, versteckt den Schlüssel im Radkasten bei der Fahrertür und macht sich auf zu dem Schmuckstand, an welchem drei Frauen mit indigenen Gesichtszügen sitzen und den gut aussehenden jungen Mann neugierig mustern, der sich ihnen nähert.

* * *

Plonk ist unruhig, ja sogar ziemlich gestresst. Er fühlt, dass etwas nicht stimmt – seine Adoptivmutter steckt wieder einmal in der Klemme, wie so oft! Und Leon schickt ihm ebenfalls einen telepathischen Notruf – ob bewusst oder unbewusst, spielt keine Rolle. Wichtig ist Plonk nur, dass dieser «Notruf» bei ihm angekommen ist und seine eigene Einschätzung bestätigt: Seine Menschenfreunde brauchen Hilfe! Doch wie soll er sie befreien? Weil seine Gefühle so stark sind und er weiss, wo er Margarethe finden kann, macht er sich auf den Weg, ein Schwert zu suchen.

* * *

Leon fragt die Standverkäuferin, wo die beiden Mädchen hingegangen sind, die eben gerade an ihrem Stand gewesen sind. Die Frau lächelt den jungen Mann freundlich an, zuckt aber auf seine Frage hin mit den Achseln und fragt: «Was für Mädchen?» – Tut sie nur so oder weiss sie es nicht? Leon ist hin- und hergerissen zwischen Verzweiflung und Wut: Verzweiflung, weil er als Volljähriger die Verantwortung für die drei Siebzehnjährigen trägt, und Wut, weil er der Frau nicht abnimmt, dass sie nichts bemerkt hat. Sie versucht ihrerseits, den Touristen für den von ihr hergestellten Schmuck zu interessieren: «Wie wäre es mit einer schönen geschnitzten Kette für das Mädchen, mit Totemtieren aus Steinen aus dem Gebiet der Navajos?» Leon schüttelt den Kopf und wischt sich den Schweiss von der Stirn. Vor lauter Überraschung lässt er seine Mütze fallen, als er das Messer in der Hand der Frau sieht, mit welchem sie an einem Stein schnitzt: Es sieht aus wie ein kleines Schwert – und Schwerter, das weiss er, haben Margarethe immer wieder in andere Zeiten katapultiert. Dann atmet er auf: Es ist kein Rabe in Sicht. Doch bevor er seine Kappe vom Boden nehmen kann, schweift sein Blick zum grossen Raben – zum Herzstück des Amuletts in der Mitte des Tisches. Er erschrickt, als er ein Krächzen hört. Das kann doch nicht sein…

Als Leon erwacht, liegt er mitten auf einer Prärie. Ein weites Land erstreckt sich um ihn herum. Verdattert rappelt er sich auf. Er vernimmt ein Donnern, das näher zu kommen scheint. Zuerst denkt er an ein Erdbeben oder ein Gewitter, doch in der Staubwolke, die auf ihn zukommt, erkennt er die Umrisse von Pferden! Eine grosse Mustang-Herde galoppiert geradewegs auf ihn zu! Wenn er nicht so schnell wie möglich von seinem aktuellen Standort verduftet, droht er zertrampelt zu werden!

* * *

Plonk findet, was er gesucht hat: ein Schwert. Margarethes Nachbar sammelt antike Waffen, darunter befindet sich auch ein Säbel aus der Kaiserlich-Könglichen Monarchie Österreich-Ungarn. Während der Nachbar draussen eine Zigarette raucht, landet Plonk leise bei der offenen Terrassentür und stiehlt sich unbemerkt in die Wohnung. Schnell fliegt er auf und packt den Säbel, der an der Wand hängt. Er verschwindet mitsamt der Waffe ins Nichts und findet sich auf der Schulter eines grossen Mannes wieder.

Leon erschrickt fürchterlich, als Plonk unerwartet auf seiner rechten Schulter wie aus dem Nichts erscheint. Tier und Mensch schauen sich verblüfft an, dann blicken sie zur herannahenden Mustang-Herde – und wenn Raben leer schlucken könnten, Plonk würde es jetzt tun.

* * *

Rudy lässt den Polizei-Tesla bei der Tankstelle, wo das Wohnmobil steht, eine Vollbremsung machen. Weil er darauf gefasst ist, hat er schnell die Sicherheitsgurte entfernt, sobald das Fahrzeug stillsteht. Zudem lässt er die Flügeltür auf seiner Seite öffnen, und er springt hinaus. Die Beamten sind dermassen überrumpelt, dass sie nur noch überrascht mitansehen können, wie sich die Tür wieder schliesst und der Wagen auf Rudys Kommando wendet und davonbraust. Sicherheitshalber hat Rudy den Autopiloten so umprogrammiert, dass er eingeschaltet bleibt und keine Eingriffe seitens des Fahrers mehr erlaubt. Das Auto chauffiert die Beamten in Richtung Salt Lake City, bis die Batterien leer sind. Das gibt Rudy genug Zeit, um zu fliehen. Doch zuerst müssen die Handschellen weg. Er hat Glück, es ist eine moderne Variante – elektronisch. Der Cyborg schliesst sie mühelos auf und wirft die Fesseln in den nächsten Dornbusch.

Jetzt geht er zum Wohnmobil. Es ist verschlossen, und von seinen Freunden fehlt jede Spur. Rudy klappert den Tankstellenshop ab, doch niemand weiss, wo Leon, Margarethe und Seraina stecken. Gab es draussen nicht so einen Stand mit irgendwelchen Souvenirs? Rudy kratzt sich am Kopf. Er hätte schwören können, dass da einer gewesen ist. Doch jetzt ist der Platz leer. Nur eine rote Baseballmütze liegt im Staub. Rudy nimmt sie auf und erschrickt: Es ist die Kappe von Leon.

Was tun? Rudy entscheidet sich, zunächst einmal zwischen Tankstelle und Wohnmobil möglichst viel Abstand herzustellen, sprich: mit dem Gefährt so rasch wie möglich wegfahren! «Wenigstens stehle ich diesmal kein Fahrzeug! Aber fahren dürfte ich eigentlich nicht… Mist, ich mache mich wieder strafbar! Oh Mann, aber ich muss hier weg. Leon würde mich sicher wieder als Major Fuckoff bezeichnen, weil ich einfach abhaue», stellt Rudy seufzend fest und erinnert sich an seinen glamourösen Auftritt in der Uniform eines russischen Offiziers in der dazugehörigen GAZ-Limousine im geteilten Berlin im Jahr 1966. Obwohl die Amtsanmassung im Kalten Krieg alles andere als legal gewesen war und ihm und seinen Freunden einen Haufen Ärger eingebracht hatte, ist er sich bewusst, dass seine jetzige Lage kein bisschen weniger gefährlich ist: Er wird zur Fahndung ausgeschrieben, alle Polizisten und Agenten der USA, denen er begegnen wird, werden ihn sofort erkennen und versuchen, ihn zu verhaften. Er muss also irgendetwas tun, das seine Verfehlung in Cupertino wettmacht – etwas, dessen Lösung für ganz Amerika eine Erlösung darstellt. Aber was?

Rudy entschliesst sich, zunächst einmal weiterzufahren. Das Gefährt ist zwar verschlossen, doch er kennt Leons Versteck im Radkasten und findet so den Schlüssel. «Kommt Zeit, kommt Rab, äh Rat…», grübelt er halblaut vor sich her. Er setzt sich ans Steuer und dreht den Zündschlüssel. «Finsteres Mittelalter, diese Verbrennungsmotoren!», murrt er und legt einen Gang ein. Es ächzt im Getriebe, Rudy verdreht die Augen. Doch es klappt, das Vehikel setzt sich in Bewegung. Rudy fährt nun allein im Wohnmobil los. Im Moment ist er einfach froh, wenn er ein paar Kilometer Abstand zwischen sich und die Tankstelle bringen kann. Fieberhaft überlegt er: «Soll ich jetzt wirklich die Route einschlagen, die wir machen wollten? Wir hatten ja vor, zum Bryce Canyon zu fahren. Dazu müsste ich mich südlich halten und dann rechts abbiegen zum Lake Powell. Oder soll ich zurück nach Flagstaff? Und wie finde ich alle bloss wieder? Sind die drei wirklich auf einer Zeitreise? Vermutlich schon, denn wohin sollten sie sich sonst verkrümeln. Hier gibt es nur Wüste, und kein normaler Mensch geht freiwillig und ohne Ausrüstung einfach so raus in die Wüste! Und wie ziehe ich meinen eigenen Kopf aus der Schlinge? Spionage wird in den USA sehr streng bestraft. Ich habe sowas von keine Lust, mein ganzes Leben in einem Knast zu verbringen… oder gar auf den elektrischen Stuhl zu kommen – obwohl, den könnte ich umprogrammieren…» Rudy ist selten verzweifelt, aber das ist jetzt genau so ein seltener Moment. So hatten sich die vier Freunde ihr Abenteuer wahrlich nicht vorgestellt.

11

Rettung auf Flügeln und Hufen

Leon und Plonk haben es geschafft, sich in Sicherheit zu bringen, bevor sie von der Mustang-Herde überrollt worden wären. Der Rabe konnte sich zwar in die Lüfte erheben, aber Leon blieb nur ein grosser Stein, hinter den er sich mit einem Hechtsprung in Sicherheit brachte. Er schaffte es gerade noch, sich zu ducken, bevor die Vorhut der Mustangs den Felsbrocken erreichte, hinter dem er sich wie ein Igel zusammenrollte und alle Muskeln anspannte, jederzeit mit einem Huftritt rechnend. Doch alle Tiere – und es waren doch einige Dutzend Pferde – donnerten an ihm vorbei, ohne ihn zu streifen.

Als sich die Staubwolke endlich etwas verzogen hat, erhebt sich Leon schwankend. Hustend und von Sand übersät, schaut er auf und vernimmt ein aufmunterndes Krächzen. Das verrät ihm, dass der Rabe in seiner Nähe ist. Er erblickt Plonk dann auch, als dieser auf den grossen Stein zufliegt und oben landet.

Ratlos ist der Wanderer in der Wüste; seine Hosen sind an beiden Knien zerrissen, sein ärmelloses T-Shirt schützt ihn nicht vor der Sonne, die gnadenlos vom wolkenlosen Himmel brennt, und seine Mütze hat er nicht mehr. Und Plonk scheint den Säbel verloren zu haben, was eine Rückkehr in die Gegenwart sehr erschwert. Zudem hat Leon kein Wasser dabei, keine Nahrung, und weit und breit sind nur Prärie, Felsformationen, Weite – eine wunderschöne Szenerie allerdings, Kulisse so vieler Wildwest-Filme, aber alles karg und trocken. Die Situation ist dem jungen Mann nicht geheuer. «Im Death Valley hatte ich noch ein Auto unter dem Hintern, aber ohne fahrbaren Untersatz fühle ich mich ziemlich hilflos», spricht er vor sich hin. Plonk krächzt zustimmend und gleichzeitig ermunternd, als würde er rufen: «Weiter,

weiter, Leon!» – Doch irgendwann – als die Nacht schon längst hereingebrochen ist – müssen sich beide unter freiem Himmel hinlegen und ein paar Stunden schlafen, denn sie brauchen für ihre Suche nach den Mädchen einen ausgeruhten, wachen Geist.

* * *

Die Nacht war geprägt von unheimlicher Stille, nachdem die Trommeln verklungen waren. Doch am Horizont zeichnet sich endlich ein heller Streifen ab, welcher von Herannahen des folgenden Tages kündet. Das Farbenspiel am Horizont wird immer prächtiger, berauschend. Die gefesselten Freundinnen ergötzen sich an dem Schauspiel und vergessen für einen kurzen Augenblick ihre missliche Lage.

Immerhin hatte man den Gefangenen nach dem Trommelritual etwas zu trinken verabreicht aus einer Kürbisflasche, was zwar schwefelig schmeckte, aber den schlimmsten Durst gelöscht hat. «Mein Rücken tut weh!», beschwert sich Seraina, und Margarethe pflichtet ihr bei: «Meine Handgelenke sind wund von den Seilen, und ich hab null Bock, hier länger rumzuhängen!» Ihre Freundin seufzt: «Das hatten wir doch auch schon… wir hängen irgendwo rum, und unsere Männer treiben sich weiss der Kuckuck wo rum!» – «Ruhig Blut, Raina, die hauen uns raus!», gibt sich Margarethe zuversichtlich. Seraina schüttelt verzweifelt ihren Kopf: «Wobei gar nicht sicher ist, ob sie unser Verschwinden schon bemerkt haben!» – «Doch, haben sie!», ist Rabenherz überzeugt. «Plonk hat mir telepathisch mitgeteilt, dass Leon informiert ist.» Seraina reisst ihre Augen weit auf, als sie ihre Freundin anstarrt: «Echt jetzt? Kommuniziert ihr drei neuerdings telepathisch?» – «Ja, das fing irgendwann auf der Reise an… da hörte ich einen Raben krächzen, aber das war in meinem Kopf… Leon hat es auch gehört.» – Seraina kichert, dann besinnt sie sich: «Sorry, ich lache dich nicht aus, aber es klingt zu komisch… aber du hast wirklich einen Vogel, Mäggy – ihr beide!» Nun muss auch diese lachen: «Und unsere letzte Mission hatte ja in der Tat mit Vögeln zu tun, in allen denkbaren Facetten!»

Gefährlich war auch ihr letztes Abenteuer, das sie sowohl in die Vergangenheit als auch in die Zukunft geführt hat. Auch dort waren die Freunde zeitweise getrennt. «Ja, und das gab Raum für Missverständnisse… mit Vögeln», sinniert Seraina, und ihre Mitgefangene muckt auf: «A propos, also, ich bin mir ja bis heute nicht sicher…» Sie erntet einen besorgten Blick von ihrer Nachbarin am Marterpfahl. Ist diese eine Spur blasser geworden, oder liegt das am fahlen Morgenlicht? «Was denn? Was meinst du? Wir haben nicht ge…, ich meine, gevö…» – «Na ja, aber das mit der Mund-zu-Mund-Beatmung ist mir schon sehr suspekt!», beharrt Margarethe halb amüsiert, halb misstrauisch. Ihre Freundin zerrt ungeduldig an ihren Fesseln und verteidigt sich: «Leon war verletzt; was hätte ich tun sollen? Als er nicht mal mehr geröchelt hat, dachte ich, dem gehen jetzt dann alle Lichter aus. Ich musste ihn beatmen, um deinen Liebsten zu retten!» – «Dafür bin ich dir ewig dankbar. Wirklich! Aber in der Wellnessgrotte hast du dann plötzlich behauptet, du hättest ihn wachgeküsst. Das fand ich voll schräg!» Seraina kichert nervös: «Dachte, das hättest du gar nicht mitgekriegt… dort wart ihr so weggetreten, da wollte ich eine starke Empfindung wecken bei Leo und hab deshalb masslos übertrieben!» Margarethe schickt ihr einen Seitenblick, soweit das ihre eigenen Fesseln zulassen. «Soso! Also hat er deiner Meinung nach den Kuss stark empfunden!» – «Ja… nein… ich meine, der war ganz gaga, nach dem Sturz, und dann laberte er was und dachte, ich hätte ihn wachgeküsst, so im Dornröschen-Stil!» – «Und du, was hast DU dabei empfunden?», lässt ihre Freundin nicht locker. Wahrheitsgemäss antwortet die angehende Medizinerin: «Schock! Panik! Zugzwang! Ich musste meine Gefühle unterdrücken und in den Notfallmodus schalten. Am Schlimmsten war für mich der Gedanke, dass dein Liebster ins Gras beisst, und ich bin schuld daran, weil ich es nicht verhindern konnte!» Beide schweigen. Dann spricht Margarethe feierlich: «Danke, meine Liebe! Das werde ich dir nie vergessen.» Seraina fühlt einen Kloss im Hals, dann weiss sie, wie sie sich von dieser Last befreien kann, welche sie im Unterbewusstsein schon lange plagt: «Dann, als ich ihn beatmet habe, ist etwas Komisches passiert. Eigentlich war es nur lustig, etwas peinlich, aber ich muss es dir erzählen, weil es mich sonst belastet.» – «Was denn? Wieso?» Nun ist Leons Freundin wieder hellhörig. – «Ich habe es dir nie gesagt, weil ich dachte, du kriegst das sicher in den falschen Hals.» Nun ist Margarethe alarmiert und starrt ihre Freundin mit weit aufgerissenen Augen an: «WAAAS??» – «Gut, bist du gefesselt, sonst springst du mir noch an die Gurgel!», bemerkt Seraina mit schiefem Lächeln und fährt fort: «Tja, als ich ihn beatmete, hat er mich plötzlich geküsst… und murmelte <Mäg>! Ganz sicher! Er dachte, ich sei du, und er war nachher total verblüfft.» Beide schweigen, dann flüstert Margarethe: «Erinnert mich an eine gewisse Szene… als Gerry Rudy und mich gewissermassen ertappt hat in einer kompromittierenden Haltung. Und es euch dann erzählt hat. Dabei war alles ganz harmlos.» Sie grinst: «Ich denke, damit sind wir quitt!» Seraina atmet erleichtert auf: «Jetzt fällt mir echt ein Stein vom Herzen!» Beide Freundinnen spüren, dass mit dieser «Beichte» auch die letzte Unsicherheit verschwunden und das alte Vertrauen komplett wiederhergestellt ist. Sie würden sich gerne in die Arme fallen, aber das ist in ihrer aktuellen misslichen Lage leider nicht möglich.

Nach einiger Zeit des Schweigens werden beide unruhig. «Möchte wissen, was die mit uns vorhaben», rätselt die Rabenmutter besorgt. – «Möchtest du das wirklich?», reagiert ihre Freundin zweifelnd. «Ich denke, dank unserer Raben wurden wir geschont – deine Kette, mein T-Shirt –, aber dass sie uns hier allein hängen lassen, gefällt mir gar nicht.» Die Wachen sind auch verschwunden, und die Ruhe ist unheimlich. «Nach dem

Gemetzel gestern mussten sie sicher ihre Verletzten verarzten», vermutet Seraina. «Und vielleicht wissen sie nicht, was sie mit uns anfangen sollen. Wir sind komisch gekleidet in ihren Augen, und wir sehen ganz anders aus als die Siedler mit ihrem Religionsfanatismus.» – «Stimmt. Aber ob sie uns für Rabenzauberinnen halten oder uns deswegen erst recht umbringen?» – «Für den Rabenzauber fehlt uns eindeutig noch der Rabe! Ich meine jetzt den leibhaftigen Raven, nicht nur ein Amulett. Kannst du den nicht irgendwie herbeibeschwören, Rabenherz?» Plötzlich ertönt ein Grollen, wie ein Gewitter, und sie brauchen einen Moment, um zu begreifen, dass es Trommeln sind.

* * *

Die Nacht war zwar ausgesprochen friedlich, doch das Damoklesschwert über seinem Haupt liess es nicht zu, dass Rudy die absolute Stille im Wohnmobil geniessen konnte. Er hatte am Abend das Gefährt mitten im Niemandsland abgestellt und war erschöpft eingeschlafen, sobald er sich hingelegt hatte. Die Temperaturen fielen deutlich, es wurde gegen Mitternacht sogar ziemlich kühl. Da wurde Rudy das erste Mal wach – nicht wegen eines Geräusches, sondern weil ihn die Situation stark belastete, in der er und seine Freunde stecken. Wenn er es sich genau überlegte, wusste er eigentlich nicht so recht, ob er lieber mit den anderen den mutmasslichen Zeitsprung gemacht hätte, oder ob ihm sein eigenes Schicksal doch lieber war – denn Zeitsprünge können einen vom Regen in die Traufe bringen. Andererseits war seine Lage jetzt auch nicht rosig und voller Ungewissheiten. Eine Stunde nach Mitternacht und nach etlichen Grübeleien fand Rudy erneut in einen komaähnlichen Schlaf, wobei er stündlich schockartig erwachte und gleich wieder einschlief – sein Hirn fand nicht wirklich Ruhe, es arbeitete an einem Ausweg. Deshalb fühlt sich Rudy am Morgen ziemlich zerknittert. Er reibt sich schläfrig die Müdigkeit aus den Augen. Die Ruhe im Wohnmobil tut ihm allerdings gut, denn in Momenten, in denen er Probleme wälzt, ist er am liebsten für sich allein. Jede soziale Interaktion wäre dann eine Qual für ihn.

Rudy schlürft ein Glas kalte Milch, hat aber ansonsten keinen Hunger, und er findet auch, dass sein Lebenselixier an diesem Morgen etwas sauer schmeckt. Nach der Morgentoilette setzt er sich bedrückt ans Steuer des Wohnmobils und fährt zurück zur Strasse, woher er gekommen war. Entgegen seinen Gewohnheiten, lieber Ruhe im Auto zu haben, stellt er das Radio an. Es läuft gerade ein Oldie – *Jailhouse Rock*. Rudy erbleicht und schaltet das Radio wieder aus, als wäre das Lied ein schlechtes Omen. Gerade fährt er an einem Schild vorbei, das anzeigt, dass der Bryce-Canyon-Nationalpark im US-Bundesstaat Utah nicht mehr weit ist, nur noch wenige Meilen.

«Oh Mann, ausgerechnet jetzt zieht ein Gewitter auf», bemerkt Rudy in Gedanken, als er in den Seitenspiegeln Blitze am Horizont zucken sieht und Donnergrollen von hinten näherkommen hört. Komische Blitze, die bleiben am Boden, grübelt Rudy, als er mit einem ganz miesen Gefühl im Bauch hin und her überlegt, warum das Donnergrollen so tönt wie ein Hubschrauber…

Als ein riesiger Schatten über das Wohnmobil huscht, kurbelt Rudy das Fenster auf seiner Seite runter, verlangsamt die Fahrt und streckt den Kopf hinaus: Ein monströser Helikopter überholt ihn gerade im Tiefflug. Dessen Rotoren wirbeln dermassen viel Bodenmaterial auf, dass sich Rudy wie in einem Sandsturm fühlt. Als das Fluggerät an ihm vorbei ist und sich die Staubwolke langsam setzt, erkennt er, als er nach hinten schaut, ein halbes Dutzend Streifenwagen, die ihn mit eingeschaltetem Blaulicht verfolgen. Nur die Sirenen kann er noch nicht hören. Das waren also die Blitze und das Donnergrollen! Rudy zuckt zurück, kurbelt das Fenster hoch und klammert sich wie ein Ertrinkender am

Steuerrad fest. Er drückt Rücken und Hinterkopf ins weiche Sitzpolster und glotzt durch glasige Augen auf die Strasse, wo der Hubschrauber gerade landet und ihm den Weg versperrt – im nächsten Moment tritt Rudy voll auf die Bremse.

Als der Wagen steht, merkt Rudy, wie er anfängt, am ganzen Körper zu zittern. Es übermannt ihn unwillkürlich, er kann nichts dagegen machen, er schlottert einfach, und in seinem Hirn herrscht komplette Leere – etwas, das extrem untypisch für ihn ist.

Jetzt haben die Streifenwagen aufgeschlossen und halten in einem Sicherheitsabstand hinter dem Wohnmobil. Nun sind auch die Sirenen gut zu hören, und das Flackern des Blaulichts am und im Wohnmobil zaubert eine gespenstische Atmosphäre herbei. «Ok, es ist vorbei. Es ist vorbei. Jetzt muss ich einfach alles erklären, alles erklären… Das kommt gut, wir sind in Amerika, und ich bin Schweizer, das kommt gut. Die tun mir nichts, die tun mir nichts, die dürfen gar nicht…», redet Rudy beruhigend auf sich selber ein. Und tatsächlich, es wirkt, denn sein Zittern verschwindet. Als die heranrückenden schwerbewaffneten Spezialeinheiten ihn per Megafon auffordern, mit den Händen über dem Kopf auszusteigen, atmet Rudy tief ein und tut, wie ihm befohlen wird.

Als er draussen steht, beide Hände am Hinterkopf, wird Rudy aufgefordert, auf die Knie zu gehen, was er widerstandslos tut. Zuerst fühlt es sich wie eine üble Demütigung an, doch dann geschieht etwas Seltsames in Rudys Kopf: Er ist selber überrascht, wie ruhig er plötzlich wird und dass er beinahe schon inneren Frieden findet. Die Zeit scheint für ihn still zu stehen. Er hört sein Herz klopfen und spürt seinen Atem, er blickt auf den harten Asphalt, auf dem er kniet, und seine Gedanken sind leer. Rudy wird gerade verhaftet, und er lässt es einfach seelenruhig geschehen, als wäre alles nur ein Traum. Dass es keiner ist, merkt er allerdings schnell: Nachdem ihn zwei Polizisten durchsucht haben, wird er unsanft mit Handschellen und Fussfesseln versehen und in den Helikopter geschleppt…

* * *

«Der Donnervogel!», ruft Seraina plötzlich, und ihre Nachbarin am Marterpfahl zuckt zusammen. Sie war durch die Trommeln in eine Art Trance geraten und abgedriftet. Nun schüttelt sie den Kopf und blickt ihre Freundin verwirrt an. – «Der Thunderbird, erinnerst du dich?», spricht Seraina begeistert. Margarethe stutzt: «Du meinst die Autos, die rückwärts den Pass hinauffahren mussten?» – «Quatsch!», lacht Seraina. «In der Tradition der Native Americans wurden Wetterereignisse vom Thunderbird personifiziert: also Blitz und Donner, Platzregen.» – «Na und?», reagiert Margarethe wenig beeindruckt. – «Verstehst du nicht? Die Trommeln! Sie feiern das Ritual des Donnervogels.» Ihre Freundin schüttelt verwirrt den Kopf: «Na und? Was nützt uns das? Ich hoffe, die opfern uns nicht ihrem Vogel!» – Serainas Begeisterung ist aber nicht zu bremsen: «Jetzt ist mir alles wieder eingefallen, à propos Vogel: Der Raven, der Rabe, ist der Erschaffer der Welt und gleichzeitig auch der Clown.» Nun ist Margarethe noch perplexer: «Was faselst du da? Ist er jetzt Clown oder Schöpfer?» Dann, wieder ganz Historikern, begreift sie: «Du meinst, er gilt als Welterschaffer? Und er erfüllt eine Doppelrolle in der Schöpfungsmythologie? Demnach wäre der Rabe eine ganz wichtige Figur!» – «Genau!», triumphiert Seraina. «Sozusagen ein Doppelagent. Und wir tragen beide einen Raben, insofern sind wir unantastbar!» – Margarethe wagt noch nicht aufzuatmen: «Wollen wir's hoffen!»

* * *

Zur gleichen Zeit hat Leon eine Eingebung, und er ist sich nicht sicher, wessen Gedanken an ihn übertragen werden. «Der Rabe, klar, das ergibt Sinn», murmelt er und wendet sich dann an Plonk, in Menschensprache: «In den indianischen Mythen wird beschrieben, wie Raven die Welt erschaffen hat. Das weisst du sicher, Plonk.» Der Rabe gurrt zustimmend. «Ich habe schon gelesen, dass er als clever gilt, aber auch als Komiker. Und dass ihr Raben uns Menschen durchschaut, ist mir klar, seit ich dich kenne!» Er wird wieder nachdenklich, als lausche er nach innen. «*The great rearranger of things*… also nicht der Erschaffer, sondern der, der alles wieder neu ordnet. Ich verstehe das nicht… aber daran sind, soweit ich gehört habe, schon Psychologen und Historiker gescheitert. Die multiple Persönlichkeit des Raben treibt alle in den Wahnsinn!» Er lacht vor sich hin, und Plonk gibt ein Geräusch von sich, das wie ein Kichern klingt. Leon grinst: «Als moralisches Vorbild taugst du vielleicht nicht, mein Lieber, du bist offenbar getrieben von Hunger, Gier und Lust! So habe ich zumindest gelesen, und eine seltsame innere Stimme erzählt mir davon. Oder bist es du selbst?» Plonk sieht den Jungen von der Seite an mit einem Gesichtsausdruck, als würde er sich köstlich amüsieren. Leon lacht: «Wie auch immer, ich glaube, du bist genau die Geheimwaffe, die ich jetzt brauche, um die Mädchen zu finden! Führe mich zu ihnen!» Der Rabe krächzt zustimmend und erhebt sich in die Lüfte.

Leon überlegt sich, wie er ihm folgen soll, da erblickt er ein grosses Tier, welches friedlich in der Nähe grast. «Ein wilder Mustang!», spricht er staunend zu sich selbst und beginnt dann, Pferdelaute von sich zu geben. «Das ist kein Zufall!», ist er überzeugt. Irgendein Zauber hat das Pferd zu ihm geschickt. Zutraulich nähert sich das Wildpferd; Leon streichelt es und redet ihm zu. «Darf ich auf dir reiten?», fragt er höflich, und der Mustang blickt ihm tief in die Augen und scheint zu nicken. Derart ermutigt, steigt Leon auf den Rücken des Wildtieres, und Plonk krächzt aufmunternd.

«Bist du ein magischer Mustang?», wundert sich Leon und erinnert sich an eine Geschichte, die ihn als kleiner Junge fasziniert hat: über einen Jungen und ein Pferd. Als dieser beobachtete, wie Menschen auf ein Adlernest Zielschiessen übten, war er zutiefst schockiert, und später kam ein Adler zu ihm und bedankte sich für sein Mitleid. «Weil du mitfühlst mit uns, werden wir dir helfen», versprach er und führte den Jungen zu einem Baum, wo er Pfeile fand. Auf einem Hügel stand ein altes Pferd mit ungepflegtem Fell und geschwollenen Knöcheln. Es hatte einst einem mächtigen Häuptling gehört und führte den Jungen zu einer Schlucht, wo es sich in einen jungen und kraftvollen Hengst verwandelte. Das Tier gebot dem Jungen, Blitzsymbole auf seine Flanken zu malen, und die beiden gesellten sich zum Indianerstamm auf Kriegspfad. Auf seinem Schlachtross attackierte der junge Indianer den Häuptling der Feinde und brachte ihn um. Dann verschwanden Reiter und Pferd. Als der Junge zu seinem Stamm zurückkehrte, war sein Pferd wieder alt und krank. Bei der nächsten Schlacht geschah erneut die wundersame Verwandlung, mit dem gleichen Resultat. Beim dritten Kampf schlug dann der Junge die Feinde in die Flucht, und zahllose Wildpferde gesellten sich zum Sieger. Sein Stamm erkannte und ehrte ihn als grossen Häuptling. Über diese Geschichte, die ihm seine Grossmutter vorgelesen hatte, sinniert Leon, als sie langsam durch die karge Landschaft traben, angeführt vom «Doppelagenten» Plonk.

* * *

«Zweimal hat Raven die Welt erschaffen: zuerst als Paradies, wie ein Schlaraffenland. Die Flüsse flossen in beide Richtungen, sodass niemand paddeln musste… Und dann fand er es zu einfach…», erzählt Seraina. – «Von wegen zu einfach… warum muss alles immer kompliziert sei?», beschwert sich Margarethe.

«Ich wünschte mir echt manchmal ein einfacheres Leben!» – «Jedenfalls erschuf er die Welt neu, voller Mühsal und Beschwernisse.» – «Na prima, das merke ich am eigenen Leibe; die Fesseln schneiden mir nämlich schmerzhaft in die Handgelenke! Und was nützt uns das?» Seraina fährt unbeirrt fort, als liessen sie der Schmerz und die Fesseln kalt: «Ich versuche mich zu erinnern, habe viele Bücher über die Indianer gelesen… als eine Art Grossvater-Figur hatte er auch Heilkräfte – was lachst du, Mäg?» – «Mein Grossvater, der Rabe!», grinst diese und vergisst für einen kurzen Moment wieder ihre missliche Lage. «Ich dachte eher, Plonk sei mein Ziehsohn!» – «Die Natives beteten Raven an um Glück bei der Jagd, Gesundheit und Wohlstand», erzählt Seraina weiter. «Und dann hat er noch das andere Gesicht: macht gerne Dummheiten und verulkt die Menschen. Raven spielt gerne Streiche.» – «Ich sagte ja schon immer, ich liebe Raben!», seufzt Margarethe. «Und jetzt soll er doch herkommen, mein lieber Plonk, und den Indianern einen Streich spielen, dass wir türmen können!»

* * *

Rudy lässt das Verhör Revue passieren, welchem er unterzogen worden ist. Er liegt rücklings auf dem Bett in seiner Zelle und erinnert sich an jede Frage, die ihm in den letzten Stunden gestellt worden ist. Er überlegt, ob seine Antworten geschickt gewesen waren oder nicht. Er wüsste nur zu gerne, was jetzt in den Köpfen derer vor sich geht, die ihn stundenlang gelöchert haben. Natürlich sind ihm seine Rechte vorgelesen worden, und er hat die Möglichkeit erhalten, den Anwalt seiner Eltern zu kontaktieren. Doch es scheint ihm, dass er in entscheidenden Dingen im Ungewissen gelassen wird – Kommt es zu einer Anklage, wer leitet die Ermittlungen, wer führt die Verhöre? Zumindest weiss er, wo er sich genau befindet, nämlich immer noch im US-Bundesstaat Utah, in einem Untersuchungsgefängnis der Homeland Security, wie der Inlandsgeheimdienst in den USA genannt wird. Der Anwalt seiner Eltern ist auf dem Weg zu ihm und wird ihn in rund 24 Stunden erstmals treffen. Bis dahin wird Rudy bestimmt noch einige Male verhört werden. Er empfindet es nicht einmal als besonders unangenehm, denn wenigstens kann er so erklären, was wirklich passiert ist. Dass er Computerchips an seinen Schläfen und im rechten Arm trägt, kann er beweisen. Woher diese stammen, diese Erklärung gestaltet sich jedoch schwierig, denn wer glaubt ihm, dass er in die Zukunft gereist war? Und dass er nur aus lauter Übermut den Datenklau vollzogen hat, will ihm niemand glauben. Das beunruhigt ihn ziemlich, denn hier liegt das eigentliche Problem: Wird er als Spion eingestuft, wird es ihm übel ergehen! Rudy mag nicht daran denken, was ihm dann blüht – wohl ein Leben in einem amerikanischen Gefängnis, nie mehr nach Hause, nie mehr reiten, keine Physikerkarriere und vor allem: keine Zukunft mit seiner geliebten Seraina. Bei diesem letzten Gedanken passiert etwas, das Rudy seit dem Kindergarten nicht mehr getan hat: Er weint und schluchzt, zutiefst verzweifelt und aufgelöst.

* * *

Unterdessen sind Leon und Plonk schon nahe bei der Indianersiedlung angelangt, was sie an den Trommeln erkennen, und der Rabe signalisiert dem Jungen, dass er absteigen und sich versteckt halten soll. Der Reiter begreift sofort und folgt dem Raben mit den Augen, als dieser zum Indianerdorf fliegt, um auszukundschaften. Rufe erklingen; offensichtlich erregt das Erscheinen des Raben Aufmerksamkeit. Aus seinem Versteck hinter ein paar Felsbrocken erkennt Leon nur, dass grosse Aufregung entsteht, und die Trommeln verstummen.

«Plonk!», schreit Margarethe, als sie den grossen schwarzen Schatten erspäht, der über den Köpfen der Gefangenen kreist. «Grrrita!», krächzt der Rabe, was wie ein ermutigender Zuruf klingt. Rabenherz wird es warm ums Herz. Ihr Retter ist da! Die Stammesangehörigen rufen «Hassidi!» und treten ehrfürchtig näher zum Totempfahl, an welchen Margarethe und Seraina gefesselt sind. Jetzt lässt sich Plonk zuoberst auf dem bunt bemalten, hochragenden Kunstwerk nieder: Der Rabe sitzt auf dem Kopf des geschnitzten Raben, welcher den Baumstamm krönt. Ausrufe voller Ehrfurcht begleiten die Szene. Die Mädchen verrenken sich fast ihre Hälse, um hinaufzusehen. «Plonk!», ruft Margarethe, und ihr Rabe fliegt hinunter zu ihr und setzt sich auf ihre Schulter, so gut das in ihrer aktuellen Situation möglich ist. Es ist etwas eng zum Sitzen für den grossen Kolkraben, da die Arme seiner Rabenmutter an den Pfahl gefesselt sind, aber er krallt sich an ihrer Schulter fest, schmiegt sein Köpfchen zärtlich ans Gesicht von Margarethe und gurrt, während sie ihm zuredet. «Danke, mein lieber Freund!» Auch Seraina ist glücklich und erleichtert: Raven ist da, und er ist auf ihrer Seite!

* * *

Als Rudy erneut zu einem Verhör aus der Zelle geholt wird, hat er sich schon wieder etwas beruhigt und das verheulte Gesicht gewaschen. Dennoch sieht man ihm an, dass er nun völlig am Boden zerstört ist. Jene, die ihn nochmals befragen wollen, scheinen dies ebenfalls zu bemerken und tauschen siegessichere Blicke aus. Sie erkennen mittlerweile genau, wann ein Gefangener soweit ist, den Widerstand aufzugeben und vollumfänglich mitzuarbeiten – und Rudy scheint nun an diesem Punkt angelangt zu sein. Doch in diesem Moment tritt eine Wende im Geschehen ein. Einer der Verhörspezialisten hat vergessen, sein Handy im Büro zu lassen. Rudy erkennt sofort, dass ein Smartiefon im Raum ist und zapft die Nachrichten an, die jener gerade mit anderen Amtsstellen ausgetauscht hat. Darunter befindet sich eine besonders interessante Info: Häcker haben die South Pipeline lahmgelegt. Sie fordern fünf Millionen Dollar Lösegeld.

* * *

Leon wartet mit seinem Mustang und vernimmt die Rufe und die Aufregung, die er dem Erscheinen des Raben zuschreibt. Sorgen macht er sich keine, denn er fühlt, dass Plonk die Situation unter Kontrolle hat. Auch ist es ihm klar, dass er nicht früher eingreifen sollte, bevor der Rabe ihn wieder abholt: Wenn er einfach so ins Dorf spaziert, würde er als Eindringling wahrgenommen und möglicherweise sogar getötet werden. So muss er den Impuls unterdrücken, loszustürmen, und es erinnert ihn an eine Situation in Berlin 1966 auf dem Teufelsberg, als er auch allein unterwegs war und sich beherrschen musste, nicht auf eigene Faust einen Stunt abzuziehen und auf die Satellitenschüsseln zu klettern. Als Einzelkämpfer wurmt es den sportlichen und selbstbewussten Leon, von anderen abhängig zu sein und warten zu müssen. Wenn Leon agieren möchte, dann tut er das gerne aus einem Impuls heraus, und das Schlimmste ist dann für ihn, untätig warten zu müssen. «Däumchen drehen ist echt nicht mein Ding; in dieser Hinsicht sind Mäg und ich uns ähnlich!», denkt er amüsiert und überlegt dann, dass auch Seraina und Rudy jeweils gerne das Heft in der Hand haben und mitbestimmen. «Kein Wunder, haben wir uns bisher auf der Reise fast die Köpfe abgerissen, bei lauter Alpha-Tieren!», begreift er und muss schmunzeln.

Endlich vernimmt er ein Krächzen und Flügelschläge, dann landet Plonk auf dem Felsen und gibt dem Jungen zu verstehen, dass er ihm folgen soll. Leon steigt wieder auf den Mustang, und in diesem Augenblick fällt ihm ein Name für das Tier ein. «Wakiya! Thunderbird!», spricht er feierlich und streichelt den Hals des Pferdes. Aus heiterem Himmel ist ihm das Wort aus der Lakota-Sprache eingefallen: Wakiya. «Ist zwar die falsche Gegend und daher sicher auch die falsche Sprache, weil der Stamm der Lakotas in der Gegend von Dakota lebte», überlegt Leon, aber der getaufte Gaul begreift und gibt ein leises Wiehern von sich, welches zufrieden klingt. «Ja, das ist dein Name, und er passt, obwohl Pferde eigentlich nichts mit Vögeln zu tun haben!», murmelt Leon grinsend. Aber das Lakota-Wort für Pferd ist «Wakhan», was ähnlich klingt. Der Donnervogel, so weiss er, hat eine wichtige Bedeutung für die Native Americans, in ihrer Mythologie, und auf dem Thunderbird ins Dorf zu reiten, findet Leon äusserst passend.

Ehrfürchtig begegnen ihm die Stammesangehörigen, was der Reiter aber weniger auf sich selbst bezieht, sondern dem erneuten Erscheinen des *Raven* zuschreibt, welcher über ihm fliegt wie ein Herold. Demonstrativ lässt sich Plonk auf Leons Schulter nieder, und der Junge reitet weiter, während sich Männer, Frauen und Kinder um ihn scharen in aus Leinen gewobenen und kunstvoll bestickten Kleidern, mit perlverzierten Stirnbändern, die Haare mit bunten Bändern geflochten, die Hälse mit Ketten aus Türkisen geschmückt. Sie rufen «Hassidi!» und murmeln etwas; es klingt feierlich, und Leon glaubt zu verstehen, dass sie ihn als Rabenpriester wahrnehmen. Erzählt ihm das Plonk telepathisch, oder ist das Wunschdenken?

* * *

Für Rudy ist sonnenklar: Dass Häcker die South Pipeline lahmgelegt haben und fünf Millionen Dollar Lösegeld fordern, bedeutet, dass die Ostküste bald längere Zeit ohne Öl, Benzin und Diesel dastehen wird. Weil er das Handy des Verhörspezialisten anzapft, liest er auch, dass alle verfügbaren Spezialisten für Internetkriminalität aufgeboten worden sind. Das Ganze hat sich erst vor einer knappen Stunde ereignet und ist hochbrisant. Natürlich ist das alles streng geheim; auf keinen Fall darf diese Information an die Öffentlichkeit gelangen. Und Rudy hat Zugang zu diesen vertraulichen Fakten. Er kommt sich vor wie in einem Thriller. Rudy erkennt mit seinem messerscharfen Verstand sofort seine Chance: Er blickt dem Handybesitzer direkt in die Augen, lächelt und erklärt auf Englisch: «Ich will einen Deal! Ich weise die Pipeline-Häcker in die Schranken, und Sie sichern mir Straffreiheit zu! Sie haben keine andere Wahl, ich bin der Einzige, der sowas kann! Wie lautet Ihre Antwort?» – Die Anwesenden haben innerhalb von Sekunden die Rollen getauscht: Rudy ist am längeren Hebel und stellt Fragen und Forderungen, die Beamten von der Homeland Security hingegen blicken sich verzweifelt an und überlegen, ob sie tatsächlich den Teufel mit dem Beelzebub austreiben wollen. Doch es bleibt ihnen keine andere Wahl – der Ausfall der South Pipeline ist eine wirtschaftliche Katastrophe, und wer weiss, wie die Menschen an der Ostküste reagieren werden, wenn sie ihre Autos nicht mehr betanken können oder das Zehnfache für einen Liter Treibstoff bezahlen müssen. Tumulte oder gar kriegsähnliche Zustände sind zu erwarten.

12

Auf Rabenschwingen in die Freiheit

Leons triumphaler Einzug ins Dorf wird gedämpft durch den Anblick der gefesselten Mädchen am Totempfahl: Der Reiter zieht heftig Luft ein, und es versetzt ihm einen Stich in die Brust, seine Mäg und Seraina so anzutreffen. Beide sind blass und sehen mitgenommen aus, mit wirren Haaren und zerkratzten Armen und Beinen. «Leon!», ruft Margarethe erleichtert, und ihr Freudenstrahlen wärmt das Herz ihres Freundes, welches sich kurz zuvor vor Schmerz und Mitgefühl zusammengezogen hatte. Er widersteht dem Impuls, vom Pferd zu steigen und auf sie zuzueilen. Stattdessen flüstert er dem Raben auf seiner Schulter zu, und die beiden verständigen sich – ob durch Worte oder Gedanken, kann Leon nicht erklären, es passiert einfach. Der Rabenflüsterer begreift, dass er in dieser feierlichen Situation souverän bleiben muss und keine Gefühle zeigen darf. Der Rabe wird zu seinem Sprachrohr. Plonk krächzt, und ein Stammesangehöriger, welcher mehr Schmuck trägt als die anderen und auch zahlreiche Ohrringe und Tätowierungen hat, antwortet. «Vermutlich ist der mit den Piercings und Tatoos der Medizinmann», denkt Leon und staunt, dass er das Gespräch versteht. Rabe und Zauberer unterhalten sich über ein grosses Unrecht, aber es wird sehr bald klar, dass die beiden Gefangenen dank ihrer Raben-Embleme verschont wurden, denn der Totempfahl beweist, dass der Rabe hier das Stammessymbol ist. «Die Raben-Frauen müssen frei sein!» Wer spricht das? Leon? Plonk? Margarethe und Seraina begreifen beide, was geschieht und dass sich das Blatt zu ihren Gunsten wendet. Sofort beeilen sich zwei Männer, ihre Fesseln zu lösen, und die Gefangenen sind frei. Beide reiben sich stöhnend ihre schmerzenden Handgelenke und bewegen ihre steifen Glieder. Man gibt ihnen zu trinken, was sie dankend annehmen.

Gierig schlucken die beiden Mädchen und geniessen das Nass, das in ihre trockenen Kehlen rinnt.

Einen Moment lang überlegt der Reiter, was nun passiert: Ob sie dazu eingeladen werden, mit dem Stamm zu speisen? Als Versöhnungsgeste wäre ein solches Ritual vermutlich angezeigt, und Leon würde gerne die Stammesangehörigen besser kennenlernen, weil er neugierig auf ihre Sitten und Bräuche ist und gerne mit Menschen zusammen ist. Jedoch ist er in grosser Sorge um Rudy und möchte keine Zeit verlieren, und telepathisch verständigt er sich mit Plonk, dass sie sich möglichst schnell wieder auf den Weg machen sollten. Der Rabe krächzt, und der Medizinmann spricht feierliche Worte, während seine Gestik signalisiert, das Eile geboten ist. Als begriffe er, dass die drei Teenager und der Vogel einem Freund in Not helfen müssen. Faszinierend, wie diese Art der Verständigung zwischen Mensch und Tier funktioniert!

Leon bleibt in seiner feierlichen Rolle und hilft zuerst Margarethe auf sein Pferd, und sie bekommt Unterstützung dabei von den Indianern, als sie auf wackligen Beinen versucht, aufzusteigen. Dann möchte der Reiter auch Seraina helfen, aber diese zögert: «Trägt der Gaul uns zu dritt?» Als wäre eine Gedankenübertragung erfolgt, bringen zwei junge Männer einen jungen Mustang und signalisieren Seraina, aufzusteigen. Überrascht und erfreut folgt sie der Aufforderung, und Margarethe staunt, wie souverän ihre Freundin mit dem Pferd umzugehen weiss. «Kannst du ohne Sattel reiten?», fragt sie überrascht, und Seraina nickt: «Habe ich zum Spass schon ausprobiert, und das geht bei Mustangs noch besser, weil sie einen kräftigeren Rücken haben als andere Reitpferde, und ihr Rückgrat steht nicht auf, daher kann man gut darauf sitzen, ohne dass es dem Pferd oder dem Reiter weh tut.»

Erst jetzt getraut sich Leon, seine Mäg zu umarmen, und er küsst sie zärtlich. Dabei muss er sich verrenken, da sie hinter ihm auf dem Pferd sitzt und sich an ihm festhält. Beide sind unendlich erleichtert. – «Und ich?», bemerkt Seraina mit vorwurfsvollem Blick. – «Soll ich dich auch küssen?», fragt Leon provozierend und zwinkert ihr zu. – «Untersteh dich! Beatmet wird nicht!», protestiert Margarethe und zwickt ihren Freund in den Bauch. Leon quiekt, was die Umstehenden mit Überraschung quittieren. Jemand ruft «Alsa!», was Margarethe erstaunlicherweise versteht: «Sie denken, du seist ein Adler!» Seraina grinst: «Dein Schrei klingt in der Tat ähnlich! Obwohl er mich immer noch mehr an ein Schwein erinnert!» – «Wenn schon, dann bin ich eher ein Bär: Ich habe einen Bärenhunger!», erwidert Leon. Erneut erfolgt eine Gedankenübertragung, und die Dorfbewohner bringen Behälter mit Mais, Früchten und Quellwasser, welche sie den Mädchen überreichen. «Die Versorgung ist gesichert!», freut sich Leon. «Lasst uns ein Stück hinausreiten, und dann essen wir uns satt! Ihr Armen musstet sicher lange hungern!» Margarethe fühlt sich in der Tat geschwächt und hat Mühe, sich hinter Leon auf dem Pferd zu halten. Aber sie ist unendlich erleichtert, wieder mit Plonk und Leon vereint zu sein. Jetzt müssen sie nur noch Rudy finden!

* * *

Jetzt geht es Schlag auf Schlag. Rudy wird zur Zentrale der South Pipeline geflogen, wo ihn ein extrem nervöser Direktor händeringend bekniet, ihm zu helfen. Erst als Rudy die Aussicht auf Straffreiheit Schwarz auf Weiss vorliegen hat, begibt er sich zum Zentralcomputer und aktiviert seine implantierten Minicomputer. Der Direktor der Anlage, der Informatikchef und die beiden Beamten der Homeland Security stehen um Rudy herum und stehen unter enormer Spannung, denn es steht viel auf dem Spiel. Rudy schliesst die Augen, analysiert die Daten und kommt zum Schluss: «Bezahlen Sie die fünf Millionen!» – Die anderen Anwesenden bringen vor lauter Überraschung keinen Ton heraus. Sie schauen den Computernerd nur entgeistert an wie Schafe vor der Schlachtung. Rudy findet es ein wenig amüsant, den Spiess umzudrehen: Da stehen vier gestandene Männer vor einem Siebzehnjährigen und machen sich beinahe in die Hose. Schnell erklärt Rudy seinen Vorschlag: «Sie zahlen! Und wenn die Bitcoins fliessen, hefte ich mich elektronisch an deren Fersen. Ich kann dann die Häcker-Computer infiltrieren, die Blockade der Pipeline aufheben und das Geld wieder zurückleiten. Sie müssen mir einfach vertrauen. Ich kann das!»

* * *

Bevor Leon und die Mädchen losreiten, bringen zwei Indianerfrauen je einen kleinen Korb, der offensichtlich handgeflochten ist und verziert mit bunten Bändern. Sie überreichen jedem Mädchen einen, und überrascht öffnen beide gleichzeitig den kleinen Deckel und staunen: Im Inneren befindet sich jeweils eine Kette aus farbigen Tieren, die aus verschiedenen Edelsteinen geschnitzt sind, ähnlich der Kette mit dem grossen Raben, die Margarethe trägt. «Rabe, Donnervogel, Adler, Bison, Bär… und das könnte ein Kojote sein», zählt sie auf. «…und noch viele mehr.» Sie bedankt sich bei den Indianerinnen, welche strahlen. – «Hassidi, Wakiya, Alsa, Ayami, Shash, Ma'ii», erklärt die eine. Die andere deutet auf den Raben auf Margarethes Brust und fasst sich ans Herz. Begreift sie, dass sie gerade mit Rabenherz spricht? Auch dies ist ein magischer Moment, und Margarethe würde gerne noch verweilen, doch Seraina drängt: «Lasst uns losreiten; ich will endlich zu meinem Rudy!»

Leon zögert noch einen Augenblick, zu neugierig ist er, wie sein Namenstier auf Navajo ausgedrückt wird. Er fragt Plonk: «Was heisst Löwe auf Navajo?» Plonk krächzt etwas, und sogleich antwortet eine Frau: «Nashdoitsoh bitsiijj'daditl' ooigii!» Leon zuckt zusammen, als hätte sie ihn beschimpft: «Sorry, ich wollte niemanden beleidigen!» – Die Frau jedoch blickt ihn freundlich an und lächelt. Daraufhin bricht Plonk in ein Rabengelächter aus. Margarethe schmunzelt: «Ich glaube, das hiess Löwe!» Beide Mädchen kichern, und Leon grinst verblüfft: «Ein königliches Tier trägt nun mal einen langen Titel, nehme ich an!»

So reiten sie winkend von dannen, bis sie das Dorf ein Stück hinter sich gelassen haben und sich umgeben von majestätischen Felsen wiederfinden, neben denen sie sich winzig klein vorkommen. Die Weite scheint unendlich, der Horizont flimmert vor Hitze über dem rotbraunen, sandigen Boden.

«Schade konnten wir nicht noch zum Essen bleiben», sinniert Leon. «Und ich hätte gern ein Fest erlebt mit diesem Stamm.» – «Ich bin überhaupt nicht in Festlaune…», seufzt Seraina, «…wie finden wir nur Rudy wieder?» Als sie Rudy erneut erwähnt, an welchen Rabenherz kurz zuvor gedacht hat, passiert plötzlich eine telepathische Verbindung, und Margarethe ist es, als erlebe sie eine Vision. Leon merkt es zuerst nicht, aber Seraina warnt: «Mäg driftet ab!» und steigt schnell vom Pferd, um ihrer Freundin zu helfen. Gemeinsam mit Leon steht sie der Benebelten bei, welche ihre Augen verdreht und schwer atmet. Besorgt betten sie Margarethe auf einen Grasfleck und flössen ihr Flüssigkeit ein. Sie trinkt gierig und deliriert. «Das Volk des Raven wurde vertrieben und erniedrigt! Oh Raven – Hassidi oder Bayak oder Angwusi genannt in den verschiedenen Stammessprachen –, du erteilst uns die Mission, mitzuhelfen, dass die Leidtragenden dieses Trauma überwinden können!» Seraina und Leon begreifen sofort, was geschieht und worum es sich handelt. Das Mädchen nickt: «Ja, gross ist das Unrecht, und es geschah immer wieder, während Jahrhunderten. Hier und an anderen Orten in diesem riesigen Land. Aber wie sollen wir – vier Teenager und ein Rabe aus der Schweiz – einen Beitrag dazu leisten, dieses Unrecht wiedergutzumachen? Erstens übersteigt dies unsere Kräfte, zweitens wäre das doch voll arrogant, wenn wir uns da einmischen, und drittens verwischen sich teilweise die Grenzen zwischen den Opfern und den Tätern. Was können wir da schon ausrichten?» Leon nickt. Auch er hat einiges gelesen über die Kriege zwischen Urbevölkerung und Siedlern, die aus Europa ausgewandert waren. Meistens verlief das Zusammenleben nicht konfliktfrei oder artete irgendwann aus. Die Europäer mit ihren anderen Moralvorstellungen und eigenen Gesetzen wollten nicht begreifen, dass die Indigenen andere Werte hochhielten, und gerade der Besitz von Land war für die Prärievölker, welche in Stämmen organisiert waren und im Einklang mit der Natur lebten, unverständlich – dass man Land einfach kaufen und besitzen konnte, es anderen wegnehmen. Dass sich Indianerstämme bekriegten um bessere Jagd- und Weidegründe, war eine Tatsache, aber die Ankunft der Europäer verkomplizierte alles. Gewiss wurde später seitens der amerikanischen Regierung versucht, das Unrecht wiedergutzumachen, mit Reparationszahlungen oder Zuweisung von Gebieten als Reservate, und der vorletzte Präsident Barack Obama – übrigens der erste dunkelhäutige US-Präsident – hat sich bei den *First Americans* bereits im Dezember 2009 entschuldigt im Namen des amerikanischen Volkes für «Gewalt, Misshandlung und Vernachlässigung» und «eine schlecht durchdachte Politik» sowie «amtliche Verwüstungen». Aber diese präsidiale Entschuldigung war in der Öffentlichkeit zu wenig beachtet worden. Immerhin amtet seit 2021 mit Deb Haaland eine indigene Politikerin als Innenministerin, aber das Trümmerfeld war riesig, und auch das Selbstbewusstsein der Urbevölkerung und ihrer Nachkommen hatte empfindlichen Schaden erlitten. «Grosses Unrecht ist geschehen – das stimmt, Mäg. Aber wir können das – und da gebe ich Rai völlig Recht – weder im vollen Umfang begreifen noch pauschalisieren. Wir können und dürfen hier nicht eingreifen!», gibt Leon zu bedenken. – «Aber irgendwie müssten wir doch helfen, etwas tun! Und sei es nur…», drängt Margarethe, als sie wieder bei vollem Bewusstsein ist, «…und sei es nur, dass wir vermittelnd tätig werden. Es ist nie zu spät, ein Unrecht wiedergutzumachen.» – Seraina nickt, warnt aber gleichzeitig: «Dass etwas getan werden muss, scheint mir richtig, aber wir sind definitiv die falschen Leute! Die Beteiligten selber müssen sich die Hand reichen! Und was Ort und Zeit betrifft: Klar gab es einst Dutzende, wenn nicht Hunderte von Stämmen, und die Konflikte spielten sich vorwiegend an der Ostküste ab, in New Mexiko und in Kalifornien, besonders, als der Goldrausch einsetzte. Es gab so viele verschiedene Schauplätze, und man kann nicht alles in einen Topf werfen.» Margarethe indes lässt nicht locker: «Aber das kollektive Gedächtnis ist stark, und genau dort müssen wir ansetzen. Die magische Energie von Raven, Eagle und Thunderbird unter dem Mond und unter den Sternen wirkt allumfassend.» Auf diese feierlichen Worte haben die anderen beiden nichts zu erwidern, und die drei Freunde verharren in ehrfürchtigem Schweigen, als die Sterne über ihnen zu funkeln beginnen.

* * *

Wenige Zeit später wird Rudy in der Zentrale der South Pipeline wie ein Nationalheld gefeiert. Er hat es tatsächlich geschafft, die Häcker in die Schranken zu weisen und sogar die fünf Millionen zurückzuholen. Während bei Rudy der Champagner fliesst, raufen sich irgendwo auf der Welt gleichzeitig einige Häcker die Haare und zertrümmern ihre Geräte, weil auf allen Bildschirmen nur noch ein grosser Stinkefinger eingeblendet wird – und Rudys Gegen-Häck ist permanenter Natur, mit einem futuristischen Code versehen, der nicht zu knacken ist.

Auf der Party, die nach der gelungenen Abwehr des Cyberangriffs spontan im Konferenzraum der Pipeline-Zentrale gefeiert wird, erscheint sogar der Präsident der Vereinigten Staaten, der kurzerhand eingeflogen wurde, weil die Situation von hochbrisanter nationaler Bedeutung ist. Er musste sogar seine Ferien unterbrechen und drückt nun Rudy persönlich die Hand, um sich zu bedanken. Mr. President höchstpersönlich lädt den jungen Computerspezialisten ins Weisse Haus ein, doch Rudy winkt ab und erklärt, er müssen zurück zum Bryce Canyon, denn seine drei Freunde seien noch – und hier lügt er, um das Wort Zeitreise nicht aussprechen zu müssen – auf einer Wanderung. Sie würden sich sehr erschrecken, wenn er nicht im Wohnmobil auf sie warten würde, und denken, er sei entführt worden. Die Verhaftung sitzt Rudy in den Knochen, und der Präsident versteht, dass der Junge fürs Erste genug getan hat für das amerikanische Volk. Jedoch muss Rudy dem Präsidenten versprechen, bei Gelegenheit in Washington aufzukreuzen. Um ihm zu zeigen, dass er es ernst meint, gibt der mächtigste Mann der Welt dem Computernerd sogar seine direkte Handynummer – da sonst jeder behaupten könnte, er sei mit dem Präsidenten der Vereinigten Staaten verabredet.

Etwas schwummrig ist es Rudy gerade zumute. Er führt es darauf zurück, dass er gerade dem US-Präsidenten ins Gesicht gelogen hat. Doch dann hört er eine Stimme in seinem Kopf, und es ist ganz klar Margarethe, die spricht: «Wir müssen… ein grosses Unrecht… wiedergutmachen. Das Volk des Raven…» Doch mehr bekommt der Cyborg nicht mit – Telepathie ist definitiv nicht seine Kernkompetenz. Rudy langt sich an den Kopf und zweifelt für einen kurzen Moment an seiner geistigen Gesundheit. Doch sein Gefühl sagt ihm, dass hier alles mit rechten Dingen zu und her geht. Nur wurmt es ihn, dass er nicht die ganze Botschaft mitbekommen hat.

* * *

Rabenherz erwacht unter dem funkelnden Sternenhimmel, und es fühlt sich magisch an: diese Stille, diese Unendlichkeit. Im Sternenlicht vergewissert sich das Mädchen, dass ihre Begleiter noch alle da sind: Plonk, Leon, Seraina und die Reittiere. Die Menschen schlafen tief, Seraina links neben ihr, Leon zu ihrer Rechten. Die Pferde grasen etwas abseits. Plonk, auf einem Bein sitzend und zu einer Kugel aufgeplustert, reagiert mit einem Gurren; offenbar ist er wachsam und hat das Erwachen seiner Ziehmutter registriert. «Plonk», flüstert sie zärtlich und kuschelt sich schlaftrunken an ihren Leon, welcher grunzt und ihr besitzergreifend einen Arm auf den Bauch legt. In dieser Geborgenheit versinkt Margarethe seufzend wieder in tiefem Schlummer. Die Sorge um Rudy ist allgegenwärtig, aber zu nachtschlafender Zeit können sie nichts für ihn tun, egal, in welcher Zeit sie sich gerade befinden. Wie hatte es Leon gestern vor dem Einschlafen noch formuliert, wie die Russen zu sagen pflegen: «Der Morgen ist gescheiter als der Abend.»

Heiss ist die Luft, als sie erneut zu sich kommt, so dick und schwer, dass das Atmen schwerfällt. Auch Leon und Seraina werden wach unter Ächzen und Gähnen. Keiner der drei spricht ein Wort; zu sehr sind sie noch erschüttert von den Ereignissen, die am Vorabend ein magisches vorläufiges Ende fanden. Als Erste äussert sich Rabenherz: «Haben wir das alles nur geträumt oder ist es wirklich geschehen? Haben wir einen Zeitsprung gemacht oder war das nur ein einziger grosser Alptraum?» – «Also mir kommt es recht real vor…», gesteht Leon gähnend, und Seraina murmelt verschlafen: «Von den Umständen her würde ich eher auf Alptraum tippen: Marterpfahl und so, voll Film-Klischee! Aber es fühlte sich ungemütlich echt an… Und wo ist unser Wohnmobil? Wenn es ein Traum gewesen ist, müssten wir jetzt im Wohnmobil sein, oder zumindest sollte es irgendwo hier rumstehen…» Margarethe gibt Seraina Recht: «Dass der Zeitsprung geschehen ist, darauf können wir uns wohl einigen, aber ob die Ureinwohner echt waren oder nur eine Vision, um uns auf die Mission vorzubereiten, das weiss nur der grosse Raven! A propos Rabe… Wo ist Plonk?» Leon zaust sich sein lockiges Haar, um einen Durchblick zu bekommen, dann erspäht er den Raben auf einem Felsen: «Dort ist er, unser Ausguck – du bist ein guter Wächter, Plonk!» Seraina wirkt verschlafen und beunruhigt. «Ich will meinen Rudy!», murrt sie, als Leon seine Mäg zärtlich küsst. «Gute Idee, reisen wir doch einfach zurück!», schlägt Leon gutgelaunt vor. Margarethe zieht ihre Stirne kraus: «Wie stellst du dir das vor? Wir haben doch gar kein Schwert!» – «Oder hast du irgendwo einen Säbel versteckt, Leon?», ergänzt Seraina anzüglich. Dieser brummt: «Mein Taschenmesser habe ich im Wohnmobil gelassen!» Sie lacht ihm ins Gesicht: «Na und? Du wolltest doch im Hotel in Mexican Hat Mäggy deinen Säbel zeigen…» Der Junge errötet heftig; das Mädchen grinst frech. Margarethe findet die Situation weniger lustig: «Hört auf, herumzualbern! Wir sitzen hier fest, werden über kurz oder lang verdursten! Wie kommen wir hier weg?» – «Vielleicht treibt Plonk ein Schwert auf», schlägt Leon vor, als er sich wieder gefasst hat, «dem Raben ist alles zuzutrauen…» Margarethe nickt: «Raben hätten wir ja mehr als genug… mein Amulett an der Kette hat ja als Zeitreise-Vehikel gewirkt, und Plonk ist sowieso mein bevorzugtes Zeitreise-Tool, aber uns fehlt das Schwert.»

Und genau in diesem Moment kehrt Plonk zu den drei Teenagern zurück, in den Fängen einen Kavallerie-Säbel. Die drei Freunde staunen Bauklötze, denn es ist wirklich kaum zu glauben: Plonk findet Schwerter an den unglaublichsten Orten – in alten Militärbunkern, an der Ostseeküste und jetzt mitten in der amerikanischen Weite. Als Plonk bei seinen Menschenfreunden landet, vibriert die Luft, und allen ist klar, dass ein Zeitsprung bevorsteht…

13
Die magischen Felsfiguren

«Wahnsinn!», haucht Seraina, und Leon doppelt nach: «Abgefahren, aber so was von!» Einzig Margarethe schweigt angesichts der umwerfenden Schönheit, die sich ihnen darbietet. Was sie vor sich erblickt, von einer Anhöhe aus, übertrifft alle Erwartungen und ist nicht vergleichbar mit irgendetwas, das sie schon gesehen hat. Ihr fehlen die Worte. Wilde Assoziationen veranstalten einen Gefühlssturm in ihrem Kopf angesichts des Blicks in eine Vielfalt von Formen und Farben, die nicht in Worte zu fassen sind. Auch Seraina verstummt voller Ehrfurcht, und Leon macht ein feierliches Gesicht. Minutenlang verharren die vier in Schweigen und geniessen den Anblick des Bryce Canyons.

In ihrem Normalzustand würde die Rabenmutter gleich losstürmen, in den Canyon hinunterklettern und sich lustvoll in der felsigen Märchenwelt verirren. Aber sie ist müde und verzaubert und träge von der Hitze, daher staunt sie bloss. Endlich bricht Leon das Schweigen: «Unglaublich, was Wasser bewirken kann!», fängt er an. Seraina wendet ihm ihr Gesicht zu: «Was faselst du da von Wasser, Leo, in dieser Trockenheit?» – «Na, es ist doch offensichtlich, dass Wasser diese Formen gegraben hat; ein Fluss, gepaart mit dem spärlichen Regen, hat sich während Jahrmillionen in den Felsen gefressen und den ausgewaschen, bis nur noch diese Strukturen übriggeblieben sind. Ursprünglich bildete das Material, welches nun aufragt, den Grund eines Sees. Die Tektonik und die Erosion haben tüchtig gewirkt. Aber im Gegensatz zum Grand Canyon wirkt sie sich hier anders aus, weil das hier keine Schlucht ist. Als sich die amerikanische Erdkrustenscholle vor 65 Millionen Jahren von Europa trennte und nach Westen driftete, wurde der Seeboden zu einem Plateau emporgehoben und trockengelegt.» Seraina schickt dem Erzählenden einen ungeduldigen Blick: «Hör auf zu labern, das ist doch einfach zu schön, um es mit Worten zu zerreden!», tadelt sie ihn unwirsch. Offensichtlich gekränkt über den Vorwurf, wendet Leon seinen Blick ab und verstummt. Margarethe greift schlichtend ein, bevor ihr Liebster Seraina anblaffen kann oder bevor diese noch etwas hinzufügt: «Geniessen wir doch einfach die Schönheit! Aber ich finde es auch spannend, zu überlegen, wie dieser Canyon entstanden ist!» Peinlich berührt, nicken Leon und Seraina, und Margarethe spricht munter weiter, um die Situation zu entschärfen: «Ich finde, man kann durchaus ohne Worte geniessen, aber dann auch etwas dazu sagen, ist erlaubt!» Jetzt senkt Seraina ihren Blick: «Ja, tut mir leid, Leo, ich wollte dich nicht anschnauzen! Aber du hast einfach nicht mehr aufgehört.» Mit schiefem Grinsen fügt sie hinzu: «Ausserdem habe ich meinen Besserwisser schon, da brauche ich nicht noch den von Mäggy dazu!» Schlagfertig reagiert Leon versöhnt: «Gegen Cyborgino bin ich ein grosser Schweiger!» Beide Mädchen prusten los. «Das denkst aber nur du!», kichert Margarethe. «Und übrigens: Der da hat klar den grösseren Säbel!» Sie deutet auf einen Felsturm, der in der Tat eine phallische Form ausweist und leicht gekrümmt ist. – «Aber, aber!», tadelt Leon sie, doch das Mädchen zuckt mit unschuldiger Miene mit ihren Schultern: «Was denn? Ich sagte nur Säbel, und das ist bekanntlich eine Waffe.» – «Wir müssen nur aufpassen, dass dieser steinerne Säbel uns nicht zu einer erneuten Zeitreise verleitet! Jetzt, wo wir endlich wieder in unserer eigenen Zeit sind», warnt Seraina, aber allen ist klar, dass aus Spass schneller Ernst werden kann, als ihnen lieb ist. Und sie doppelt nach mit besorgter Miene: «Zudem müssen wir dringend schauen, dass wir Rudy wiederfinden!» Ihre Tränen des Lachens verwandeln sich in ihren Augen, als sie an ihren Freund denkt. Leon bemerkt das und erinnert sich in diesem Moment an Rudys Verhaftung. Fieberhaft überlegt er sich, wie er das gefühlvoll den Mädchen beibringen soll. Im Wirbel um ihre Befreiung aus misslicher Lage war er noch gar nicht dazugekommen, von der ganzen Aufregung um Rudy zu berichten. Er entscheidet sich, nichts über die Anklage auf Spionage zu erzählen, sondern nur das unerlaubte Fahren des Wohnmobils von der Zapfsäule auf den Parkplatz zu erwähnen. Nur schon damit versetzt er besonders Seraina in Angst und Schrecken. Das ganze Ausmass der Tragödie will er den beiden Mädchen erst später mitteilen, wenn sie den ersten Schock überwunden haben. Flapsig ergänzt er, bemüht, einen lockeren Tonfall aufzusetzen: «Wie ich unsern Cyborgino kenne, ist der längst auf freiem Fuss – der kann sich doch überall überzeugend rausreden!» Seraina nickt mit Tränen in den Augen, und Margarethe spricht: «Ich habe das starke Gefühl, dass wir hier auf ihn warten sollen.»

* * *

Um sich abzulenken, lassen die drei Freund ihre Blicke über die Arena der Felsentürme schweifen und staunen über die Vielfalt von Formen, welche wie Türme aufragen, manche filigran, wie von Künstlerhand gemeisselt, andere massiv, wobei bei allen die verschiedenen Gesteinsschichten sichtbar sind. «Seht ihr diese Streifen, die verschiedenen Farben!», staunt Margarethe. «Und wie hoch sie alle sind!» – «Ja, das sind beachtliche Ständer», flachst Seraina, und Leon bedenkt sie mit einem tadelnden Blick. Insgeheim ist er froh, dass sie trotz der Sorge um Rudy ihren Sinn für Humor nicht verloren hat, obwohl die Tränen in ihren Augen noch nicht getrocknet sind. Die Mädchen kichern, und Leon lenkt ab: «Also, ich erkenne einen Troll!» – «...und ich einen Riesen!», fügt Seraina hinzu, und Margarethe deutet auf kleinere Strukturen: «Süss sind die Elfen, diese ganz kleinen Felsenmännchen, seht ihr sie?» – «Dort ist ein Märchenschloss!», schwärmt Seraina. – «Hm, für mich ist das eine imposante Festung!», widerspricht Leon. – «Das schliesst sich gegenseitig nicht aus», vermittelt Margarethe: «im Hintergrund die massive Burg, näher bei uns das fein ziselierte Dornröschenschloss!» Leon sinniert, dann murmelt er: «Und dort steht ein Totempfahl, und zuoberst sitzt ein Rabe!»

Einen Moment lang schweigen die Mädchen, erschrocken über die Assoziation, welche sie unangenehm an die Erfahrung des letzten Tages und der vorletzten Nacht erinnert, und unwillkürlich reiben sich beide ihre Handgelenke, auf welchen noch Striemen von den Seilen ersichtlich sind, mit welchen sie an den bunten Totempfahl gefesselt waren. Leon bemerkt das mitleidig: «Ihr Ärmsten, habt ja üble Striemen von den Fesseln! Seltsam, dass die trotz Zeitreise immer noch sichtbar sind!» Margarethe lenkt ab: «Schaut mal, das ist ja Plonk!» Sie deutet auf die Spitze des von Leon genannten steinernen «Totempfahles», und tatsächlich sitzt auf dessen Kopf ein prachtvoller Rabe, den die Rabenmutter sofort als ihren Ziehsohn erkennt. Plonk krächzt seinen menschlichen Freunden aufmunternd zu. Er erhebt sich in die Lüfte, segelt zu ihnen zum Rand des Canyons und fliegt dann weiter, über ihre Köpfe. Die drei Menschen legen ihre Köpfe in den Nacken, um dem Rabenflug mit den Augen zu folgen, wobei ihnen fast schwindlig wird. «Hoppala!», macht Seraina und kippt in Leons Arme. Margarethe räuspert sich. «Das hatten wir doch schon mal, einfach ohne Raben!», kommentiert sie leicht indigniert. – «Stimmt, in der Sixtinischen Kapelle habe ich Rai auch schon aufgefangen!», grinst Leon, und Seraina schickt ihm einen komplizenhaften Blick. – «Mittlerweile habt ihr die Show ja perfekt einstudiert!», fügt Margarethe säuerlich hinzu. Leon stellt Seraina wieder auf die Beine und packt seine Mäg um die Taille, um das Mädchen dann nach hinten zu kippen, als wolle er mit ihr einen heissen Tango aufs Parkett legen. – «Olé!», kommentiert Seraina lachend. Margarethe hängt noch kopfunter in Leons Armen, da erkennt sie in der Richtung, in welche Plonk davongesegelt war, eine Silhouette. Ein grosses, eckiges Gefährt braust mit röhrendem Motor auf die Gruppe zu. Angstvoll richtet sie sich auf, was Leon irritiert, der dann auch das Vehikel sieht, das anmutet, als donnere es direkt und ungebremst auf die drei Freunde zu, welche bedenklich nahe am tiefen Abgrund stehen. Seraina kreischt auf.

* * *

Aber in dieser Wunderwelt nehmen die Wunder kein Ende, und darum passieren auch keine Katastrophen. Das Gefährt entpuppt sich als ihr eigenes Wohnmobil. Und am Steuer sitzt ein junger Mann, der kurz vor der Menschengruppe den Wagen enthält, den Motor abstellt und die Fahrertüre öffnet. «Rudy!», schreit Seraina und rennt auf ihren Freund zu, welcher noch mit einem Fuss auf dem Trittbrett zur Fahrerkabine steht. Dann besinnt er sich und eilt zu seiner Freundin, um sie in die Arme zu schliessen. Ganz uncharakteristisch fasst er sie um die Taille und hebt sie hoch, um sich mit ihr im Kreis zu drehen. Beide jubeln vor Freude und Übermut, und Margarethe und Leon sehen Arm in Arm der Szene belustigt und gerührt zu. Dann treten auch sie näher zum Wohnmobil und fallen alle vier in eine kollektive Umarmung. Keiner spricht, alle sind zu sehr emotional durchgeschüttelt und finden Trost in der Nähe. Sie verstehen sich ohne Worte. Die Abendstimmung um sie herum ist berauschend, mit den sagenhaften Felsfiguren, die im letzten Abendsonnenlicht goldorange leuchten und sich gar zu bewegen scheinen. Die vier Freunde setzen sich an den Rand des Bryce Canyons und weiden sich an dem wunderschönen Schauspiel.

Niemand möchte über das sprechen, was ihnen die letzten zwei Tage und Nächte widerfahren ist – zu verrückt erscheint das alles und gleichzeitig zu unwichtig angesichts der atemberaubenden Schönheit der Natur. Wie in geheimer Absprache vertagen sie das Erzählen auf später. Als es dunkel wird, funkeln die ersten Sterne, und auch diese Stimmung ist märchenhaft. Die Felsformationen sind fast nicht mehr erkennbar, aber die Magie dieses Ortes strahlt auch durch die Dunkelheit. Die Paare sitzen engumschlungen auf dem sandigen Boden. Nach einer gefühlten Ewigkeit brechen sie auf und steigen dann in ihr Wohnmobil, das sie ausnahmsweise einfach an dieser Stelle lassen, ohne einen offiziellen Abstellplatz zu suchen. Nach den Abenteuern und nach Rudys unerlaubter Fahrt hierher spielt es ohnehin keine Rolle mehr, was erlaubt ist und was nicht.

Seraina ist es, die ein Thema aufbringt, welches auch Margarethe und Leon beschäftigt, aber bis jetzt nicht lebensnotwendig war: «Ich möchte dringend mal duschen. Hat jemand was dagegen?» Leon nickt: «Von mir aus okay, aber der Wassertank ist nicht unendlich – bitte nicht stundenlang!» – «Keine Sorge, bin viel zu müde. Mache nur Katzenwäsche.» Er grinst: «Wenns zu lange dauert, stehe ich einfach demonstrativ vor der Dusche an!» Seraina reisst entsetzt ihre Augen auf: «Untersteh dich! Die Türe der Duschkabine ist halb durchsichtig!» – «Eben!» – Rudy protestiert: «Was fällt dir ein, du Spanner!» Genüsslich grinsend entgegnet Leon: «Dann duscht doch zusammen, ihr zwei, das spart Wasser! Ist halt ein bisschen eng…» Margarethe fleht: «Lasst mir aber auch noch ein wenig Wasser übrig!» Alle ausser Rudy, der bereits früher Gelegenheit dazu hatte, nehmen eine kurze Dusche, um den Staub ihres Abenteuers bei den Indianern aus ihren Haaren und Poren zu waschen. Danach ist es allen wohler, und sie lassen sich gemütlich nieder, um sich gegenseitig zu berichten – ein Update der letzten Tage zu geben.

Erst als Rudy erzählt, was ihm widerfahren ist, dämmert es den anderen dreien, wie ernst seine Lage gewesen ist. Leon hatte den Mädchen nur erzählt, dass jener wegen unerlaubten Fahrens verhaftet worden war. Leons Strategie war zwar nervenschonend, doch nun wendet sich Seraina wütend an ihn: «Warum hast du mir das verschwiegen? Mein Rudolfino stirbt tausend Tode, und du verheimlichst mir die Dringlichkeit, mit der wir ihn raushauen sollten!» – Leon verwirft die Hände und seufzt resigniert: «Wie man's macht, es ist immer falsch! Ich wollte dich doch einfach sachte auf die Situation vorbereiten…» – Seraina lässt es nicht gelten und schmollt. Margarethe versucht, die Situation zu entschärfen, und schlägt vor: «Lasst uns endlich mal was essen, jetzt, wo unser gutbestücktes Love-Mobile endlich wieder eingefangen ist!» Doch den doppelten Seitenhieb auf die Liebesnächte im Camper und auf die gleichnamigen Wagen, die anlässlich der Street Parade durch Zürich rollen und Discomusik dröhnen lassen, begreifen nicht gleich alle. Darum erntet sie ein paar verdutzte Blicke. «Also so schlimm treiben wir es da drin auch wieder nicht…», findet Rudy, und Seraina begreift das doppelte Wortspiel in diesem Moment und prustet los. Leon schüttelt belustigt den Kopf und macht sich am Kühlschrank zu schaffen: «Also, um meine Fleischeslust zu befriedigen, finde ich auch hier drin was!»

Nach diesen aufregenden Tagen sind die Freunde hungrig und daher sehr dankbar, dass sie vor ihrem Verschwinden noch ihre ganzen *Junk-Food*-Vorräte aufgestockt hatten und auch genug Trinkwasser an Bord führen. «Schade, haben wir kein Bier», bemerkt Leon bedauernd. «Aber als Fahrer darf ich nicht in Versuchung geraten.» – «Allerdings, ist sicher besser so», pflichtet ihm Seraina bei, immer noch etwas ungehalten, weil Leon sie nicht vollständig über Rudys Schicksal informiert hat. «So, wie wir dich schon erlebt haben… in Amsterdam und in der Ritterzeit…», erinnert sie sich mit einem Grinsen, worauf Margarethe und Rudy beide gleichzeitig ihre Augen verdrehen. Immerhin haben sie Cola und Wasser, und ungeachtet der fortgeschrittenen Stunde picknicken sie mit Chips, Nüsschen und Salami, wobei Rudy die Wurst skeptisch beäugt: «Peperoni… naja, darunter stelle ich mir was anderes vor!» Leon lacht: «Immerhin ist die Wurst schön steif, ganz nach deinem Geschmack!» Seraina kichert anzüglich: «Hm, du bringst einen auf Ideen, Leo!» Er schickt ihr einen lasziven Blick und klappert mit seinen Wimpern. Sie schmachtet ihn spielerisch an: «O Mann, lange Wimpern hat er auch! Nicht fair! Leo, jede Frau würde dich allein schon um deine Wahnsinnshaare beneiden!» Geschmeichelt fährt sich der junge Mann durchs Haar, welches ihm kaskadenartig über die Schultern fällt, und Seraina kann dem Impuls nur knapp widerstehen, ihm in die Locken zu greifen. «Und was mich so richtig neidisch macht: Bei dir sieht es immer gut aus, du hast nie so ein Gestrüpp auf dem Kopf wie ich!» – «Das liegt nur daran, dass ich immer meine Pflegespülung benutze!», erwidert Leon geziert und setzt einen arroganten Gesichtsausdruck auf. Rudy prustet heraus: «Würde ich dir voll abnehmen, du Diva!» Alle vier lachen, denn den sportlichen und unkomplizierten Draufgänger Leon als Diva zu bezeichnen, ist ziemlich abwegig. Besitzergreifend greift Margarethe mit beiden Händen in die Lockenpracht ihres Freundes und verwuschelt sie kräftig, was er offensichtlich geniesst, denn er schnurrt wie ein Kätzchen. Rudy schüttelt den Kopf: «Was ich nicht verstehe, ist, wie du überlebst mit diesem Durcheinander auf deinem Kopf!» Unter seinen Locken hindurch wirft ihm Leon einen treuherzigen Blick zu, der die Mädchen verzaubert. «Ist er nicht süss?», schwärmt Seraina, die dem Löwen nun schon fast verziehen hat. «Mäggy, du Glückspilz! Und geile Muskeln hat er auch!» Ihre Freundin packt ihren Liebsten kräftiger am Haarschopf, sodass es ihm den Kopf in den Nacken zieht: «Meiner!», verkündigt sie besitzergreifend und küsst ihn auf den Mund. Jetzt macht sich Seraina übermütig daran, Rudys Haare zu zerzausen, welcher sie zuerst abwehrt und dann seufzend gewähren lässt. «Mein Liebster gefällt mir einfach noch besser mit etwas längeren Haaren», seufzt sie verliebt, und bevor Rudy protestieren kann, fügt sie hinzu: «Aber so eine wilde Mähne wie Leo brauchst du nicht, damit würdest du mich ja ersticken!» – «Und ich würde verschmachten bei der Hitze!», setzt Rudy nickend obendrauf und gähnt. Leon schüttelt den Kopf: «Wenn's zu heiss wird, kann ich meine Mähne schütteln oder ins Wasser tauchen, dann kühlt das noch stundenlang nach!» Rudy grinst: «Oder du kannst dir einen Pferdeschwanz machen wie ein Hippie oder eine Hochsteckfrisur wie ein Fussballer!» Alle vier lachen, während Margarethe versucht, die Haarpracht ihres Freundes zu bändigen. Sie nimmt ihren Haargummi aus ihren eigenen Haaren, die sie zum Ponyschwanz gebunden hatte, und versucht das Gleiche mit Leons Mähne, wobei sich der Gummi als zu eng erweist. Seufzend bindet sie wieder ihr eigenes Haar zusammen, was Seraina quittiert: «Mäggy, ich hätte auch gern so gerade Haare, die lassen sich besser frisieren als meine leicht gewellten.» – «Dafür fallen deine schöner und haben eine richtige Farbe, während meine undefinierbar sind und strähnig.» – «Ach was, Mäg, du gefällst mir – mit Haut und Haar!», erklärt Leon und zieht seine Freundin leidenschaftlich an sich. «Bei dieser Hitze trauere ich meiner Knappenfrisur nach», gesteht Seraina, und Leon pflichtet ihr bei: «War irgendwie noch niedlich, diese kurzen Haare, die Rai hatte, als sie mir als Knappe diente – mir hat das gefallen!» Margarethe zwickt ihren Liebsten in den Bauch, was er mit einem lauten Quieken quittiert. «WAS hat dir gefallen, Leon?», möchte sie es genau wissen. «Die Haare, oder dass sie dir als Knappe diente?» Leon setzt ein scheinheiliges Grinsen auf, das an eine Katze aus einem Comic-Strip erinnert. Hinter vorgehaltener Hand wendet sich Rudy an Margarethe: «Ich dachte mir schon, dass wir die zwei nicht allein lassen können, die stellen nur Blödsinn an!» Sie nickt verschwörerisch und flüstert zurück: «Habe die Handschellen eingepackt für alle Fälle!» Jetzt prusten die beiden heraus, während sich Seraina und Leon erstaunt-amüsierte Blicke schicken. «Was geht ab?», wundert sich Leon. «Wollt ihr jetzt voll die Sado-Maso-Session im Wohnmobil durchgeben? Ru, das hätte ich nie von dir erwartet!» Seraina lacht aufreizend: «Geile Idee, wäre einen Versuch wert! Ich habe ja schon mit Lasse geübt!», erinnert sie sich an ihre Abenteuer in der Zukunft, als sie mittels einer List einen fanatischen Forscher ausser Gefecht setzen musste. Jetzt ist es wieder an Rudy, zu kontern: «Und in eurem Chat habt ihr ja gross vom Swingerclub im Wohnmobil verkündet!» Nun erröten die beiden Mädchen und setzen beide einen übertrieben entrüsteten Gesichtsausdruck auf, aber Leon ist es, der kommentiert: «Ich bin entsetzt, das ist unmoralisch! In was für eine Gesellschaft bin ich da geraten?»

Nach einem kollektiven Lachanfall, der auch auf ihre abgrundtiefe Erschöpfung zurückzuführen ist, wird es bald ziemlich klar, dass die Liebespaare endlich wieder etwas Privatsphäre wünschen. Betretenes Schweigen kehrt ein. Und die Luft fühlt sich plötzlich dick an, obwohl es eben erst noch so lustig war. Die vier Freunde fühlen sich beengt in dem Wohnmobil, welches zwar durchaus vier Schlafplätze bietet, aber zu wenig Raum für zwei verliebte Paare. Plonk ist da weniger anspruchsvoll – er schläft auf dem Wohnwagendach. Zu spät ist es, um ein Motel zu suchen, ausserdem ist der Fahrer Leon zu erschöpft nach der ganzen Odyssee, und das gilt auch für den illegalen Fahrer Rudy. Erst jetzt merken sie, wie sie das alles mitgenommen hat. Niemand von den vier Teenagern mag die Geschehnisse der letzten Tage vertieft Revue passieren lassen. Es reicht den Freunden, die wichtigsten Punkte erfahren zu haben: Rettung der zeitreisenden Mädchen vom Marterpfahl durch Plonk und Leon, Verhaftung und Cyborg-Einsatz von Rudy – Letzterer im offiziellen Auftrag der Regierung der Vereinigten Staaten gegen üble Häcker, die es auf eine Öl-Pipeline abgesehen hatten. Lediglich in Rudys Hirn blitzt ab und zu die Neugierde auf, was Margarethe ihm denn telepathisch hat mitteilen wollen…

14
Ein Fenster zum Himmel

Zum Herumalbern hat die Energie der vier Teenager gerade noch gereicht, und es war eine willkommene Ablenkung. Jetzt ziehen die Mädchen ihren jeweiligen Partner in Richtung der Betten, wobei Seraina und Rudy eindeutig im Vorteil sind, haben sie doch das Bett im einzigen Zimmer, das, so klein es auch sein mag, sich mit einer Türe abgrenzen lässt. «Gute Nacht, ihr Lieben!», flötet Seraina und schlüpft durch den engen Türrahmen, indem sie Rudy an der Hand mit sich zieht.

Margarethe und Leon wird buchstäblich die Türe vor der Nase zugeknallt, denn das Schloss klemmt, daher muss es schwungvoll eingeklinkt werden. Das Paar, das «aussen vor» ist, sieht sich mit verliebtem Blick an, aber beide sehen auch sehr müde aus. «Ich weiss nicht, ob da noch viel läuft, Liebste!», munkelt Leon und umarmt seine Mäg fest. «Und dann noch mit Schutzschild-Montage… nicht sehr antörnend!» Sie sucht seine Lippen und spürt, wie erschöpft sie selbst ist. Andererseits… Leon beginnt sehr sachte, Margarethe und sich selbst abwechslungsweise von einem Kleidungsstück zu befreien. Sie ist komplett überrascht, wie sanft er sein kann – sogar noch sanfter als damals im «Klumpinsky» in Berlin 1966. Er scheint ihre Gedanken zu erraten und flüstert: «*Energy low, I reduce it to the max*!» – Margarethe grinst und meint schelmisch: «Auf Letzteren bin ich ja gespannt!»

* * *

Seraina lässt sich auf dem schmalen Doppelbett nieder und mustert ihren Rudolfino mit verliebtem Blick, aber er sieht so müde aus, wie sie sich fühlt. «Ich weiss, was du gleich sagen wirst!», säuselt sie mit Schlafzimmerblick, welcher weniger ihren Verführungskünsten als ihren tatsächlichen Energiezustand zuzuschreiben ist. Rudy sieht sie überrascht an: «Scheisskarma? Wieso?» Seraina bricht in Gelächter aus. «Nein, das andere!» – «Was denn?» – «Ich hab' Kopfschmerzen!» – Rudy tritt näher zu ihr, was kein Problem ist, da der Raum winzig ist und zwischen Bett und Türe nur ein kleiner Zwischenraum bleibt. «Na warte, was fällt dir ein, dich über einen müden Mann lustig zu machen, der gerade die Vereinigten Staaten vor einem Desaster bewahrt hat!» Er beugt sich über seine Freundin, welche rücklings auf dem Bett liegt, auf ihre Ellenbogen aufgestützt. Plötzlich umfasst er ihre Taille und zieht das Mädchen an sich, wobei er ihr T-Shirt wie ein Taschenspieler abstreift. Verblüfft sieht sie ihn an: «Ts, ts, dann muss diesmal ich wohl Copy-Paste machen… zieh schon mal die Firewall hoch!»

* * *

Die vier Teenager schlafen bis kurz vor Mittag, so erschöpft waren sie. Wohlgemerkt, Margarethe war beim ersten Morgenlicht erwacht und heimlich hinausgeschlichen, weil sie nicht darauf verzichten wollte, den Sonnenaufgang über dem Bryce Canyon zu erleben. Jedoch war sie so müde, dass sie nach kurzer Zeit wieder ins Wohnmobil zurückkehrte und an Leons Seite in tiefen Schlummer fiel. Am Marterpfahl hatten die Mädchen kein Auge zugekriegt, und Leon war zu sehr besorgt und damit beschäftigt gewesen, seinen Plan umzusetzen, um die Mädchen herauszuhauen. Rudy wiederum hätte zwar sowohl alleine im Wohnmobil wie auch in Einzelhaft genug Stille gehabt, um tief und fest zu schlafen, doch die seelische Ruhe dazu fehlte ihm – und wenn man innerlich unter Druck steht, fällt auch der Schlaf nicht wirklich erquickend aus.

Nach der Morgentoilette sitzen die vier schweigend vor dem Wohnmobil und schlürfen Tee, Kaffee oder Kakao. Margarethe schwört auf ihren Morgentee, vorzugsweise grün; Leon käme ohne Kaffee gar nicht auf Touren, und die R-Fraktion nippt diesmal getränketechnisch im Partnerlook je einen Kakao, wobei Seraina an anderen Tagen auch gerne einen Tee nimmt und sich ab und zu auch einen Kaffee gönnt. Bei Rudy aber wird es vorläufig beim Kakao bleiben, er kann weder Tee noch Kaffee etwas abgewinnen. Das veranlasst Leon, das Eis des Schweigens damit zu brechen, indem er seinen Kumpel aufzieht: «Der unbezwingbare Cyborg schlürft Kakao! Jetzt weiss ich, warum du so schlau bist! Das Baby-Getränk ist Hirndoping pur!» Er erntet einen Killer-Blick von Rudy, doch der Herausgeforderte unterlässt eine Retourkutsche. Dafür meldet sich Seraina zu Wort – und lenkt damit das aufziehende Gewitter ab: «A propos Cyborg, jetzt, wo wir alle richtig wach sind, musst du uns aber nochmal genau erzählen, was passiert ist, Rudolfino mio! Man hat dich verhaftet, …und dann?» Rudy seufzt, starrt in seine Tasse und beginnt dann zu erzählen. Die anderen drei hängen an seinen Lippen – sogar Plonk, der jetzt im Wohnmobil hockt und gerade sein Dosenfleisch fertig hinuntergeschlungen hat, scheint in Rudys Bann gezogen worden zu sein, so aufmerksam guckt er den Erzählenden an.

Als Rudy seinen Bericht abschliesst, hat es allen die Sprache verschlagen – sogar der vorlaute Leon findet keinen passenden Spruch mehr. Doch da erinnert sich Rudy an Margarethes telepathische Botschaft, die er fast schon wieder vergessen hätte. «Was wolltest du mir eigentlich gedanklich mitteilen, Mäggy?» – Die Angesprochene horcht auf. Sie ist sich nicht bewusst gewesen, dies getan zu haben, doch dann kann sie sich vorstellen, auf was

Rudy hinaus will. «Dazu muss ich wohl etwas ausholen und erzählen, was mir und Rai widerfahren ist...», antwortet Margarethe und beginnt beim Zeitsprung. Die Jungs tauschen immer wieder mal erstaunte, mal anerkennende Blicke. Auch dieses Abenteuer fährt voll ein. Und so wird langsam klar, dass die vier Freunde und Plonk eine Mission haben – so eine Art diplomatischer Auftrag, ein jahrhundertealtes Trauma zu therapieren. Wie sie das schaffen könnten, davon hat aber niemand einen blassen Schimmer...

Diese Mission hat es echt in sich! Bisher hatten sie sich darauf verlassen können, dass, wenn sie eine bestimmte Handlung ausgeführt hatten, auch die Erfüllung vorprogrammiert war. Doch was nun? Was, wenn sie etwas taten, das ihrer Meinung nach richtig ist, aber den Konflikt eher wieder an die Oberfläche befördert und weiter anheizt? Natürlich ist es Superhirn Rudy, der diese Gretchenfrage an Margarethe richtet. Diese seufzt hörbar und stöhnt: «Frag mich etwas Einfacheres! Also... ich fürchte... wir müssen nochmals in der Zeit springen und die Leute fragen...» Ein kollektives Gejammer ertönt, das sich anhört wie eine Mischung aus Nebelhorn und Brunftschrei eines Elches. Margarethe verzieht das Gesicht und stöhnt: «Ihr jammert mir aus der Seele!»

* * *

Ziemlich verdattert sitzen die vier in und vor ihrem Wohnmobil und können sich nicht so recht entscheiden, was sie machen sollen. Die Paare hätten einerseits gerne Zeit zu zweit, andererseits sind alle vier froh um Gesellschaft, weil sie zusammen vor einem Problem stehen, dass ihnen unlösbar erscheint. Immerhin ist das drängendste Problem gelöst: Rudy ist nicht mehr auf der Flucht und auf keiner Fahndungsliste mehr, sondern ein Held, und die

Mädchen sind aus ihrer misslichen Lage befreit. Aber die Mission lässt den Teenagern keine Ruhe. Margarethe ist es, die sich aufraffen kann und eine Runde vor dem Gefährt herumspaziert. Dabei wird ihr Blick erneut gefangen von der umwerfenden Schönheit der Gesteinsformationen, die bereits im Morgenlicht rosa-orange leuchteten, als die Frühaufsteherin klammheimlich hinausgeschlichen war. Nun sind all die Schlösser, Gestalten und Kunstwerke in gleissendes Gold getaucht. Von Begeisterung erfüllt, klettert sie wieder ins Wohnmobil, stolpert dabei beinahe über Leon, der, auf der Treppe sitzend, auf seiner Ukulele schrummt, und spornt die anderen an: «Los, kommt, wir steigen hinunter in den Bryce Canyon, das bringt uns auf andere Gedanken!» Leon blickt verwirrt auf mit glasigem Blick, Rudy liegt auf einen Ellenbogen gestützt auf dem hinteren Bett, selbstverständlich mit seinem Smartiefon in der Hand, während Seraina geistesabwesend auf einem Sessel sitzt und in einer Zeitschrift mit Reisereportagen blättert. «Rudy, hör mal auf, mit deinem Ding herumzufummeln, Leon, dito!», ruft Rabenherz ungeduldig. Seraina verzieht ihren Mund zu einem Grinsen: «Mäggy ist mal wieder total unanständig drauf; aber stimmt, die Jungs fummeln immer an ihrem Lieblingsspielzeug rum!» Die Genannten glotzen die Mädchen an wie Schafe – beide scheinen in Gedanken meilenweit weg zu sein. Leon fasst sich als Erster. «Also, ich kann schon woanders rumfummeln…», bemerkt er mit laszivem Blick auf seine Freundin. Bevor Protestgeheul ertönt, richtet sich Rudy auf dem Bett auf und steckt sein Smartiefon in die Hosentasche, und Leon erhebt sich von der Treppe. «Ich bringe meinen kleinen Liebling besser in Sicherheit», erklärt er und erntet einen säuerlichen Blick von Margarethe, «bevor mein grosser Liebling drüberstopert!» Dabei küsst er im Vorbeigehen seine Freundin, die gleich zufriedener aussieht. Alle vier sind froh um den Vorschlag, der Abwechslung schafft, und wortlos verständigen sie sich, dass Proviant und Wasser eingepackt und gutes Schuhwerk angelegt wird. Sie schliessen das Wohnmobil ab und suchen sich dann einen Weg hinunter in den Canyon. «Bin gespannt, wann einer motzen kommt, dass wir hier verboten parkieren!», sinniert Seraina, und Rudy zuckt mit den Schultern: «Kommt auch nicht mehr drauf an, nach allem, was passiert ist.» Leon klopft ihm auf die Schulter: «Und du bist ausserdem ein Nationalheld oder so was in der Art, du darfst dir jetzt alles erlauben!» Rudy lächelt; er fühlt sich geschmeichelt. Nachdenklich sind alle vier, denn die Abenteuer der letzten Tage wirken intensiv nach. Allen tut es gut, zu Fuss zu gehen, und als sie endlich einen Wegweiser und eine Hinweistafel finden, studieren sie gierig die Informationen. «Da steht, hier im Bryce Canyon bricht das bewaldete Hochland ganz plötzlich ab in ein Amphitheater, das nach einer Seite hin geöffnet ist, gen Osten», liest und übersetzt Margarethe simultan. – «Und da steht das mit der Erosion, was ich euch erzählt hatte», fügt Leon hinzu und bemerkt Serainas besorgten Blick. «Keine Sorge, ich wiederhole das jetzt nicht für Ru, der weiss sowieso alles besser!», fügt er augenzwinkernd hinzu. – «Aber dass das alles auf dem Grund eines Sees war, finde ich dennoch faszinierend», bemerkt Seraina versöhnlich. – «Das weiche Gestein ist dann nach und nach abgebrochen am Rand, und dadurch ergaben sich diese schrägen Hänge», weiss Leon. – «Und das Regenwasser, auch wenn es rar ist wie Gold, hat das Erdreich abgespült, und das war ein Glück!», ergänzt Rudy. – «Wieso?», wundert sich Seraina. – «Weil die Gegend dadurch wertlos wurde für den Menschen», erklärt Leon lapidar. «Darum liess man den Canyon in Ruhe. Für Siedler war er nicht interessant, weil es kein Wasser gab – dabei wurde diese ganze Pracht paradoxerweise genau durch Wasser geschaffen: Regen, Schnee und Eis wuschen die weichen Teile aus, also Sandstein, Kalk, Lehmerde, Tonschiefer.» Margarethe räuspert sich: «Ich lese hier was über die Paiute-Indianer, für die dieser Ort spirituelle Kräfte hatte. Sie dachten, rote Felsen stehen wie Männer in einer schüsselförmigen Schlucht.» Leon nickt: «Die Farbe ist wirklich umwerfend, dieses Rot – wisst ihr auch, warum es so rot ist?» Rudy seufzt, aber

Seraina macht das Spiel mit und erhebt ihre Hand eifrig wie im Schulunterricht. «Kalk und Eisenoxyd!» Der «Lehrer» zieht eine Augenbraue hoch: «Sehr gut, Frau Capaul! Also Kalk färbt ja weiss, aber tatsächlich ist Eisenoxyd für die rote Farbe verantwortlich.» Auch Margarethe seufzt: «Ihr macht die ganze Magie kaputt mit euren Erklärungen! Geniessen wir doch einfach die Fabelwesen und Märchenschlösser, statt sie zu analysieren!» Rudy nickt eifrig wie ein ertappter Lausebengel und steckt sein Smartiefon wieder in die Hosentasche. Der Rabe Plonk bleibt wie ein Schatten ständig in der Nähe seiner Freunde, lässt sich auf einem Felsen nieder, beobachtet, um sich dann wieder in die Höhe zu schwingen, um den besseren Überblick zu haben.

Schweigend und staunend nehmen die vier Freunde den Abstieg unter die Füsse. Sie bleiben auf dem *Trail*, den für den Rundgang vorgesehenen Weg. «Abseits des Pfades ist der Boden rutschig, und über die Felsen klettern ist sicher verboten», vermutet Margarethe, und Seraina nickt: «Wir wollen ja nicht sagenhafte Naturmonumente zerstören!» Rudy blickt misstrauisch über seine Schulter: «Ich fühle mich beobachtet – von dem Typen da!» Grinsend deutet er mit dem Finger auf einen Felsenturm, der aussieht wie ein Totempfahl oder eher wie eine sehr schlanke menschliche Figur mit viereckigem Kopf. Weiter hinten reckt eine Dreiergruppe ihre Köpfe über die grosse Arena der Felskunstwerke. Die vier Wanderer fühlen sich winzig klein angesichts der hohen Türme und filigranen Formationen, die sie überragen, je weiter sie hinunter in den Kessel vordringen. «Als wanderten wir durch einen Wald aus steinernen Bäumen», sinniert Seraina, und Leon deutet auf einen Baumstamm, der am Boden liegt: «Und der ist in der Tat versteinert!» Faszinierend finden die vier eine Steinbrücke, die sich über ihnen erhebt und von einem Felsen zum nächsten führt. Margarethe hält ihren Leon am Gürtel fest: «Nein, hier wird nicht geklettert!» – «Was denn? Ich würde doch nicht im Traum…», entgegnet er, aber sein bedauernder Blick straft ihn Lügen. Baumwurzeln graben sich in Gesteinsbrocken, Bäume wachsen auf Felsen, und das Mittagslicht, das schräg einfällt, taucht alles in einen verzauberten Farbschimmer zwischen Leuchtendgelb, Dunkelorange und Weiss. Immer wieder bleibt die Gruppe stehen und staunt. Zum Glück sind wenig andere Touristen unterwegs, was erstaunlich ist, aber die Hitze drückt in den Talkessel, und die Freunde sind froh um den Schatten, den die Felsnadeln werfen. «Hier ist das Auge zum Himmel!», ruft Seraina, und staunend blicken die vier durch eine Felsöffnung, welche die Form eines Auges hat und den Blick zum Himmel und zur höheren Felswand freigibt. Natürlich knipsen alle eifrig Fotos. Der Höhepunkt ist dann der Moment, als ein Kolibri seelenruhig an ihren Köpfen vorbeisurrt und sich eine Blüte ergattert, die in diesem Felsenmeer zuerst nicht zu sehen war. «Ein Hummingbird ganz für uns allein!», freut sich Margarethe. «Passend zu unserem Motto!» Seraina und Rudy grinsen, und Leon flachst: «Stimmt, dieser Spruch muss wiedermal raus, dass bei uns immer alles mit Vögeln zu tun hat!» Ein Krächzen über ihren Köpfen verrät, dass der wichtigste Vogel stets dabei ist.

15
Die Regenbogenbrücke

Nach einer bezaubernden und besinnlichen Wanderung ohne unnötige Aufregung kehren die vier Freunde in zufriedener Ruhe und ganz entspannt zurück zu ihrem Wohnmobil und beschliessen, nochmals eine Nacht zu bleiben, bevor sie am Morgen weiterfahren. Sie hoffen, dass der Abwassertank durchhält, ohne zu überlaufen. Plonk richtet sich auf einer kleinen Tanne direkt neben dem Wohnmobil ein. Proviant haben sie noch genug für einen Abend und ein Frühstück. Als sie sich zum Abendessen niederlassen, fällt Rudys Blick auf Margarethes Brust. Diese bemerkt das: «Was glotzt du mir in meinen nicht existenten Ausschnitt? Du wirst auch langsam unverschämt, Rudy!» Errötend schüttelt dieser den Kopf: «Ich wundere mich nur, Mäggy… du trägst sonst keinen Schmuck, und jetzt hast du diese auffällige Kette…» – «…die Kette, die dir die Indianerfrauen geschenkt haben!», bemerkt Seraina. – «Stimmt, die ist nicht verschwunden auf der Zeitreise… erst als ich duschen wollte, merkte ich, dass ich zwei Ketten trage: die mit den Raben von dem Verkaufsstand, vor der Zeitreise, und die mit den vielen bunten Tieren, aus Steinen geschnitzt. Die andere habe ich ausgezogen, weil sie etwas schwer wird mit der Zeit. Im Übrigen verspüre ich gerade keinerlei Lust auf weitere Zeitreisen.» Sie steht auf und klettert zu ihrem improvisierten «Nachttischchen» über der Fahrerkabine, wo sie am Kopfende des Bettes ihre Armbanduhr, Taschentücher und ihren wenigen Schmuck aufbewahrt. Mit der Steinkette in der Hand kehrt sie zurück, und Rudy nimmt das Kunstwerk mit dem Raben als «Centerpiece» in Augenschein: «Und du meinst, dass dieser Rabe den Zeitsprung ausgelöst hat?» Margarethe nickt, und Rudy murmelt: «Seit wann behalten wir Kleidung und Schmuck auf Zeitreisen an? Ich meine, wenn wir

<drüben> etwas erhalten haben, war es doch bei der Rückkehr normalerweise weg, oder?» – «Nicht immer», gibt Seraina zu bedenken. «Meine Kette hat den Zeitsprung auch überdauert. Und denk an die Säbel aus dem Pergamonmuseum.» – «Interessant, dass der Schmuck noch da ist», findet Leon. «Offenbar ist seine Magie stärker als die Kraft des Zeitenstrudels.» Seine Freundin nickt: «Oder die Ketten sollen uns daran erinnern, dass wir noch einen Auftrag auszuführen haben.»

«Die Ketten, die uns an den Auftrag binden», spricht Seraina feierlich. «Wie Fussfesseln, einfach am Hals.» – «Ketten, Fesseln… irgendwie klingt das erotisch!», sinniert Leon und erntet schräge Blicke seiner Begleiterinnen. – «Du willst das durchziehen mit dem S/M-Salon, was?», neckt ihn Seraina, und Margarethe stöhnt: «Also mir genügen die Striemen an den Handgelenken vom Marterpfahl!» – «Allerdings! Und eigentlich wäre es eh an der Zeit, ins Bett zu gehen», wendet sich Seraina an Rudy, welcher stöhnt: «Ich hab' Kopfsch…» – «…und ich ein Heilmittel dagegen!», schneidet sie ihm das Wort ab und packt ihn am Kragen, um ihn leidenschaftlich zu küssen. – «Mmmpf!», protestiert er und versucht, sein Lieblingsspielzeug in Sicherheit zu bringen, bevor Seraina darauf sitzt. Leon schüttelt den Kopf: «Diese ungestüme Jugend!» und wendet sich höchst uncharakteristisch seinem Smartiefon zu. Margarethe prustet: «Raina schleppt Rudolfino ab, gnadenlos!» Das andere Paar ist bereits unterwegs zu seinem Schlafzimmer, wobei der Junge noch halbherzig Widerstand leistet. – «Doch, doch, ich hab genau die Therapie für dich!», verspricht Seraina eifrig. Als sie die Türe schon zuziehen möchte, flachst Leon: «Hat die Therapie mit Vögeln zu tun?» – «Du hast selber einen Vogel!», wird Rudys Stimme hörbar, die sogleich erstickt wird, als die Türe ins Schloss fällt.

Erwartungsvoll sieht Margarethe ihren Freund an, aber der ist schon wieder vertieft – in eine Reportage, die er auf seinem Handy schaut. – «Hast du etwa Empfang?», wundert sie sich. –

«Nee, hab mir das runtergeholt.» Sie kichert, aber er schaut unbeirrt weiter. Verstimmt räumt sie Schuhe weg, die im Weg herumstehen und versorgt sauberes Geschirr aus dem Abtropfgitter im Schrank. Aus dem Augenwinkel beobachtet sie Leon, aber der ist ganz vertieft in seine Sendung. Das missfällt der Rabenmutter, und so verlässt sie das Wohnmobil, um nach ihrem Raben zu sehen, welcher sich auf seinem Baum eingerichtet hat. Sie spricht ein Weilchen mit ihrem Plonk, der auf einem Bein auf einem Ast döst, aber ein Auge halb geöffnet hat und offensichtlich jedes Wort versteht, denn er gurrt sanft. Als Margarethe wieder zurückkehrt, sitzt Leon immer noch in der gleichen Pose auf dem Sessel, ein Bein untergeschlagen, das andere halb aufgestellt. «Genau so, wie ich dich zurückgelassen habe!», seufzt sie und lässt sich im anderen Sessel nieder, um Leon dann unverwandt anzustarren. Dabei fixiert sie einen Punkt zwischen seinen Augenbrauen. Nur kurz dauert es, bis er irritiert aufschaut: «Was machst du da?» – «Ich schaue dich an!», versetzt sie unschuldig lächelnd. – «Hör auf, ich kriege Kopfschmerzen!» – «Dagegen weiss ich ein potentes Mittel!» – «Was denn?», stöhnt er und schielt wieder auf sein Handy. – «Hatten wir doch vorhin, das Thema, hat mit Therapievögeln zu tun!» Mit grossen Augen starrt Leon nun seine Freundin an. «O Mann, heute nicht!» Sie lacht hämisch: «Dann starre ich dir weiterhin zwischen die Augenbrauen!» Er wehrt ab: «Bitte nicht! Das ist ja nicht auszuhalten!», fleht er. Margarethe nähert sich ihrem Freund und zieht ihr T-Shirt langsam hoch, über ihren Bauchnabel, ihre schlanke Taille… Leon keucht: «Du machst mich fertig! Ich weiss ja, was du darunter trägst… oder eben nicht!»

* * *

«Und, war die Therapie erfolgreich?», spricht Margarethe am nächsten Morgen vom hohen Bett hinunter Rudy an, als dieser in Richtung Bad wankt. Verschlafen blickt er wie ein Schaf drein, aber sein Grinsen verrät alles. «Und bei euch?», ruft Seraina aus dem Schlafzimmer. – «Erstaunlich!», quittiert Leon ebenfalls aus der Koje über der Fahrerkabine. «Dabei hatte ich doch gar keine Kopfschmerzen… bis mir Mäg zwischen die Augenbrauen gestarrt hat!» Diese lacht, und Rudy wundert sich: «Wie kommst du denn auf sowas?» Die Antwort weiss Seraina: «Katzen machen das! Meine konnte das meisterhaft und hat meine Tante fast in den Wahnsinn getrieben!» Rudy seufzt: «Das schafft ihr Frauen auch ohne Starren!»

* * *

Während die anderen noch beim Frühstück sind, kramt Margarethe etwas aus ihrem Koffer hervor und versteckt es hinter ihrem Rücken. Geheimnisvoll schleicht sie sich an Leon heran, der es im Augenwinkel bemerkt und eine Braue hochzieht: «Schon wieder ein Angriff?» – «Sowas in der Art», grinst Margarethe, holt die rechte Hand hinter ihrem Rücken hervor und streckt Leon eine kleine Plastikblume unter die Nase. Im nächsten Moment betätigt sie einen Schalter am winzigen Blumentopf, und die Blume beginnt zu zucken, dabei ertönt das Lied «*For He's A Jolly Good Fellow*». – «Fürs Geburtstagskind, das heute zwanzig Jahre alt wird!» Und Margarethe beugt sich zu Leon, um ihn zu küssen. Er grinst und bekommt rote Ohren von so viel Aufmerksamkeit. Als die Blume endlich aufhört zu singen, weil Margarethe den Schalter erneut gedrückt hat, sind alle kurz still, dann erheben sich Seraina und Rudy und umarmen ihren Kumpel herzlich. «Heute darfst du dir was wünschen, und wir alle müssen mitmachen, auch Plonk!», beendet Margarethe die ultrakurze Geburtstagsfeier. Leon nickt: «Merk ich mir!»

* * *

«Rainbow Bridge, Grand Canyon oder zurück auf die Route 66?», stellt Leon die entscheidende Frage, als sich die vier aufraffen wollen zur Weiterfahrt. «Erstere liegt auf dem Weg, kostet uns aber je nachdem einen halben Tag extra für den Ausflug. Der Grand Canyon wäre auch *en route*, führt uns aber schon zurück in Richtung Kalifornien.» – «Und wir wollten doch die Route 66 machen, ursprünglich!», gibt Margarethe zu bedenken. «Also, ich würde schon gern so viel wie möglich davon abspulen!» Leon zieht seine Freundin an sich: «Das heisst, du zitierst deinen Arbeitssklaven an die Ruderbank?» – «Ja, im Moment brauche ich dich vor allem am Steuer!», erwidert sie grinsend. Rudy lacht auf: «Leo ist vielseitig verwendbar: als Lustknabe in der Nacht, als Galeerensklave am Tag…» Mit bedrohlicher Körperhaltung tritt Leon näher zum sitzenden Rudy, welcher leer schluckt. – «…als Exekutor für Körperstrafen…», führt der Stehende die Aufzählung weiter, und Seraina interveniert: «Hee, bei dem hier bin ich für die Bestrafung zuständig!» und stellt sich vor ihren Freund. Dieser schmiegt dankbar sein Gesicht an ihr Bein, und alle vier brechen in heiteres Gelächter aus.

«Zurück zum Thema!», fordert Margarethe die anderen drei auf. «Wenn wir zurück in Flagstaff sind, könnten wir Richtung Albuquerque weiterfahren auf der Route 66, und da liegt der Petrified Forest auf unserem Weg.» – «Wahnsinn, den will ich unbedingt sehen!», schwärmt Seraina. «Aber die Rainbow Bridge natürlich auch!» Rudy seufzt und greift sich an den Kopf, zerzaust sich die Haare, bis sie aufstehen, was die Mädchen amüsiert. «Dein Superhirn überhitzt; dir stehen buchstäblich die Haare zu Berge!», kommentiert Margarethe, und Seraina greift in Rudys Haarschopf und zaust ihn lustvoll: «Sieht er nicht süss aus, mein Rudolfino, mit den längeren Haaren?» Sie seufzt verliebt, er stöhnt entnervt: «Pass auf, sonst schneide ich alles ab!» – «Dann kannst du aber im Hotel schlafen!», kommt die Retourkutsche von seiner Freundin. Leon räuspert sich: «Könnten wir die Frisur- und Übernachtungsfragen später klären? Wir haben noch eine weite Strecke vor uns, und als Fahrer muss ich darauf bestehen, dass wir zu einer Entscheidung kommen!» Er blickt seinerseits auf die Karte und kratzt sich am Kopf: «Bis Flagstaff kommen wir ohnehin nicht mehr heute, mit oder ohne Rainbow Bridge. Im übrigen ist die Gegend um Flagstaff berüchtigt dafür, dass man die falsche Abzweigung erwischt; das hatten wir ja bereits erlebt, und eine Studienkollegin hat mir erzählt…» Margarethe horcht auf: «Was für eine Studienkollegin? Erzähl mal?» Leon grinst herausfordernd: «Die hübsche Blondine mit den Supertitten und den geilen Muckis!… Mäg, du solltest jetzt dein Gesicht sehen!» Er greift nach seiner Freundin, welche störrisch ausweicht und faucht: «Glaubst du, mich interessieren die Tit…» – «Themawechsel!», fordert Rudy. «Bleiben wir sachlich! Was erzählt denn die tolle Frau?» Leon hebt beide Hände abwehrend vor sein Gesicht, weil sich seine Freundin ihrerseits drohend vor ihm aufgebaut hat und ihre Armmuskeln theatralisch anspannt: «Ich getrau mich nicht mehr… ich bin total eingeschüchtert von meiner Liebsten!» Diese grinst süffisant: «Und WAS hat jetzt die bescheuerte Blondine verzapft?» – «Ach, nur, dass sie letztes Jahr mit einer Freundin die Route 66 bereist hat und sich am Laufmeter verfahren hat: Sie wollten in den Grand Canyon, bogen bei Flagstaff ab und landeten in Sedona… also um 180 Grad verkehrt!» Rudy prustet heraus: «So was von dusslig! Wegen zu viel Verkehr, oder was?» – «Quatsch, das waren zwei Frauen, und nicht vom anderen Ufer, da bin ich mir sicher.» Der misstrauische Blick von Margarethe lässt ihren Freund seinen Kopf einziehen. Rudy lacht: «Die Weiber haben sicher so viel gequasselt, dass sie die Abzweigung verpennt haben… das würde unseren Damen auch passieren!» Jetzt ist es Seraina, die sich drohend vor ihrem Freund aufbaut und ihre Fäuste ballt. Rudy schluckt leer: «Nein, ich nehme es zurück: Euch zweien würde das nie passieren – weil Raina mich dauernd um ein Routenupdate per Smartiefon bitten würde.» Die Gemeinte knurrt bedrohlich, und Leon interveniert: «Rai und Mäg würden sich doch NIE verfahren… und meine Mitstudentin hatte es zuvor schon geschafft: Als sie ursprünglich nach Sedona wollten, also in den Süden, fuhren sie stattdessen gen Norden zum Lake Powell. Also wieder verkehrt!» Margarethe konsultiert die Karten und muss sich erst einmal orientieren, um folgen zu können: «Nach Norden… ja, da sind wir jetzt. Sedona… südlich von Flagstaff. Die Route 66 verläuft im rechten Winkel dazu.» Stöhnend verdreht Rudy seine Augen: «Ja sind denn die zwei Hühner kreuz und quer um Flagstaff herumgefahren statt von Osten nach Westen?» – Leon grinst: «Die waren einen Monat oder so unterwegs, die hatten Zeit… wir eigentlich auch, aber ich habe trotzdem nicht vor, immer hin- und herzufahren. Da spar ich mir meine Energie für den nächtlichen Verkehr!» Sprach's und fährt los.

Die Kartenleserin kratzt sich ihrerseits am Kopf, während sie konzentriert über der Route brütet, was Seraina kommentiert: «Habt ihr eigentlich alle Läuse? Wir sollten dringend mal wieder an einem Ort übernachten, wo wir richtig duschen und unsre Haare gründlich waschen können. Die kleine Dusche im Wohnmobil mit dem kleinen Wassertank eignet sich mehr für Katzenwäsche.» – «Gute Idee, dann planen wir das doch ein», stimmt ihr Margarethe zu. «Ich habe immer noch Sand in den Haaren, das juckt. Am Lake Powell finden wir sicher einen Campingplatz!» Seraina jubelt: «Rainbow Bridge, wir kommen!» – «Wo ist eigentlich Plonk? Fliegt er noch oder surft er schon auf dem Wohnmobildach?», sorgt sich die Rabenmutter um ihren Zögling und streckt den Kopf aus dem offenen Seitenfenster. Und da sieht sie ihn, wie er vergnügt wenige Zentimeter über dem

Wohnmobil fliegt, manchmal sogar im Gleitflug, weil der Fahrtwind und die aufsteigende Luft vom heissen Dach dies begünstigen. Zudem kann er ja jederzeit auf dem Dach zwischenlanden, falls der Auftrieb abbrechen sollte. Margarethe ist beruhigt und nimmt wieder eine normale Sitzposition ein.

Die Fahrt dauert länger als erwartet, aber als das unwirklich scheinende Blau des Lake Powell endlich vor ihren Augen auftaucht, sind die vier Reisenden erleichtert und begeistert. Leon möchte ein Bad nehmen, während Rudy besorgt ist, ob es am See noch einen offiziellen Platz zum Andocken für ihr Wohnmobil gibt. Die Mädchen erkundigen sich an einem Stand, der für Bootsfahrten wirbt, ob sie für den Nachmittag noch eine Exkursion buchen können. Das Glück ist auf ihrer Seite, und da sie bis zur Abfahrt noch eine knappe Stunde Zeit haben, fahren alle vier zuerst zum gut ausgeschilderten Campingplatz, wo sie tatsächlich noch eine Abstellmöglichkeit mit Abwasseranschluss für die Nacht ergattern. Derart beruhigt, kehren sie zum Bootsanlegeplatz zurück und ziehen Sonnenhüte und Sonnenbrillen an, denn die Sonne brennt unbarmherzig herunter auf das Ausflugsboot. «Eigentlich hasse ich solche geführten Touren», murrt Leon, aber Seraina widerspricht: «Die Rainbow Bridge gehört den Native Americans, und die wollen nicht, dass die Touristen auf eigene Faust mit Booten auf dem heiligen Lake Powell herumfahren. Ist doch verständlich!» – «Von wegen heilig, das ist doch ein synthetischer See!», bemerkt Rudy missbilligend. – «Stimmt», nickt Leon. «Der Lake Powell und der Lake Mead, der näher in Richtung Las Vegas liegt, sind die grössten Wasserreservoire der USA. Der Colorado ist zu beiden Seiten des Grand Canyon Nationalparks aufgestaut, daher die beiden Seen.» – «Colorado ist doch ein Staat?», wundert sich Seraina. – «Ja, aber auch der Fluss, der 450 Kilometer durch den Grand Canyon fliesst.» – «Und der Hoover Dam und der Glen Canyon Dam sind ziemlich eindrücklich», entnimmt Margarethe ihrem Reiseführer. Rudy flicht ein: «Beide mit weit über 200 Metern

Dammhöhe, faszinierende Kostproben menschlicher Baukunst.» – Margarethe wirft ihm einen ungnädigen Blick zu und ergreift ihrerseits wieder das Wort: «1936 wurde der Hoover Dam vollendet, der andere 1964.» Seraina seufzt: «So schade, die Seen haben die Landschaft völlig zerstört!» – «Verändert, verbessert, durch unglaubliche Technik!», äussert sich Rudy begeistert. Leon nickt: «Gut auch für die Natur, denn Wasservögel haben sich angesiedelt, und das vormals knochentrockene Gebiet kann endlich genutzt werden.» Seufzend blickt Margarethe in das betörende Blau des Wassers, in welchem sich der ebenso blaue Himmel spiegelt: «Das ist überirdisch, dieser Kontrast zwischen Blau und den rotbraunen Felsen, Wüste und Wasser.» – «Und war sogar als Drehort für den Planeten der Affen benutzt», weiss Rudy, und Seraina schickt ihm einen koketten Blick: «Sprichst du von wilden Gorillas?» Leon lacht auf: «O là là, das erklärt das Gebrüll letzte Nacht!», und Rudy errötet. Um abzulenken, erzählt Margarethe schnell: «Der See verläuft übrigens genau über die Staatengrenze zwischen Utah und Arizona.»

Die Bootsfahrt führt vom Ort Bullfrog über den See zur berühmten Steinbrücke, die zum Reservat der Navajos gehört. Die Reisenden geniessen die frische Brise, während sie über den glitzernden tiefblauen See brausen, der von rötlichbraun leuchtenden Felsen umgeben ist. «Auch wenn's ein künstlicher See ist, der ist atemberaubend schön!», findet Margarethe. Als sie dann durch den engen Bridge-Canyon tuckern, verschlägt es ihnen den Atem vor Staunen, denn sie sehen das Wunder schon von weitem, welches auf ganz natürliche Weise aus dem Fels gemeisselt wurde: durch den Fluss und die Erosion. Das Boot fährt bis zum *Forbidden Canyon*; und ungeduldig, der Touristenmeute zu entkommen, gelangen die Freunde über einen kurzen Fussweg zum Naturmonument, vor welchem sie voller Ehrfurcht verharren. Eine makellose Brücke erstreckt sich von einer Seite des Canyons zur anderen. Der Ort strahlt Stille und Frieden aus, eine besondere Aura umgibt ihn. «Wahnsinn!», staunt Seraina ergriffen. – «88 Meter hoch, spannt sich der Bogen 84 Meter weit über den Bridge Creek», referiert Rudy, und seine Freundin schickt ihm einen Blick, als wolle sie ihn ermorden. Rasch fährt er fort: «Die Brücke ist den Navajo-Indianern heilig; sie war für sie ein <zu Stein gewordener Regenbogen>, ein Wächter des Universums.» Diese Aussage versöhnt seine Freundin wieder. Sie murmelt: «Und jetzt einfach geniessen und nix mehr sagen, okay, Rudolfino mio?» Und sie verschliesst seinen Mund mit einem Kuss.

Als sie in Ehrfurcht erstarrt vor der Regenbogenbrücke stehen, erscheint wie aus dem Nichts eine Gestalt. Zielstrebig, aber ohne Eile bewegt sie sich auf die vier Freunde zu: eine Frau mit langen, dunklen Haaren, die sie kunstvoll geflochten hat. In die Zöpfe hat sie mit farbigen Bändern Federn und Perlen gewunden. Ihr Leinengewand ist schlicht und nur am Kragen verziert mit Stickereien, in welche kleine Perlen eingewirkt sind. Lächelnd spricht sie die vier Reisenden an: «Welcome to the Rainbow Bridge!» Ein Krächzen ertönt, und zu Margarethes Erstaunen erscheint Plonk buchstäblich aus heiterem Himmel und setzt sich auf die Schulter seiner Rabenmutter. Er krächzt erneut, als wolle er die Unbekannte begrüssen. Dann scheint es, als entspinne sich ein Gespräch zwischen Frau und Rabe. Sie murmelt etwas in ihrer Sprache, er gurrt und krächzt leise. Leon glaubt, zu verstehen, und möchte übersetzen, doch die Frau, deren Alter schwer zu schätzen ist, schenkt ihm ein Lächeln und spricht dann auf Englisch: «Gekommen seid ihr, zu helfen, ein grosses Unrecht zu heilen. Fraget euch nicht, warum ausgerechnet ihr es seid. Vielleicht, weil ihr mitfühlende Menschen seid, weil ihr Weitgereiste in der Zeit seid und vieles erlebt habt, das euch sensibilisiert hat für die Anliegen von uns Native Americans. Ihr seid nur Werkzeuge, oder vielmehr Boten, die Werkzeuge bringen zu denjenigen, welche sich verschmäht fühlen von der Geschichte.» Staunend lauschen die vier Freunde den Worten der Indianerin. Plonk fliegt auf, und alle Blicke folgen ihm, bevor sie sich wieder der Frau zuwenden. Doch ehe sie auf ihre feierlichen und rätselhaften Worte reagieren können, ist sie verschwunden, wie vom Erdboden verschluckt.

Auf der Rückfahrt sind sie schweigsam und lassen den Eindruck des magischen Naturmonuments und der unerwarteten Begegnung nachklingen. Niemand von ihnen verspürt das Bedürfnis, darüber zu sprechen. Zurück im Hafen, weiss Leon endlich, was er sich zu seinem Geburtstag wünscht: ein erfrischendes Bad im Lake Powell – ein Segen bei der immer noch brütenden Hitze. Alle vier gehen ins Wasser, weil sie froh um diese Ablenkung sind und ihre Köpfe kühlen möchten. Sogar Plonk geht mit seinen Menschenfreunden baden und geniesst es sichtlich, seine Federn endlich einmal nass zu machen. Nur muss er zuerst trocken werden, bevor er wieder ans Fliegen denken kann. Deshalb folgt er ausnahmsweise der R-Fraktion ins Wohnmobil und macht es sich auf dem Bett über der Fahrerkabine bequem. Er gönnt sich ein kleines Nickerchen, während «seine» Menschen auf dem Campingplatz eine Imbissbude suchen, um dort Leons Geburtstag gebührend zu feiern. Das Geburtstagskind darf endlich sein langersehntes Bier geniessen.

Unerwartet kommen sie am Abend noch zu einem «Hike» ganz im Stil der Nachtwanderungen, wie sie bei den Pfadfindern gang und gäbe sind. Wahrlich kein leichtes Unterfangen ist es, auf dem weitläufigen Campingplatz eine Dusche zu finden! Und wenn man sich einbildet, zu Fuss hinzugelangen, dann erlebt man sein blaues Wunder. Schliesslich sind die vier Freund eine halbe Stunde unterwegs und kämpfen sich durch Gestrüpp und Kakteen. Leon flucht, denn beinahe wäre er auf einen stachligen Kaktus getreten mit seinen Flipflops. «Was ziehst du auch die Badepantöffelchen an!», tadelt ihn Rudy, und er schnappt zurück: «Wer hätte gedacht, dass der Gang zur Dusche in eine Wanderung durch die Wildnis ausartet?» Bergauf führt der Weg, und die vermeintliche Abkürzung erweist sich als Spiessrutenlauf. Im hintersten und abgelegendsten Teil des Campingplatzes stehen die Duschgebäude. «Ich dreh durch! Das kostet, und wir haben doch gar keine Münzen dabei!», regt sich Seraina auf. Leon kramt in seiner Hosentasche und fördert ein paar *Quarter* zutage, Vierteldollarmünzen. «Zwei Dollar kostet eine fünfzehnminütige Dusche, soviel kriegen wir nicht zusammen!», jammert Margarethe und findet immerhin noch ein paar Münzen in ihrer Jacke, Rudy ebenso. Leon zuckt mit den Schultern: «Wer muss denn 'ne Viertelstunde duschen? Und wenn wir uns in Paaren zusammentun, geht das schneller!» – «Vergiss es, hier herrscht Geschlechtertrennung – da könnten wir übel Ärger kriegen!», bemerkt Seraina. Rudy seufzt mit schreckgeweiteten Augen: «Muss ich aber nicht im Ernst mit Leo eine Dusche teilen?» Seraina feixt: «Jungs, stellt euch nicht so an!» Die beiden seufzen, während die Mädchen kichern. Sie teilen sich in zwei Gruppen auf, und als Seraina und Margarethe sich ausgezogen haben und das Shampoo bereit haben, stellen sie fest, dass der Münzeinwurf verstopft ist, Also wieder anziehen und die nächste Duschkabine aufsuchen! Aber oh weh: Die sind alle *out of order* oder besetzt. «Bleibt nur die hier, aber die ist eigentlich für Leute im Rollstuhl, darum hängt der Duschkopf so weit unten!», bemerkt Margarethe. «Da muss man ja knien beim Duschen!» – «In den USA ist es ein Sakrileg, die Behindertendusche zu besetzen, aber wenn von fünf Duschen drei ausser Betrieb sind, muss doch mal ein Auge zugedrückt werden!», enerviert sich Seraina. «Ausserdem juckt meine Kopfhaut unterdessen auch wie verrückt.» Immerhin funktioniert diese Dusche, aber auf dem Boden kniend oder hockend duschen ist kein Vergnügen, und die Mädchen getrauen sich nicht, das Wasser abzustellen, in der Angst, dass etwas schiefläuft: «Wer garantiert mir, dass ich nicht mit shampooverklebten Haaren auf dem Trockenen sitze ohne Münzen für ein weiteres Duschvergnügen?», bringt es Margarethe auf den Punkt, und so wechseln sie sich ab in der zum Glück etwas breiteren Duschkabine und müssen kichern in dieser absurden

Situation, weil sie wechselweise unter den Wasserstrahl kriechen, in steter Panik, dass das reinigende Nass plötzlich versiegt. Rudy und Leon warten auf ihre Damen, damit sie zu viert den abenteuerlichen Abstieg durch die Dunkelheit und Wildnis unter die Füsse nehmen. Die Wartenden sind verstimmt, offenbar hat ihnen die gemeinsame Dusche weniger Vergnügen bereitet als den Mädchen, und Rudy mokiert sich über die kichernden Freundinnen: «Muss ja ein Riesenspass gewesen sein bei euch!». – «Spass?», ruft Margarethe aus. «Wenn man unter einem Duschkopf herumkriechen muss, der nur einen Meter oder so über dem Boden hängt?» Leon lacht: «Das hätte ich gern gesehen!» Seraina reisst ihre Augen auf: «Das hätte gerade noch gefehlt!», um dann mit der Retourkutsche einzufahren: «Aber euch hätte ich gern zugesehen… und verglichen!» Margarethe prustet laut heraus: «Ich hätte einen ausklappbaren Massstab an meinem Taschenmesser!» Jetzt erröten beide Jungs, und Rudy zischt: «Ich muss doch sehr bitten, meine Lieben!» Leon flachst: «Ich glaube, die Damen haben eine Bestrafung verdient, sollten wir jemals den Weg zurück ins Wohnmobil finden; ausserdem will mir das Bild nicht mehr aus dem Kopf mit der niedrigen Kollektivdusche…» – «Und was für eine schmutzige Fantasie schwirrt in deinem Kopf herum?», fordert ihn Margarethe mit zu Schlitzen verengten Augen heraus. – Leon keucht: «Genug, dass ich nicht sicher bin, dass wir es bis zum Wohnmobil schaffen!»

16
Sieben Raben und versteinerte Bäume

Seltsame Geräusche wecken die Schlafenden, und als Frühaufsteherin Margarethe ihren Kopf aus dem Wohnmobil streckt, erblickt sie sieben riesige Raben, die ihr Glück am Abfallsack versuchen, den die vier Freunde leichtsinnigerweise draussen haben liegen lassen. Wo ist Plonk? Der grosse Kolkrabe verharrt stumm in seinem Baum; entweder beeindruckt ihn die schiere Grösse der Artgenossen, oder der Tumult interessiert ihn nicht, da er keine Gefahr für seine Menschen erkennt. Sollen die sieben Raben ihren Spass haben!

Nach und nach werden die vier Wohnmobilinsassen wach und basteln sich ein Frühstück, wobei sie feststellen, dass ein Einkauf dringend nötig wird. Als nächste Station peilen sie den Petrified Forest an, den versteinerten Wald. Allerdings haben sie bis dahin noch eine weite Strecke vor sich, da sie ja vom Lake Powell erst südlich bis Flagstaff fahren müssen und dann in Richtung New Mexico abbiegen. «Bis Flagstaff haben wir Luftlinie 150 Kilometer oder sogar mehr», gibt Rudy zu bedenken. «Bis zum versteinerten Wald ist es nochmal so weit.» Er stutzt: «Also, es kommt darauf an, welchen wir anpeilen – offenbar gibt es zwei!» Mit diesen Worten wirft er Leon einen fragenden Blick zu. Dieser nickt und beugt sich über die Karte: «Den auf der Route nach New Mexiko; den anderen hatten wir wegen der Mittagshitze ausgelassen, der wäre näher bei der Painted Desert gewesen, als wir ins Monument Valley fuhren.» Rudy nickt: «Ist ein ziemlicher Riemen, aber durchaus machbar. Fragt sich noch, ob wir es über die Staatengrenze schaffen heute.»

Endlich ist der Petrified Forest erreicht, und auch diesmal ist es wieder Mittag – die falsche Tageszeit für Exkursionen. Trotz betäubender Hitze wagen sie sich auf Drängen Margarethes auf einen Trail, einen Erkundungspfad, welcher durch liegende Baumstämme führt, die sich bei genauerer Betrachtung als versteinert erweisen. Die feine Maserung und die Struktur erinnern an das Holz, aus welchem sie vor Jahrmillionen bestanden hatten. Wegen der Hitze und weil sie vorwärtskommen und noch die Grenze zu New Mexico passieren wollen, verweilen sie weniger lang, als es Margarethe und Leon lieb wäre, die fasziniert sind von dem versteinerten Holz.

«Jetzt auf nach Gallup, New Mexico!», singt Seraina und erntet ein Lächeln von Leon, welcher den Route-66-Song auch ständig im Ohr hat. «Mich irritiert nur ein bisschen, dass wir in die falsche Richtung fahren», gesteht er. «Ist auch schwierig für die Planung. Ich meine, wenn ich die Tipps meiner Studienkollegin beherzige, so sind wir einfach verdreht...» – «Die ist sowieso verdreht, wenn die sich immer verfährt», wirft Margarethe bissig ein, und Rudy ergänzt: «Auf deren Anweisungen würde ich jetzt nicht viel geben. Wir können das doch problemlos selber ausrechnen! Mal überlegen... wie viele Tage sind wir schon unterwegs?» Alle vier werden nachdenklich. In dem ganzen Trubel samt Zeitreise ist ihnen das Zeitgefühl abhanden gekommen. Zahlenmensch Rudy ist der Erste, der die Zeit wieder in den Griff kriegt: «Tag elf!», verkündet er nach wenigen Minuten Überlegen. Ungläubig starren ihn die anderen drei an: «Echt jetzt?», fragt Leon. «Mit all den Zeitsprüngen? Wissen wir, ob wir nicht Zeit verloren haben?»

Rudy geniesst offensichtlich seine Rolle, der Einzige zu sein, der die Zeit im Griff hat: «Passt mal auf, Tag 1 war der Tag, an dem wir das Wohnmobil bezogen haben und im Silicon Valley waren, dann der Westküste entlang gen Süden fuhren. Wir haben zweimal übernachtet, zuerst auf der Klippe, dann am Surferstrand. Das heisst, an Tag 3 fuhren wir in Los Angeles ein, verfuhren uns, stritten und schafften es tatsächlich noch bis Newberry

Springs.» – «Und dort war volles Rohr!», witzelt Leon und erntet einen vernichtenden Blick von Rudy. – «Tag 4 war der kurvige Tag» – Hier schnappt sich Leon seine Mäg und zieht sie an sich. – «Und Tag 5 war die Route 66 durch Arizona, mit der ganzen Verfahrerei.» – «Red mir nicht davon!», stöhnt Leon – «...und Painted Desert!» – «Wunderschön!», schwärmt Seraina, und jetzt ist Rudy wütend: «Lasst mich doch einfach in Ruhe zählen!» Versöhnlich greift Margarethe ein: «Rudy, Lieber, wir müssen doch die Tage an unseren Eindrücken festmachen, das hilft beim Memorieren.» Dieser Einwand verfängt bei dem strukturierten Kopfmenschen, welcher fortfährt: «Tag 6 fing so schön an in Mexican Hat und in Monument Valley und artete zum Albtraum aus. Ist euch das bildhaft genug?» – «Ja, absolut!», keucht Seraina, und Leon nickt: «Dann verschwanden unsre Liebsten, und wir zwei hatten allerhand Ärger am Hals. Mit der Zeitreiserei bin ich mir nicht mehr sicher, wie lange wir unterwegs waren.» – «Getrennt waren wir exakt zwei Nächte und zwei Tage!», erklärt Rudy. Margarethe legt ihre Stirn in Falten: «Also hingen wir in der Nacht von Tag 6 auf Tag 7 am Marterpfahl...» – «Und verbrachten die Nacht auf Tag 8 dann mit Leon unter freiem Himmel in der Wüste», ergänzt Seraina und erntet einen misstrauischen Blick von Rudy: «So, wie du das formulierst, kann man nur auf falsche Gedanken kommen!» Leon erwidert nichts und lächelt süffisant, wobei er versucht, auch Seraina einen Arm um die Taille zu legen, was diese auch zulässt, sodass der Löwe nun in jedem Arm ein Mädchen hält, was ihm aufs Äusserste behagt. Rudy ist so konzentriert, dass er überhaupt nicht darauf achtet: «Tag 8 fand ich euch im Bryce Canyon, Tag 9 gingen wir dort wandern, Tag 10 fuhren wir zur Rainbow Bridge. Und heute haben wir Tag 11.»

«Die Frage stellt sich nun, wie weit wir kommen und was wir unterwegs noch alles anstellen wollen!», bringt es Seraina auf den Punkt. Leon überlegt: «Hm... also ich würde ganz gern noch ein bisschen wandern!» – «Bin dabei!», ruft Margarethe wie aus der Pistole geschossen, in der Angst, Rudy könnte protestieren. Dieser legt seine Stirne in Falten, erwidert aber nichts. Dafür meldet sich Seraina zu Wort, die über einem Reiseführer brütet: «Da gibt es Wohnhöhlen der Anasazi-Indianer… bei Bandelier. Das klingt sagenhaft! Mit einer kleinen Wanderung; man könnte bis zum Rio Grande wandern.» – «Potztausend, das wär doch was!», findet Leon. Rudy wirkt nicht begeistert: «Das liegt aber weit abseits der Route 66, ist fast bei Santa Fe.» – «Dort würde ich auch gern hin!», schwärmt Seraina. «Das ist doch so ein Künstlerstädtchen, wohin alle auswandern, die Bücher schreiben und malen. Ihr Freund stöhnt: «Sollen alle Künstler in Santa Fe sitzen und mich in Ruhe lassen; ICH will da nicht hin!» – «Miesepeter!», zischt Seraina verstimmt.

«Lasst uns mal losfahren, dann sehen wir, wie weit wir heute kommen!», schlägt Margarethe vor, und Rudy nickt: «Lass mich doch bitte navigieren, dann kann ich mich nützlich machen!» – «Okay, ich sitze gern mal mit Rai im Wohnzimmer!»

Vom *Petrified Forest* fahren sie weiter durch die *Painted Cliffs*, und Margarethe seufzt, als sie aus dem Seitenfenster des Wohnmobils blickt: «Zu schade, dass wir hier einfach so durchbrettern! Man müsste für alles viel mehr Zeit haben!» Seraina nickt sehnsüchtig. – «Kopf hoch, Ladies!», ruft Rudy munter vom Beifahrersitz der Fahrerkabine, «Wir passieren gleich die Grenze zu New Mexico!» Seraina flüstert ihrer Freundin zu: «Mein Mann ist immer froh, wenn es vorwärts geht!» Diese kichert: «Ist er immer und überall so ungestüm, oder nur beim Reisen?» Beide Mädchen tuscheln und kichern, was wiederum die Jungs amüsiert. «Unsere Tratschtanten amüsieren sich königlich!», flachst Rudy, und der Fahrer entgegnet: «Wetten, die tratschen über uns?» – «Du bist auch schön eingebildet!», tadelt ihn Rudy. Das hören die Mädchen, und Seraina lacht: «Stimmt, wir reden nämlich diesmal über Rudy!» Jetzt wird dieser unruhig und wirft tadelnde Blicke nach hinten, was die Plaudertaschen erneut amüsiert. Als sie die Staatengrenze passieren, ist allen vieren feierlich zumute: «New Mexico klingt einfach magisch!», flüstert Seraina.

* * *

Als Leon wie gewohnt seine Ukulele behändigen will, um sich nach der anstrengenden Fahrt zu entspannen, stutzt er: «Was sind denn das für Bücher?» Die anderen drei horchen auf. – «Bücher?», wundert sich Seraina. «Die gehören sicher Mäggy, die schleppt doch immer und überall dicke Schinken herum!» Die Betroffene schüttelt ihren Kopf und nimmt die besagten Druckerzeugnisse in Augenschein: «Nein, das sind nicht meine, ich habe nur die zwei Reiseführer und den Roman dabei, diesmal.» Seraina legt ihre Stirn in Falten: «Rudolfino trägt seine Lektüre in seinem Cybertool rum; ihm gehören sie also nicht.» – «Nein, ich belaste mich doch nicht mit kiloschweren Schmökern!», bestätigt er pikiert, und sie betrachtet neugierig die Bände, die Leon aus dem Schrank nimmt. Die Bücher haben unterschiedliche Dicken und Grössen. «Was sind das für Titel? *Invasion of America, Early Colonies*… hochinteressant. Dreht sich alles um *Native Americans*.» – «Genau unser Thema!», ruft Margarethe überrascht aus. – «Aber dass wir die nicht schon früher bemerkt haben!», staunt Leon.

Neugierig nehmen alle ein Buch zur Hand und blättern darin. Nach kurzer Zeit sind alle vertieft in ihre Lektüre – ausser Rudy, welcher schlicht und einfach nicht gerne seine Nase in ein papierernes Nachschlagewerk steckt. Mit demonstrativen Desinteresse blättert er in einem Band über die Alte versus die Neue Welt. Ganz anders Leon: Begeistert teilt er seine Erkenntnisse gleich den anderen mit, während er liest: «Bei Reisen in die Neue Welt schleppten die Auswanderer ihre Ideen und Konzepte gleich mit; das war Teil des Problems.» – «Das ist elementar», bestätigt Rudy. «Die Arroganz der Einwanderer, die glaubten, sie seien der Messias.» – «Uiuiui, das klingt blasphemisch!», erwidert Leon und schüttelt seine Hand seitlich. «Aber da ist schon was Wahres dran; diese Kreuzfahrermentalität, geformt durch den Drang des Warlords, zu erobern.» Seraina verdreht ihre Augen: «Red doch nicht so geschwollen, Leo!» – «Ich übersetze quasi simultan», verteidigt sich dieser. – «Aber wir können uns unterdessen nicht auf unsre Lektüre konzentrieren!», brummt Rudy. – «Scheint mir nicht, als würde dich diese so wahnsinnig faszinieren», bemerkt Margarethe mit einem Seitenblick zu Rudy, welcher abschätzig brummt: «Papier! Wie hoffnungslos veraltet ist das denn?» Die Bücherfreundin verkneift es sich, darauf zu reagieren, denn bereits Leon fühlt sich vor den Kopf gestossen durch Rudys Verhalten. Verstimmt murrend liest er weiter und muss sich trotzdem bremsen, nicht dauernd Kommentare zum Besten zu geben. Dafür fängt Margarethe jetzt an: «Fast ein Jahrhundert nach Kolumbus' Reisen war für die Europäer in erster Linie Indien interessant und das spanisch-portugiesische Reich von Südamerika, denn von dort kamen die Reichtümer: Silber, Gold, Zucker, Tabak, Perlen, Quecksilber, Häute, Holz und Salz.» – «Im Tausch gegen verarbeitete Waren, Kleider und Sklaven», fügt Rudy rasch hinzu, als wolle er etwas wiedergutmachen. – «Und die Spanier und Portugiesen versuchten die Neue Welt für sich zu verteidigen mit papierernen Verträgen und eisernen Waffen», kann es sich Leon nicht verkneifen, zu ergänzen. Seraina seufzt: «Und dann kamen die Franzosen, die Holländer und die Engländer und wollten sich ihren Anteil am Kuchen sichern.» Unbeirrt fährt Margarethe fort: «Schon im frühen 16. Jahrhundert peilte man Indien, Brasilien, Neu-Spanien und Neu-Mexiko als gewinnversprechende Destinationen an, und dieser Boom dauerte bis ins 18. Jahrhundert.» – «Zu dieser Zeit war Nordamerika aber relativ vernachlässigt», gibt Leon zu bedenken. «Die Portugiesen waren mal südlich von Florida unterwegs um 1525. Und ein Florentiner Giovanni hat den Hafen von New York erkundet im Auftrag von François I. von Frankreich. An der Pazifikküste segelte Juan Cabrillo nach Norden in die San Francisco Bay 1542.» Rudy seufzt: «Ich würde jetzt wirklich gern mal in Ruhe lesen!» – «Okay, okay!», brummt Leon mit finsterer Miene.

Nach zehn Minuten ist es Seraina, die aus den Tiefen ihres Buches auftaucht. «Das zivilisatorische Sendungsbewusstsein des imperialistischen Zeitalters begünstigte diese Betrachtungsweise, welche die Leistung des weissen Forschungsreisenden als notwendige Vorstufe kolonialpolitischer Einflussnahme, wirtschaftlicher Erschliessung und Ausbeutung begriff», zitiert sie und erntet verblüffte Blicke von den anderen dreien. Rudy quittiert nickend, während Leon und Margarethe beide so dreinschauen, als hätten sie von der Tirade kein Wort verstanden. Seraina wird sich dessen bewusst, dass der Satz schwerverdaulich ist, zumal, wenn man in andere Lektüre vertieft ist, und fügt beschwichtigend hinzu: «Ja, also in dieser Perspektive war die überseeische Kultur kein selbständiges Phänomen, sondern lediglich ein Rohstoff in den Händen des kolonisierenden <Homo faber>.» – «Komm mir nicht mit dem Homo faber!», protestiert Leon. – «Wieso, ist doch ein hochspannendes Buch!», findet Seraina, aber Margarethe schüttelt ihren Kopf: «Dieses Inzest-Drama finde ich abstossend. Aber wir schweifen ab, würde Rudy jetzt monieren!» Prompt reagiert dieser: «Genau, ich finde, der Autor – Bitterli, wie ich sehe – bringt es sehr gut auf den Punkt.» – «Der war doch Professor für Kolonialgeschichte an der Universität Zürich und ist leider kürzlich verstorben», weiss Leon. «Mein Onkel hat bei ihm studiert und viel von ihm erzählt. Sein Buch würde ich auch gerne nachher lesen, Rai.»

Margarethe greift bereits zum nächsten Buch, hütet aber dasjenige, dass sie auf ihrem Schoss liegen hat, eifersüchtig. Der Büchermuffel Rudy ist unterdessen wieder in seine Lektüre versunken und nicht mehr ansprechbar, was Seraina amüsiert feststellt. Ihr Kichern bemerkt Margarethe, und die beiden Mädchen zwinkern sich zu.

Dann ereifert sich Leon aus heiterem Himmel, so dass die andern drei erschrocken zusammenfahren: «Ich ärgere mich masslos, wenn die Invasoren fremder Kontinente die absolute Überlegenheit über die Einheimischen annehmen, mit dem Argument, diese sei ihnen von Gott übertragen! Das ist purer Rassismus!» – «Und dazu noch unter dem Deckmantel der Religion!», stimmt ihm Seraina angewidert zu. «Empörend!» – «Die Zivilisation hat den Wilden kreiert, damit sie ihn töten kann!», schreit Leon. – «Und Zivilisation wurde zum Eigentum der göttlich auserwählten Leute aus Neu England erklärt», bringt es Rudy auf den Punkt. Lapidar setzt Seraina einen drauf: «Das nennt sich dann *Survival of the Fittest*!» – Dieser Seitenhieb auf den gleichnamigen Titel von Charles Darwins Buch über die Evolutionstheorie veranlasst den angehenden Biologen Leon, die Bedeutung des Buchtitels ins richtige Licht zu rücken: «Darwin meinte nicht, dass der Stärkste gewinnt, sondern dass jene Individuen einer Population überleben, die am besten mit der aktuellen Umweltsituation zurechtkommen. Wenn also ein Tier besonders stark ist, nützt ihm das nichts, wenn es dafür zu langsam ist und als Zmittag des Säbelzahntigers endet…» – Seraina ist nicht ganz überzeugt: «Aber Stärke ist doch oft ausschlaggebend in der Natur? Und dieser Dings, Klapperfi… tiger… äh, oder wie nennst du das Viech schon wieder?» – «Säbelzahn! Ja, die sind ausgestorben, haben sich wohl dauernd mit den klapprigen Reisszähnen die eigene Unterlippe zersäbelt. Stärke ist eben nicht alles! Wenn man die Fresse nicht mehr zukriegt vor lauter Zähnen, kommt man auch nicht besonders weit…», witzelt Leon und steckt seine Nase gleich wieder in das Buch, das er aufgeschlagen hat. Seraina verzieht leicht das Gesicht, wendet sich aber auch gleich wieder ihrem Schmöker zu.

Margarethe und Rudy haben diesen Schlagabtausch nur am Rande mitbekommen. Plonk setzt sich in diesem Moment auf Margarethes rechte Schulter und glotzt ins Buch, als könne er lesen. Die Rabenmutter blickt kurz auf und lächelt ihrem leise gurrenden Zögling zu, dann finden ihre Augen eine interessante Passage. «Im übrigen schliessen sich das Bedürfnis nach Geld und der Wunsch, den wahren Gott durchzusetzen, nicht aus – ganz im Gegenteil!», trumpft Margarethe auf. «Zwischen beidem besteht eine Subordinationsbeziehung!» – «Was zum Geier laberst du da?», ruft Leon aus, und die anderen beiden starren das Mädchen mit grossen Augen an. Sie zuckt mit den Schultern: «Das wird hier so formuliert von Todorov: Das eine ist Mittel, das andere Zweck.» Sie geniesst die Aufmerksamkeit der anderen und fährt fort: «Als Kolumbus 1492 Amerika entdeckte, ging es ihm offenbar in erster Linie darum, Geldmittel zu beschaffen, um einen Kreuzzug zu unternehmen und Jerusalem zu befreien», erzählt Margarethe. – «Naheliegend!», grinst Leon mit beissender Ironie. «Völlig! Die Neuentdeckung ist Nebensache!» – «Er berief sich auf Marco Polo, dass in China das Gold im Überfluss vorhanden sei, und plante, auf der Westroute dort hin zu gelangen. Zumindest schrieb er das so in sein Tagebuch und brachte sein Projekt dann vor die spanischen Könige. Das Gold war der Köder für die Reise.»

«Gold hin oder her – eigentlich war Cristobal Colon ziemlich mutig», fügt Leon hinzu. «Im Gegensatz zu Vasco da Gama und Magellan wusste er nämlich nicht, wohin er fuhr, und konnte nicht beschwören, dass er nicht am Ende des Ozeans in einen Abgrund stürzen würde samt Schiff.»

Erneut verfallen alle vier in Schweigen und widmen sich angeregt ihrer jeweiligen Lektüre. Leon seufzt ab und zu, versucht aber zu vermeiden, laute Kommentare abzugeben. Margarethe macht sich Notizen, während Rudy ab und zu murrt, weil er ohne

Netzverbindung und Funkantenne nicht aufs Internet zugreifen kann. Da nützen ihm auch seine Cyborg-Implantate nichts.

Margarethe meldet sich erneut zu Wort: «Die Bürgerkriege beschäftigten die Engländer zuhause, und erst 1650 konnte Oliver Cromwell seine Aufmerksamkeit auf die Wiederbelebung des Handels lenken und auf die Expansion nach Übersee!» Rudy seufzt: «Was hat DAS jetzt wieder mit dem anderen zu tun?» – «Ja, Entschuldigung, ich meinte, das wäre auch noch relevant», entgegnet Margarethe. «Nach Cromwells Tod 1658 nämlich kam wieder so eine Phase der Unsicherheit im Mutterland, bis zur Restoration 1660. Danach wurden neue Kolonien in Nordamerika gegründet. Das war dann schon die zweite Phase!» Rudy seufzt: «Ihr lest und redet wild durcheinander, kreuz und quer, wo soll denn das hinführen?»

Laut prustet Leon heraus: «Nicht jungfräulich!» Das sichert ihm die Aufmerksamkeit der anderen. – «Was bitte?», fragt Rudy, und Seraina küsst ihn auf die Wange: «Wir sicher nicht!» Leon fährt fort: «Die Forscher und Invasoren aus Europa siedelten nicht auf jungfräulichem Boden. Vielmehr invasierten sie eine *resident population.*» – «Was hat das mit dem Horrorfilm zu tun?», fragt Rudy, und Seraina kichert. – «Nicht <*Resident Evil*>! Der Eroberungsmythos fordert, dass Amerika jungfräuliches Land war oder Wildnis, bewohnt von *non-people,* also Un-Menschen, die Wilde genannt wurden, *savages*, und unfähig waren zu Zivilisation und Menschlichkeit.» Leons angewiderter Gesichtsausdruck verrät, was er von diesen Erklärungs- und Rechtfertigungsversuchen der Kolonisten hält. – «Ja, weil sie stur dem sogenannt richtigen Glauben widerstanden!», quittiert Seraina verächtlich. Margarethe bringt es auf den Punkt: «Die Schlagworte waren *savagery* versus *civilization.*»

Rudy räuspert sich: «Hier ist auch noch ein interessanter Gedanke: Indem sich die Kolonisten auf die Bibel beriefen, gestanden sie den Ureinwohnern Amerikas beträchtlichen Einfluss und

Prestige zu.» – «Wie das?», wundert sich Seraina. «Ich dachte, mit der Bibel unterdrückten sie die Urvölker und deren Rituale?» – «Die Autorin hier argumentiert, dass die Umwelt im Entwicklungslevel der Bevölkerung gespiegelt wird. Das heisst, weil das Land in Nordamerika offensichtlich fruchtbar und kultiviert war, konnten seine Bewohner nicht so primitiv und ungebildet sein. Implizit oder explizit gaben die Auswanderer aus Europa der Urbevölkerung die *Credits* für diesen Erfolg.» – «Ha!», macht Seraina. «Also hatten sie doch ein bisschen Respekt für die *Native Americans* übrig.» – «Durchaus! Sie sahen sie als hochentwickelte Kultur und furchterregende Gegner an und gleichzeitig als vielversprechende Handelspartner. Übrigens ein spannendes Buch, muss ich gestehen, obwohl es auf Papier gedruckt ist.» Margarethe grinst süffisant und drückt ihre mittlerweile drei Bücher an sich, in welchen sie abwechslungsweise schmökert.

«Dennoch möchte ich monieren – aufs Risiko hin, dass ich zum Spielverderber mutiere…» – «Das bist du sowieso die ganze Zeit, Ru!», neckt ihn Leon – «…dass wir die Reisezeit im Auge behalten und uns überlegen müssten, wie die Reise weiter geht und wann wir umkehren müssen», beendet Rudy indigniert seinen Satz. Ein kollektives Seufzen antwortet ihm, und er hebt beschwichtigend seine Hände: «Ich finde ja auch, so eine Lesestube ist etwas Gemütliches!» Margarethe seufzt: «Ich mag noch nicht ans Heimfahren denken!» – «Und ich wollte noch was erleben in New Mexiko!», pflichtet ihr Seraina bei. – «Ich wollte gerne bis Texas gelangen!», fügt Leon hinzu. – «Und ich hätte mich halt gerne noch mehr in die ganze Geschichte um den *Cultural Clash* eingelesen, wo wir doch den Auftrag bekommen haben, Wunden zu heilen. Aber das ist so ein breites Feld, da weiss man ja nicht, wo anfangen!», ächzt Margarethe. – «Und Nordamerika ist riesig, und es gab Dutzende, wenn nicht Hunderte verschiedener Stämme!», gibt Seraina zu bedenken. Rudy fasst zusammen: «Ja, es ist ein breites Feld, und wir könnten endlos weiterlesen und diskutieren und viel Spannendes herausfinden, und das meine ich überhaupt nicht ironisch. Aber Tatsache ist, dass wir in genau zehn Tagen den Camper in San Francisco abgeben müssen und uns notabene nicht dorthin beamen können.»

Seraina schaut von ihrem Buch auf und seufzt: «Die Frage stellt sich, ob wir heute noch ein Stück weiterfahren oder uns gleich zur Übernachtung niederlassen.» Leon lächelt seine Margarethe an: «Mäg, du entscheidest: Wenn wir noch fahren, bin ich nachher nicht mehr zu gebrauchen!» Sie lässt ihre Bücher los, legt ihrem Freund von hinten die Arme um die Schultern und schmiegt ihr Gesicht an seines: «Immer diese Entscheidungen!» Lachend weist Seraina auf Rudy, welcher mit ernstem Blick sinnierend dasitzt: «Ich sehe schon, mein Rudolfino darf wieder den Spielverderber spielen – oder das Zünglein an der Waage!» Auf dieses Stichwort hin fängt Leon an, seine Mäg leidenschaftlich zu küssen, was Seraina gleich kommentiert, indem sie ihre Augen verdreht: «Ich meinte nicht Zungenkuss, Löwe! Waage, sagte ich! Mäggy ist doch Jungfrau!» Dieser Steilvorlage kann wiederum Rudy nicht widerstehen: «Das war einmal!» Die Küssenden halten inne, und alle vier brechen in Gelächter aus.

Leon wischt sich Tränen aus den Augen: «Nachdem das Thema geklärt wäre, verspüre ich eigentlich wenig Lust, weiterzufahren und würde mich lieber in andere Bereiche vertiefen.» Margarethe schickt ihm einen Seitenblick aus den Augenwinkeln: «Und wie muss ich DAS wieder verstehen?» – Seraina lacht: «Das ist jetzt aber eindeutig!» Rudy muss grinsen, als Leon einen demonstrativ beleidigten Gesichtsausdruck aufsetzt: «Schnute bei Typen sieht dämlich aus, weisst du nicht mehr?» – «Ich bin zutiefst gekränkt – wo ich es mir auf die Fahne geschrieben habe, dass ich eindeutig ZWEIDEUTIG rede und denke! Und das war jetzt wirklich elegant!», seufzt Leon indigniert. Und bei dem Herumblödeln vergessen bald alle, dass sie eigentlich noch weiterlesen wollten. Das bemerkt Rudy und nutzt die Gunst der Stunde, um sein Fazit für die nächsten Etappen der Reise zu ziehen: «Also Leute: Falls wir die Indianerhöhlen sehen wollen, kostet uns das sicher zwei Tage. Texas könnt ihr vergessen. Von dort zum Grand Canyon sind es dann mindestens zwei weitere Tage Fahrt, schätze ich.» – «Schätzen? Du? Nicht berechnen?», nimmt ihn Leon hoch. Rudy grunzt in seinen Dreitagebart und murrt: «Ich habe hier keinen Empfang, ich kann die Distanzen im Moment tatsächlich nur schätzen!» – «Und seine Schätzungen sind besser als die Berechnungen vieler anderer…», fügt Seraina zärtlich hinzu und erntet einen dankbaren Blick ihres Freundes. Dann fährt Rudy fort: «Wie ich euch kenne, speziell Mäggy und Leo, dann sind zwei Tage und zwei Nächte im Grand Canyon einzuplanen. Die Fahrt nach Las Vegas mit Übernachtung kostet uns auch nochmals zwei Tage. Von dort zurück nach San Francisco sind es mindestens drei Tage. Alles in allem sind das elf Tage – und wir haben nur zehn zur Verfügung! Wo sparen wir den einen Tag respektive die eine Nacht ein? Ich erwarte Vorschläge, Leute!» Und der Cyborg schaut erwartungsvoll in die Runde, blickt aber lediglich in lange Gesichter. Wie aus einem Mund jammern Margarethe, Seraina und Leon: «Ich habe Kopfschmerzen!»

17
Von Santa Fe zu den Indianerhöhlen

«…Gallup, New Mexiko…», trällert Leon und schrummt auf seiner Ukulele, auf der ausklappbaren Treppe des Wohnmobils sitzend. Schlaftrunken blinzelt Margarethe ins grelle Tageslicht, das durch die Türe hereindringt. Sie hat den Vorhang zur Seite geschoben, der ihr Bett zum Wohnzimmer hin abschirmt, und sie ist überrascht, dass ihr Liebster als Erster wach ist. Gähnend versucht sie sich zu erinnern, wo sie sich befinden. Die Staatengrenze zu New Mexiko hatten sie am Vorabend noch passiert und sich dann in die Lektüre vertieft, die sie immer tiefer hinein in die konfliktgeladene Kolonialgeschichte führte. Nach dieser schweren Kost hatten alle Kopfschmerzen – nein, Rudy ausnahmsweise nicht. Die Türe zum hinteren Schlafzimmer ist noch geschlossen, daher ist anzunehmen, dass er und Seraina noch schlafen. «Leon, was ist los mit dir?», fragt Margarethe, während sie mit ungeschickten Bewegungen versucht, die Leiter hinunterzuklettern. Sie ist so müde, dass sie am Liebsten wieder schlafen gehen möchte, aber die gleissende Sonne lockt sie aus den Federn. So tritt sie zu Leon, umarmt ihn von hinten und küsst ihn auf den Mund, den er ihr zuwendet, als er sie begrüsst: «Moin, mein süsser Schokoladenmuffin, hast du gut geschlafen?» – «Na, geht so, ich fühle mich wie gerädert!», murrt sie verschlafen. «Als wäre ich durch die ganze Kolonialgeschichte geschleift worden!» – «Ja, das war zugegebenermassen schwere Kost gestern Nacht… hat mir aber einiges klar gemacht. Ich weiss jetzt, was wir tun sollten!» Verblüfft blickt sie ihrem Liebsten in die Augen: «Echt jetzt? Die Lösung für unser Problem?» – «Nein, also doch, ich meine, ich weiss, was wir als Nächstes tun sollten.» In diesem Augenblick knarrt die Schlafzimmertüre, und

Seraina streckt ihren zerzausten Kopf heraus: «Wir gehen zu den Indianerhöhlen, *of course*!» Leon grinst: «Genau!»

Als alle vier aufgestanden sind und sich mit ihrer Schokolade, ihrem Tee oder *Instant coffee* versorgt haben, verteilen sie die verbleibenden Muffins und Donuts und beschliessen, möglichst bald loszufahren, damit sie gegen Abend in Bandelier anlangen, wo die Indianerwohnstätten sind. «Wir könnten natürlich auch nach Santa Fe, dort übernachten und am nächsten Tag nach Bandelier», schlägt Seraina mit leuchtenden Augen vor. – «Ihr und eure Künstlergemeinde!», brummt Rudy. Versöhnlich macht Leon einen Vorschlag: «Sehen wir mal, wie wir vorwärtskommen, dann entscheiden wir!»

Die Fahrt verläuft ereignislos, sogar Plonk schläft im Wohnmobil; sie versuchen, möglichst viele Meilen zurückzulegen, damit sie ihr Ziel früh genug erreichen, um noch etwas Spielraum zu haben für Besichtigungen. Mit Einkaufen und Mittagsrast wird es Nachmittag, bis sie das Hinweisschild passieren, das zu den Indianerhöhlen von Bandelier führt. «Schlage vor, wir peilen Santa Fe an», meint Leon. «Die Museen und Parks schliessen jeweils um fünf, und im Dunkeln in obskuren Löchern herumstolpern ist wohl keine gute Idee.» Freudig stimmen ihm die Mädchen zu, während Rudy sich mässig begeistert zeigt. Als sie dann aber in Santa Fe einfahren, sind alle vier sprachlos, wie malerisch die Stadt wirkt, deren Häuser alle im indianischen Pueblo-Stil erbaut sind: sandfarben, aus Sandstein, mit abgerundeten Formen. «Wow, ist das schön!», ruft Seraina erfreut aus. «So romantisch, dieser Baustil!» – «Ich glaube, die sind gesetzlich dazu verpflichtet», bemerkt Rudy. Seine Freundin knufft ihn in die Schulter. «Egal, warum – es ist einfach pittoresk!» Das findet auch Margarethe, und die beiden Mädchen kleben wie Geckos an den Fensterscheiben und staunen, während Rudy seine Augen verdreht und Leon beim Navigieren hilft. «Wäre zu schön, in einem solchen Pueblo-Haus zu übernachten!», seufzt Seraina, und Margarethe nickt: «Und ob! Ist aber sicher schweineteuer!» Dann aber sehen sie ein Schild vor einem grossen Hotel, es gäbe noch Bungalows im Pueblo-Stil zum halben Preis. «Halt mal an, Leon, ich gehe fragen, ob wir zwei Bungalows haben können!», schlägt Margarethe vor. Leon reagiert verblüfft, biegt dann aber schwungvoll in den Parkplatz vor dem Hotel ein, sodass Rudy vor Schreck grunzt, und beide Mädchen springen hinaus, bevor sich der Überrumpelte zu diesem Vorschlag äussern kann. Margarethe zögert dann vor dem Eingang: «Vermutlich strapazieren wir unser Budget zu sehr, vielleicht ist das doch keine so gute Idee!» – «Quatsch, ich finde das eine ausgezeichnete Idee!», ermutigt sie Seraina, hakt bei ihrer Freundin unter und zieht sie mit sich. Plonk krächzt, hopst aus dem Wohnmobil und fliegt hinauf auf das Dach des Hotelgebäudes, was sie als Zeichen deuten, dass ihr Vorhaben eine gute Idee ist. Selbstbewusst stolziert Seraina mit Margarethe im Schlepptau durchs automatische Eingangsportal. «Pass auf, wir bezirzen diesen jungen Typen da!» Verschwörerisch zwinkert sie ihrer Freundin zu. Freundlich begrüsst sie der junge Mann am Schalter der Rezeption, und die Mädchen geben ihm zu verstehen, dass sie an dem Bungalow-Angebot interessiert sind. Der Preis, den er ihnen nennt, behagt ihnen jedoch nicht, und Margarethe will bereits zurückkrebsen, da prescht Seraina vor: Ob er ihnen nicht ein *Special Offer* machen könnte? Das sei bereits miteingerechnet, erklärt er freundlich, jedoch sie lässt nicht locker und klimpert mit ihren Wimpern. Margarethe fasst Mut und weist auf das Werbeschild hin, das sie überhaupt angelockt hatte: «Wenn sie so ein Schild aufstellen, dann müssten sie schon etwas bieten.» Langsam beginnt es ihr Spass zu machen, und sie lässt ihren Charme spielen – nimmt sich an Seraina ein Beispiel. Mit geballter Frauen-Power mobilisieren die beiden Mädchen all ihre Überzeugungskraft, bis der junge Hotelmanager sich schliesslich geschlagen gibt und ihnen einen Bungalow, den sie zu viert nutzen können, zum Spezialpreis überlässt für eine Nacht. Er zeigt ihnen das Häuschen und lächelt erfreut über die Entzückensschreie von Seraina und die grossen Augen von Margarethe. Der Pueblo-Bungalow ist liebevoll dekoriert; von der Decke hängen getrocknete Maiskolben und allerlei Kräuter, alles ist gemütlich eingerichtet. Das Sofa im Wohnzimmer lässt sich als Klappbett nutzen, das Schlafzimmer ist separat, auch eine Küche ist vorhanden. «Ist das hübsch, so malerisch, total romantisch!», jauchzt Seraina. – «Und wir haben auf jeden Fall mehr Platz als in unserem Lovemobile!», bestätigt Margarethe. Als die beiden mit Siegesmiene zum Wohnmobil zurückkehren und ihre Freunde informieren, reagieren diese überrascht und dann hocherfreut, als sie den Bungalow in Augenschein nehmen. Dass sich der Rabe im kleinen Innenhof vor der Eingangstüre auf einem Bäumchen niederlässt, werten sie als Zeichen, dass sie hier gut aufgehoben sind. Sie holen nur das Nötigste aus dem Wohnmobil und richten sich für die eine Nacht so häuslich wie möglich ein. «Ist ja ein verrückter Luxus, aber ich gebe zu, das ist wirklich etwas Spezielles», gesteht Rudy. Leon zieht eine Augenbraue hoch: «Wollen wir noch was vom Städtchen sehen, oder wollt ihr lieber den Bungalow einweihen?»

Sie beschliessen, noch einen kurzen Stadtrundgang zu machen, wobei die Jungs vormerken, dass sie keine Shoppingtour wünschen. Santa Fe ist charmant, atmet den Groove der Künstlerinnen, aber das Durchschnittsalter unter den Sommertouristen ist ziemlich hoch. Das Niveau der Läden bewegt sich im T-Shirt-Bereich, ausser, man dringt in die Seitenstrassen und Gässchen vor, wo die besonderen Geschäfte sind. Zahlreiche Galerien säumen die Strassen. Ein Garten voller Skulpturen lädt ein zur Besichtigung, und die vier Freunde amüsieren sich inmitten von künstlichen Schafen und Eseln, posieren neben einer gigantischen Ente, deren Gegenstück vergnügt im Teich herumschwaddert, und setzen sich fürs Foto an einen Tisch aus überdimensionierten Ginkgo-Blättern aus Messing mit passenden Stühlen, deren Lehne ein Ginkgoblatt bildet. «Diesen Tisch würde ich am

Liebsten heimnehmen!», schwärmt Margarethe, und Leon pflichtet ihr bei: «Der *Ginkgo biloba* ist wirklich ein faszinierender Baum!» – «Der Baum der Liebenden, das wusste schon Goethe», bemerkt seine Freundin und zitiert: «Ist es ein geteiltes Wesen, das sich in sich selbst getrennt… sind es zwei, die sich erlesen, dass man sie als eines nennt?» Die beiden küssen sich. Seraina seufzt: «Das Gedicht haben wir im Deutschunterricht behandelt, das ist wie ein Rätsel… das Blatt mit seiner Form, als verschmelzen zwei Liebende – so romantisch!» – «Verrückt, diese Künstler!», brummt Rudy kopfschüttelnd. Plonk ist dabei auf diesem Ausflug und lässt sich auf dem eisernen Esel nieder. Margarethe glaubt, den Schalk in seinen Augen zu erkennen. Nach dem Zaubergarten entdecken sie eine schamanische Galerie und sind verzaubert von den Skulpturen, die eine magische Kraft ausstrahlen. Nur Rudy zeigt sich etwas skeptisch, während die anderen drei voller Begeisterung die Schamanen betrachten mit ihrem besonderen Kopfschmuck aus Geweihen und Fellen, Halsketten aus Bärenzähnen und Knochen. Die Figuren tragen eine Rassel oder Trommel und einen kleinen Beutel. «Der Beutel ist gefüllt mit Kristallen und anderen Heilsteinen», liest Margarethe auf dem Hinweisschild, das die Exponate erklärt. – «Schaut mal, das ist ein <*Soul Catcher*>, ein Seelenfänger, dieser röhrenförmige Knochen», weist Leon die anderen auf ein seltsames Objckt hin. «Damit fingen sie Seelen, die in der Luft umhcrschwirrten.» – «Die Schamanen respektierten die *Spirits of Nature* und die Seelen ihrer Vorfahren», liest Margarethe auf einer weitcren Informationstafel. «Krankheit führten sie auf feindliche *Spirits* zurück.» – «Wenn eine Seele von einem bösen Geist geraubt wurde, musste der Schamane in die Unterwelt reisen oder in den Himmel oder ins Meer, um sie zurückzuholen», liest Seraina vor. «Darum trugen sie auch diese Holzmasken; die schützten sie vor bösen Einflüssen», erklärt Leon, aber Rudy wirkt nach wie vor mässig interessiert.

«Die Schamanen haben eine starke Verbindung mit der Tierwelt», weiss Seraina. «Wie die keltischen Druiden.» Jetzt horcht Rudy auf, und Margarethe nickt, erinnern sich beide doch an ihr keltisches Abenteuer, in welchem sie Tiergestalt annahmen, damals, im Wald bei Schloss Neu-Bechburg. Der Rabe Plonk, der damals auch dabei war, wartet draussen vor der Galerie, späht aber immer wieder durchs Fenster hinein, als ahnte er, wovon sie sprechen. Der Galeriebesitzer mustert die vier Besucher interessiert und scheint amüsiert über ihr Interesse und ihre lebhaften Diskussionen. Er lässt sie gewähren, ohne sich einzumischen, und hält sich diskret im Hintergrund. Margarethe fällt sein Gesicht auf, das uralt wirkt, von tiefen Linien gezeichnet. Da er im Schatten sitzt, während die Figuren von Scheinwerfern beleuchtet sind, kann sie seine Physiognomie nicht klar genug erkennen: Ist er auch ein Native American? Als sie dies überlegt, richtet der Mann seinen Blick auf sie und nickt, als könnte er ihre Gedanken lesen. Und plötzlich glaubt sie, eine Stimme in ihrem Kopf zu vernehmen: «Rabenherz, höre auf dein Rabenherz, dann bist du auf dem richtigen Pfad!» Verwirrt schüttelt sie ihren Kopf, unbemerkt von ihren Freunden, welche fasziniert die kunstvoll geschmückten Gestalten betrachten.

«Es gab übrigens männliche und weibliche Schamanen; diese standen in Kontakt zur Seelenwelt und gerieten in Ekstase», liest Leon vor. Nun starren er, Seraina und Rudy Margarethe an, welche rot geworden ist – sie spürt, wie ihr das Blut in den Kopf steigt. Seraina haucht: «Mäggy, du hast offenbar auch schamanisches Blut!» – «Quatsch!», wehrt diese ab, weil es ihr unangenehm ist, die Aufmerksamkeit auf sich zu ziehen. – «Aber du hattest doch auch schon solche Visionen, wenn du abgedriftet bist – immer wieder!», pflichtet Rudy Seraina bei. – «Das würde einiges erklären. Du hast diese Gabe!», doppelt Seraina nach. «Die kann vererbt sein, und das würde uns vielleicht wieder zu unserem Urahnen führen, der uns durch Rom und Amsterdam gejagt hat… nimmt mich Wunder, ob der uns noch einmal ein

Zeichen schickt…» Jetzt wird es Rudy entschieden zu esoterisch, und er fordert seine Mitreisenden auf, etwas trinken zu gehen: «Ich hab' einen Mordsdurst von so viel Ekstase!»

So gönnen sie sich einen Tee im luxuriösen ältesten Hotel von Santa Fe und schütteln ihre Köpfe über die ausschweifende, aber geschmackvolle Dekoration und über die Zimmerpreise.

Unter Plonks Führung spüren sie das älteste Haus und die älteste Kirche von Santa Fe auf, die wohl ein Vorbild waren für die Bauweise der neueren Häuser. Ein kleines Mädchen mit eindeutig indianischer Physiognomie steht vor der Kirche und lächelt die Jugendlichen an. Sie ruft etwas, und Seraina stutzt: «Hat sie nicht Hassidi gesagt? Raven?» – «Nein, in New Mexico sprechen sie nicht Navajo! Das ist ein anderes Stammesgebiet», gibt Leon zu bedenken. «Hier ist doch der Taos-Pueblo, und die Taos sprechen Tiva. Frag mich nicht, was Raven auf Tiva heisst…» – «562 verschiedene Stämme von Native Americans existieren nur schon in Nordamerika!», gibt Margarethe zu bedenken. «Oder sind es mehr, Rudy? Ich weiss nicht, ob mein Reiseführer auf dem neusten Stand ist.» Der Angesprochene zückt sein Smartiefon, aber Seraina ergreift seine Hand: «Lass mal, was nützen uns jetzt Fakten und Zahlen? Das kleine Mädchen ist verschwunden!»

Später finden sie dann noch eine Bar in dem verschlafenen Städtchen, wo sich die Einheimischen treffen und Billiard-Duelle liefern. Irgendwann erbarmen sich die Spieler der jungen Leute und überlassen ihnen einen Tisch, wobei sie besonders die Mädchen anspornen. Die vier Freunde amüsieren sich köstlich bei diesem Spiel, das niemand von ihnen beherrscht, was sie umso lustiger finden. Wie ein Leibwächter wartet der Rabe auf dem Dach des Pueblo-Gebäudes, bis seine Menschenfreunde wieder herauskommen, und sie bringen ihm etwas zu Knabbern mit: Cocktailnüsschen, die Margarethe so gut wie möglich vom Salz befreit, bevor sie sie ihrem Raben verfüttert. Im Bungalow knabbern sie noch von ihren Vorräten, weil es zu spät zum Kochen ist, und fallen dann erschöpft, aber zufrieden auf ihre Betten.

* * *

Am Morgen bedauern besonders die Mädchen, dass sie bereits wieder aus dem schönen Bungalow ausziehen müssen. «Wir haben den nur darum so günstig gekriegt, weil er ab heute bereits wieder vergeben ist», erklärt Margarethe. «Die hätten den sonst gar nicht mehr vermietet.» – «Aber war doch schön, immerhin eine Nacht!», findet Seraina. – «Und WAS für eine Nacht!», schwärmt Leon und zieht seine Mäg leidenschaftlich an sich. – «Dachte, ihr habt gepennt?», bemerkt Rudy. – «Quatsch, hast du das Bett nicht quietschen gehört?», feixt Seraina. – «Das quietscht immer wenn du aufs WC musst!», erklärt Margarethe entschuldigend. – «Ja… Ja…», grinst Rudy. «Unser Sofa hat wenigstens nicht gequietscht!»

Schnell bereiten sie sich ein Frühstück vor, packen alles zusammen, räumen ihr Gepäck ins Wohnmobil, bezahlen die Hotelrechnung und fahren los. Der Rabe folgt ihnen im Flug. «Schade, ich hätte gerne noch den Taos-Pueblo besucht, das Dorf, wo sie Indianerzeremonien veranstalten; nach dem Programm, das ich im Hotel mitgenommen habe, ist heute der Korn-Tanz», bemerkt Seraina. Margarethe aber schaudert es: «Ich hatte genug Indianerzeremonien für meinen Geschmack, und das hier ist sicher touristisch!» – «Nein, das dürfte ziemlich authentisch sein, und die Indianer profitieren von den Eintrittsgebühren», vermutet Leon. «Aber dafür müssten wir uns Zeit nehmen, und die haben wir leider nicht.» Seraina zieht eine Schnute: «Wieso haben wir eigentlich immer so ein gedrängtes Programm?» – «Du wolltest doch unbedingt die Rainbow Bridge besuchen, und auch der Bryce Canyon hat uns viel Extrazeit gekostet», gibt Rudy zu bedenken. – «Wir haben in der Tat viel gemacht aus unserer Reisezeit, im Land der unbegrenzten Möglichkeiten, und wir haben ja noch Grand Canyon und Las Vegas vor uns!», bemerkt Margarethe. «Ich hätte gerne noch ein paar Museen hier besucht. Aber wir haben ja heute die Indianerhöhlen eingeplant! Und dort hat es hoffentlich weniger Touristen als im Pueblo. Vielleicht finden wir sogar einen Hinweis auf unsere Mission?»

Auf 2000 Metern über Meer gelegen, ist es in Bandelier nicht so heiss wie in Santa Fe, und die Reisenden fühlen sich wunderbar erfrischt und ziehen gleich los auf dem Trail, der zu den *Cave Dwellings* führt, den Höhlenwohnungen der Pueblo-Indianer. Stets fliegt Plonk voraus und lässt sich dann an einem Höhleneingang nieder. «Wahnsinn, diese Höhlen, das sieht irre aus!», staunt Seraina, und Margarethe fragt: «Kann man da reinklettern?» Der Rabe krächzt ermutigend. «Für mich sieht das aus wie ein Emmentaler Käse», bemerkt Rudy. Leon ist bereits auf der Leiter, welche hinauf zu einer Höhle führt. Seine Freundin folgt ihm, und gemeinsam erkunden sie die Behausung. «Waren das Ritualhöhlen oder Wohnstätten?», rätselt Seraina, als sie auch hineinklettert. – «Nach meinen Informationen sind das Höhlenwohnungen», erklärt Rudy, und Leon stutzt: «Hast du etwa Empfang?» – «Die Höhlen sind aus natürlichen Felsnischen ausgearbeitet und waren auf Bodenhöhe mit Häusern ergänzt», fährt er fort, und Margarethe möchte gerade aus ihrem Reiseführer zitieren. Plötzlich fliegt Plonk auf und segelt ein Stück weiter, und alle Blicke folgen ihm. Seine «Mutter» deutet nach vorne: «Das dort ist das *Long House*.» Leon grinst, und Seraina nimmt ihm die Worte aus dem Mund: «Lang ist immer gut, was, Leo?»

Weiter gehen sie zum Frijoles Canyon, und überall sind diese in den Felsen geschlagenen Räume. Ein Aufseher mit indianischen Gesichtszügen gesellt sich zu der Gruppe und erklärt ihnen, dass man noch die Löcher sieht, in welchen die Balken steckten, um die Dächer und Böden abzustützen. Er spürt offenbar das grosse

Interesse der vier Schweizer, die mit grossen Augen alles betrachten und fasziniert seinen Ausführungen lauschen: «*Tuonyi Village* heisst dieser Ort, von dem nur noch die Höhlen und die Grundmauern der Häuser sichtbar sind. Das waren die Wohnstätten der Anasazi um etwa 600 bis 1600 nach Christus.» Nachdem der Ortskundige sich von ihnen verabschiedet hat, weil eine grössere Gruppe Touristen sich nähert, die er im Auge behalten möchte, steckt Margarethe ihre Nase wieder in ihren Reiseführer: «Felszeichnungen, sogenannte Petroglyphen, zeugen von den ehemaligen Bewohnern des Pueblo, die vor 400 bis 1400 Jahren hier gelebt haben.» Die vier Freunde schweigen voller Ehrfurcht. Ein Gefühl beschleicht sie, als wäre die Zeit stehengeblieben. Dieses Gefühl verstärkt sich, als sie in die *Ceremonnial Cave* hinaufklettern. Der Rabe ist bereits dort und sitzt mucksmäuschenstil in dem Raum. Die Zeremoniengrotte ist erfüllt von feierlicher Stimmung, und dort oben hört man den kleinen Fluss noch viel besser rauschen als unten im Tal. Leon würde am Liebsten hierbleiben: «Dieser Ort lädt zur Meditation ein!» Seraina nickt zustimmend, und Rudy verdreht die Augen. Ein seltsames Geräusch erfüllt ihre Ohren, und Margarethe meint, das Gurren komme von Plonk. Er hat sich aufgeplustert und die Augen geschlossen, als würde er schlafen. Meditiert er etwa auch? Die Zeit scheint stehenzubleiben. Alles ist still, bis auf dieses seltsame Vibrieren, dass sie mehr spüren als hören. Unendlich lange scheint es zu dauern, als würde die Erde pulsieren. Ihre Gedanken sind vernebelt, eine wohltuende Wärme erfüllt die Herzen der Freunde. Sogar Rudy spürt dieses berauschende Gefühl. Sie verweilen lange in der Höhle. Wie betört spazieren sie dann zurück durch den Wald, der uralt anmutet.

In der Snackbar des *Visitor Center* genehmigen sie sich einen Grilled Cheese Sandwich und sind erstaunt, dass gar nicht so viel Zeit vergangen ist, wie sie vermutet hätten. Eine Touristenberaterin spricht sie freundlich an und empfiehlt ihnen den *Falls Trail*, welchen die Freunde sich bereits früher überlegt hatten.

Doch, doch, Zeit hätten sie noch genug, bevor es dunkel wird. «No problem!» Derart ermutigt, beschliessen die vier, dass ein Spaziergang oder gar eine kleine Wanderung noch drin liegt und brechen auf in Richtung Wasserfälle. Eifrig fliegt Plonk voraus, offensichtlich angetan von dem Vorhaben. «Diese Wasserfall-Wanderung ist etwas länger, aber besonders schön», verspricht Leon, und Rudy wendet ein, dass sie nicht allzu lange wandern sollten, damit sie noch weiterfahren können. Bald klagt Seraina über Blasen an ihren Füssen, und es wird klar, dass sie die Wanderung nicht bis zum Rio Grande machen können. Margarethe ist enttäuscht, dass sie nicht mehr Zeit zur Verfügung haben: «Die schaulustigen und fussfaulen Touristen getrauen sich offenbar nicht hierher, da hätten wir einfach mal unsere Ruhe zum Wandern!» Sie findet es wunderbar, durch urwaldähnliches Dickicht zu wandeln, begleitet von flitzenden Geckos und umschwirrt von Schmetterlingen. Auch Leon geniesst es, zu Fuss unterwegs zu sein. Rudy und Seraina fallen immer weiter zurück; Ersterer klagt über Kopfschmerzen und erinnert an den Zeitplan, Letztere hinkt schon sichtbar. Die beiden Wanderfreunde drängen noch ein bisschen weiter, unterstützt von Plonk, welcher vorausfliegt und ihnen krächzend zuruft, als wolle er sie ermutigen, bis sie die Schlucht überblicken. Alle fünf sind überwältigt von deren Schönheit: Winzig und doch beeindruckend wirken die beiden Wasserfälle, und in weiter Ferne schimmert der Rio Grande, braun vom vielen Regen. Arm in Arm betrachten Margarethe und Leon das Schauspiel, und auch das weniger wanderfreudige Paar kann die Aussicht geniessen und muss gestehen, dass sich die Strapazen gelohnt haben. Der Rabe schweigt und scheint ergriffen von dem Blick in die Weite. Auf dem Rückweg schwärmt Margarethe: «Wandern tut gut und entspannt wunderbar, und alle Sorgen verfliegen – der Alltag zuhause liegt weit hinter uns.» Leon nickt: «Ja, der Geist weitet sich, und die Gedanken fliegen in die Ferne…»

* * *

Als sie zurückkehren zum Wohnmobil nach der Besichtigung der Indianerhöhlen und der magischen Wanderung, haben die vier Menschen gemischte Gefühle. Margarethe und Leon wären gerne noch verweilt, während Seraina und Rudy ungeduldig wurden. Sie haben vieles erfahren, was sie beeindruckt hat, aber sie wissen noch nicht, was sie damit anfangen sollen. – «Also, ich bräuchte jetzt Schokolade!», verkündet Leon. – «Das wär fein!», stimmt ihm Margarethe zu. – «Nur haben wir leider keine, so was Blödes!» Seraina lacht provozierend: «Ach Quatsch, ihr wollt doch etwas ganz anderes!» Dabei zieht sie vielsagend ihre Augenbrauen hoch. – «Euch steht der Sinn nach ganz anderen Süssigkeiten!» Leon grinst süffisant: «Du hast's erfasst, am liebsten würde ich natürlich mein zuckersüsses Schoggigipfeli verspeisen!» Margarethe schickt ihm einen Seitenblick: «Mein Kirschstängeli, das wäre doch eine Idee!» Seraina flachst mit funkelnden Augen: «Ein Vermicelleglacé wär eher mein Ding!» – «Aber SEIN Ding ist wohl eher länglich wie eine Pralinenstange!», kontert Leon mit Blick zu Rudy. – «Leon, ich bin entsetzt!», ereifert sich Seraina spielerisch, und nun mischt sich auch Rudy ins Geplänkel ein: «Ich stehe mehr auf Pikantes, da wäre mir Tuna Tataki mit Wasabi lieber!» – «Oder eine California Roll!», lacht Leon, und Seraina stöhnt spielerisch auf: «Jetzt kriege ich aber wirklich Hunger! Pass auf, Leo, sonst verspeise ich dich gleich mit!» – «He, das ist meiner; den fresse ich ganz allein!», reagiert Margarethe schlagfertig und zieht ihren Freund besitzergreifend an sich. Die Männer schicken einander besorgte Blicke. Leon schluckt sichtbar: «Urgs, werden wir jetzt mit Haut und Haaren aufgefressen?» – «Wäre möglich, unseren wilden Frauen traue ich alles zu», erwidert Rudy grinsend. – «...und ich fürchte, wir werden eine Siestapause machen müssen.» – «Zvieripause!», korrigiert Seraina, packt ihren Rudolfino und küsst ihn stürmsch: «Mmmoin Ördböörtürtchen!»

* * *

Die nächste Nacht verbringen sie irgendwo im Nirgendwo, genauer gesagt auf dem wilden Campingplatz beim Nationalmonument Bandelier, auf welchen sie sich wie in der freien Natur fühlen, was besonders Leon und Margarethe zusagt. Das laute Zirpen der Grillen ist Rudy unheimlich. Draussen heulen die Kojoten. Es ist eine unruhige Nacht, und es ist unerwartet kühl. Die vier Freunde frieren zum ersten Mal auf ihrer Reise. Erst gegen Morgen hin wird es ruhiger draussen, und alle vier fallen in einen komaähnlichen Schlaf. Nur Plonk sitzt vergnügt auf dem Wohnmobil und vertreibt sich die Zeit mit dem Fangen und Verzehren von grossen Grashüpfern, die ihm sichtlich munden.

Als Margarethe gegen Mittag erwacht, erschrickt sie sehr, denn sie wollten an diesem Tag möglichst viele Kilometer abspulen, um den Grand Canyon zu erreichen. Schnell schüttelt sie Leon wach, der sehr unwirsch auf das unsanfte Wecken reagiert: Er grummelt ungehalten wie ein Löwe, auf dessen Körper ein halbes Dutzend Löwenjunge rumturnen. Auch Seraina stöhnt und murrt, als Margarethe sie wachrüttelt. Nur Rudy lässt sich überhaupt nicht wach kriegen, und so beschliessen sie, den Cyborg einfach schlafen zu lassen. «Was hast du denn mit dem gemacht, Rai?», neckt Margarethe ihre Freundin verschmitzt. Diese rollt nur ihre Augen.

Nach einer Tasse Kaffee taut Leon endlich auf und setzt sich ans Steuer. Margarethe übernimmt das Lotsen. Und weiter geht die Fahrt. Kurz nach Mittag erwacht dann Rudy und traut seinen Augen kaum, als er auf seinem Smartiefon erkennt, wie spät es schon ist. «Seid ihr schon lange wach?», fragt er erstaunt, da antwortet Seraina, die aus einem Buch aufschaut: «Seit drei oder vier Stunden, Mister Valium!» Rudy plustert die Backen auf und fühlt sich irgendwie schuldig, obwohl er selbst ja nicht viel dazu beitragen könnte, damit sie vorwärtskommen – so ohne Führerschein. «Kein Wunder fielen wir ins Koma nach der anstrengenden Wanderung und nach dieser Süssigkeiten-Orgie!», beeilt sich Rudy, eine Erklärung für die bleierne Schläfrigkeit zu finden, wobei ihn seine sonst so messerscharfe Logik hier ziemlich im Stich lässt.

Als sich der Abend herabsenkt, schaffen sie es gerade noch, einen offiziellen Campingplatz zu erreichen – sie sind so müde und verwirrt, dass sie gar nicht begreifen, in welchem Staat sie sich gerade befinden. Dass sie einen eigenen Abwasseranschluss bekommen, trifft sich gut, denn die Wasservorräte müssen aufgestockt und der Abwassertank dringend geleert werden. Nun streiten sie sich wieder, wer diesen äusserst unbeliebten Job übernehmen soll. Leon findet, dass jener, der am wenigsten geleistet hat an diesem Tag, am Zug ist – und er blickt Rudy tief in die Augen. Dieser schluckt leer, hebt beschwichtigend die Hände und meint kleinlaut: «Ok, verstanden; wer alles verpennt, leert dafür den Gülletank.» – Leon grinst selbstzufrieden, und die Mädchen finden, sie könnten heute mal eine Pizza selber backen. «Ich nehme eine mit Schinken», tönt es von draussen, und Leon kontert: «Fleisch kriegen nur jene, die wach geworden und wach geblieben sind! Du konntest deine Fleischeslust schon letzte Nacht befriedigen!» – Ein Grummeln ertönt als Antwort, doch keiner der drei im Camper will allzu genau wissen, ob das Fluchen wegen des Fleischentzugs oder wegen eines renitenten Abwasserschlauchs ertönt. Als Rudy wieder erscheint, lässt er sich nichts anmerken, zudem scheint er noch in sauberem Zustand zu sein – was die anderen ebenfalls zu schätzen wissen, denn es gibt fast nichts Schlimmeres als einen muffligen Mitreisenden in einem engen Camper.

Die Nacht ist diesmal ruhig und kühl. Die Menschen sowie Plonk können sich bestens erholen. Und sie erwachen recht früh am Morgen. Nach einem schnellen Frühstück sind sie wieder auf Achse – *on the road again!*

18
Vier Totemtiere und ein Schamane

Die vier Freunde haben mit ihrem Wohnmobil die Route 66 schon seit längerem wieder verlassen und sind – mittlerweile wieder in Arizona angekommen – dabei, via Grand Canyon Las Vegas zu erreichen, von wo aus sie schliesslich für die Heimreise San Francisco anpeilen werden. Obwohl sie sozusagen schon auf der Rückfahrt sind, denkt keiner der vier Freunde ans Heimfliegen. Immerhin werden sie noch rund eine Woche unterwegs sein, nachdem sie jetzt zwei Wochen im Wohnmobil gereist waren. Sie sind alle ziemlich entspannt geworden mittlerweile. Das mag daran liegen, dass so eine Reise müde macht: die langen Fahrten, die vielen Eindrücke, die Landschaft, die vorüberzieht. Leon nennt diesen Zustand *Flow*. Abgesehen davon beschäftigt sie immer noch ihre eigentliche Mission, auf die sie von den Native Americans geschickt worden sind. Doch was genau sie vom US-Präsidenten fordern sollen, damit die Seelen der Ureinwohner ihren Frieden finden, ist keinem der Freunde klar.

Rabe Plonk ist zu Beginn noch mit dem Wohnmobil mitgeflogen. Dann fing er an, auf dem Gefährt zu hocken und zu «surfen». Bald aber hatte er auch diese Fortbewegungsart satt. Nun hockt er seit ein paar Tagen gerne im Wohnwagen drin oder auf Margarethes Nackenstütze auf dem Beifahrersitz.

«Irgendwie möchte ich mal ein paar Tage am Stück wandern gehen…», beginnt Leon etwas zögerlich eine Konversation. «…wollte das eigentlich an meinem Geburtstag vorschlagen, aber dann gingen wir schon zur Rainbow Bridge, und auf dem *Falls Trail* mussten wir ja vorzeitig umkehren», fügt er fast entschuldigend hinzu. Ihm ist klar, dass er entweder auf jubelnde Zustimmung oder auf krasse Ablehnung treffen wird, denn Wandern kann auch anstrengend sein. Margarethe hält sich zurück, weil sie genau weiss, dass der Bremsklotz bei diesem Thema eher auf den billigen Plätzen im hinteren Wohnmobilteil sitzt. Seraina ist die Erste, die darauf reagiert: «Irgendwie die Beine vertreten wäre schon gut, wir sitzen hier nur rum. Rudolfino? Lust auf Natur?» – Der Angesprochene schaut verwirrt von seinem Smartiefon auf und meint: «Hier haben wir eh keinen Empfang, dann können wir genauso gut mal raus, das Geschüttel geht mir sowieso langsam auf den Sack – das meine ich sogar wortwörtlich!» – Leon grinst und hebt beide Augenbrauen. Erwartungsvoll schaut er zu Margarethe, die beide Hände hebt und findet: «Ich war noch nie gegen einen Ausflug in die Natur!»

So geschieht es, dass Leon das Wohnmobil an einem offiziellen Parkplatz des Grand Canyon National Park abstellt und sich die Freunde bereitmachen für eine zweitägige Wanderung mit einer Übernachtung zu den Havasu Falls. Wasser und Schlafsäcke sind das A und O. Zum Glück hat das Wohnmobil eine gute Grundausstattung, zu der auch Matten gehören. Ihre Schlafsäcke haben sie ohnehin auf der Reise dabei, weil sie diese als Bettdecken benutzen. Aber auch genügend Verpflegung will eingepackt sein, denn wandern mit knurrendem Magen ist nicht wirklich ein Vergnügen. Ansonsten halten sie die Rucksäcke möglichst leicht, versuchen also nur wenige Kleider oder Geräte mitzuschleppen. Jedes vermeidbare Kilogramm ist ein Segen. Ein GPS-Gerät allerdings muss mit auf die Reise, denn man verirrt sich sehr schnell in dem weitläufigen Nationalpark. Im Visitor Center holen sie sich eine Karte der Wanderung, und eine indianischstämmige Touristenberaterin erklärt ihnen, worauf sie achten müssen: Auf keinen Fall sollten sie in der Dunkelheit wandern, daher ist es wichtig, dass sie bald losziehen, damit sie rechtzeitig am Übernachtungsplatz ankommen. Sie zwinkert den Freunden zu, verschwörerisch, scheint es Margarethe. «Good luck», wünscht sie ihnen und lächelt geheimnisvoll.

Als die vier Wanderlustigen endlich startklar sind – Seraina verarztet ihre Füsse prophylaktisch mit Pflastern –, krächzt Plonk zum Aufbruch und fliegt seinen Menschenfreunden voraus. Ihre erste Etappe führt sie an den Rand des Grand Canyon. Auf einer Besucherplattform können sie hinunterschauen. Ehrfurcht erfasst sie, als sie die Dimensionen erkennen. «Wollen wir da wirklich runter, Leute? Denkt daran, wir müssen dann wieder alles hinaufkraxeln!», entfährt es Rudy, der seine Zustimmung zur Wanderung schon zu bereuen beginnt. Doch drei strafende Blicke und ein feindselig krächzender Rabe lassen ihn verstummen.

Die zweite Etappe beinhaltet den Abstieg in die Schlucht. Auf Serpentinen gelangen sie nach und nach tiefer und tiefer, bis sie im Tal unten angekommen sind. Dabei steigen die Temperaturen umso stärker, je tiefer sie absteigen – Schatten ist zudem Mangelware. Doch zum Glück bringt die Abenddämmerung etwas Kühlung, und sie erreichen den Havasu Creek, der Fluss, der später in den Colorado River mündet. «Der ist ja türkisblau! Wunderschön!», entfährt es Margarethe, und sie möchte am liebsten in das Flüsschen hineinspringen. – «Das ist wegen des vielen Kalziumkarbonats so, das im Wasser drin ist», erklärt Rudy, der sich beim Parkplatz in ein Touristen-WLAN eingeloggt und etliche Infos abgesaugt hat. – «Praktisch, dieser Cyborg!», grinst Leon und klopft Rudy anerkennend auf die Schulter. Doch alle sind viel zu erschöpft, um längere Gespräche zu führen. Alle denken nur an das Eine: den offiziellen Übernachtungsplatz finden, etwas essen und dann schlafen gehen. Doch es ist noch ein Stück Weg bis dahin. Sie werden den Übernachtungsplatz wohl doch erst im Dunkeln erreichen, weil sie so spät gestartet sind – zum Glück haben sie alle auf ihren Smartiefons die Taschenlampen-App installiert. Aus Zeitmangel rasten sie nur kurz, um etwas zu essen. Nachdem er es sich gemütlich gemacht hat am Flussufer, holt Leon ein grosses Stück Peperoni-Wurst aus seinem Rucksack und beisst herzhaft hinein. Auch die anderen schlingen hungrig ihre Abendportion hinunter. Margarethe teilt ihre Ration mit Plonk, der glücklich gurrt und es sichtlich geniesst, mit seiner Adoptivmutter einen ganz normalen Ausflug zu unternehmen – ausnahmsweise keine Zeitreise.

Nach einer weiteren Stunde erreichen sie endlich das heutige Ziel der Wanderung: das Übernachtungscamp nahe der Wasserfälle. Bei den Havasu Falls stürzt der Fluss rund dreissig Meter in die Tiefe und bildet kleine Pools. «Mann habe ich einen Durst! Hat jemand noch Wasser?», ächzt Leon, doch Rudy schüttelt den Kopf. Seraina hebt entschuldigend beide Hände, Margarethe dreht gerade ihre leere Flasche um, damit sie deren Leere demonstrieren kann, doch sie versteht nicht, weshalb alle so konsterniert dreinschauen: «Sorry, aber hier gibt's doch genügend Wasser, was fragst du?» – «Na, und wer weiss, welches Tier oberhalb der Wasserfälle reingepinkelt hat? Oder was sonst noch für Schmutz da drin ist?», wendet Seraina ein und rümpft die Nase. Rudy pflichtet ihr bei, doch Leon findet: «Quatsch, das Wasser ist doch sicher prima! Na ja, es bleibt uns wohl sowieso nichts anderes übrig. Vom Wasserfall können wir getrost trinken, von den abgestandenen Pools würde ich eher abraten, da steht das Wasser schon zu lange. Und bei den Temperaturen steh' ich grad mal unter den Wasserfall, trocken werde ich schnell wieder!» – «Au ja, eine Naturdusche!», entfährt es Margarethe, «Komm, Rai, das ist toll!» – «Und dann in den nassen Klamotten pennen? Wie stellst du dir das vor?», wendet sie angewidert ein, doch Margarethe zieht sie unter den Wasserfall. «Wir haben doch Pyjamas dabei, und bis morgen sind die Kleider trocken!», erwidert Margarethe. Leon indes packt einen überrumpelten Rudy, der gerade seine Flasche am Wasserfall zu füllen versucht, und bugsiert ihn mitten in den Wasserfall. «Uaaaaah!», entfährt es dem Cyborg. Leon lacht und springt an seine Seite. Sogar Plonk gesellt sich zu den Duschenden. Er fliegt direkt in den Wasserfall hinein. Das Wasser glitzert silbern, es prickelt auf der Haut, alle vier geraten in eine Art Ekstase und geniessen es – sogar Rudy. Es fühlt sich beinahe so an wie in der Grotte von

Pelinn, damals in der Zukunft, im Jahre 2172, wo sie mittels einer Droge des Vergessens in ein sorgenfreies Lustwandeln geraten sind. Am Liebsten würden sie die durchnässten Kleider ausziehen und das erfrischende Wasser auf der nackten Haut spüren.

Doch hier an den Havasu Falls ist es anders, denn als sie wieder zu sich kommen, kauern sie am Rande der Wasserfälle und blicken in das ernste Gesicht eines Ureinwohners, der so gekleidet ist, wie sie sich einen Schamanen vorstellen… «Wo kommt der denn her?», fragt Leon, und aus seiner Kehle entweicht ein Fauchen. Er erschrickt heftig und will sich mit der rechten Hand den Mund halten, da bemerkt er, dass sie sich in eine Tatze verwandelt hat. «Du bist ein Berglöwe, Leon! Ein Puma!», krächzt Margarethe, die selber erstaunt ist, dass sie sich unterhalten können. Leon blickt zu ihr und traut seinen Augen nicht: Seine Mäg ist ein Rabe geworden! Nun suchen die beiden mit einer ganz miesen Vorahnung nach den anderen beiden – und siehe da: Seraina steht da in der Gestalt einer Weisswedelhirschkuh, Rudy seinerseits ist ein schwarzer Wolf. «Und wo ist Plonk? Plooooooonk!», krächzt Margarethe verzweifelt, da antwortet der Schamane: «Ich bin hier, Grrrita!»

Die vier Freunde blicken in ein bartloses Männergesicht mittleren Alters – nordamerikanische Ureinwohner haben von Natur aus keinen oder nur einen schwachen Bartwuchs. Dafür reichen ihm seine rabenschwarzen, steckengeraden Haare bis ans Gesäss. Sein Gesicht inklusive Nase ist länglich und hat eine glatte, gebräunte Haut. Auch seine wachen schwarzen Augen verraten, dass er eigentlich ein Rabe ist. Er trägt ein ledernes Gewand, das mit unglaublich vielen Talismanen bestückt ist. Ein Schamane ist ein Meister darin, sie zum richtigen Zeitpunkt einzusetzen. Im Lotussitz hockt er vor den vier Freunden, was diese eher seltsam finden, denn dies machen sonst nur fernöstliche Mönche und Yogis.

Plonk, der Schamane, spricht sehr langsam, aber so deutlich, wie er als Rabe nie hat sprechen können: «Grrrita, du bist das Totemtier Kangi, der Rabe, du Leon, Igmu Tanka, der Puma. Ihr zwei, Rudy und Seraina, habt die Gestalten von Tahka, dem Hirsch, respektive Sunkmanitutanka, dem Wolf. Ich selber bin zu eurem spirituellen Führer geworden. Ich werde euch Hinweise geben, wie ihr eure Mission erfüllen könnt. Ihr müsst je eine Aufgabe lösen, dann wandelt ihr euch zurück in eure Menschengestalt und begreift, was euer Beitrag zur Mission ist. Denn wisst, Freunde, die Totemtiere, in die ihr verwandelt worden seid, stehen für ganz bestimmte Eigenschaften…» Plonk macht hier eine Pause, damit die Angesprochenen das Bisherige verdauen können.

Schliesslich fährt er fort, in der gleichen monotonen Stimmlage wie vorhin: «Der Rabe steht für Erneuerung – du bist der Anfang, Grrrita, mit dir beginnt alles. Und wie es beginnen soll, das erfährst du, wenn du folgende Aufgabe angehst: Fliege zum Mond!» Der Rabe Margarethe erschrickt und glaubt, dass ihr Schamanen-Rabe ihr einen Bären aufbinden will, doch Plonk blickt ihr tief in die Augen und strahlt Aufrichtigkeit aus. Bevor sie etwas sagen kann, fährt Plonk fort und wendet sich an Seraina: «Der Hirsch steht für Schnelligkeit. Bevor der nächste Morgen graut, wirst du, Seraina, deine Schnelligkeit beweisen müssen.» Die zierliche Weisswedelhirschkuh Seraina legt ihre grossen Ohren zurück und blickt Plonk mit tiefdunklen, verängstigten Rehaugen an, sagt aber kein Wort. «Nun zu dir, Puma Leon! Der Mut ist Attribut! Deine Herausforderung wird alles von dir abverlangen – bestehst du die Prüfung, hast du den Schlüssel, um die Mission erfolgreich durchzuführen.» Leon schluckt leer, denn es bedeutet wohl auch, dass ein Scheitern den Tod mit sich bringen könnte. Er wagt aber nicht, Plonk nach den möglichen Gefahren zu fragen. Schliesslich wendet sich der Schamane an Rudy und spricht feierlich: «Dem Wolf eigen ist Intelligenz. Davon hast du, Rudy, in Menschenform schon mehr als genug. Was du tun musst, wird dir leicht fallen, doch unterschätze nie die

Klugheit anderer Lebewesen. Nicht an der Aufgabe kannst du scheitern, nur an der Hinterlist deiner Mitstreiter…» Obwohl der schwarze Wolf ziemlich eindrucksvoll wirkt, schaut er Plonk mit einem Dackelblick an, aus dem gequälte Neugierde spricht. Bevor jemand auch nur eine Frage stellen kann, verfällt Plonk in einen eigenartigen Singsang und begibt sich in Trance. Um die vier Freunde in Menschengestalt verändert sich die Umgebung – plötzlich ist jede und jeder mutterseelenallein in einer sternenklaren Nacht…

19
Die Nacht der vier Wahrheiten

Margarethe fliegt mehr schlecht als recht auf einen knorrigen Baum, um wenigstens ein Gefühl der Sicherheit zu bekommen. Mittlerweile hat sich die Nacht herabgesenkt – oder hat Plonk an der Uhr gedreht? Sie schaut hinauf ins Sternenmeer und gewahrt den Mond hoch oben am Firmament. «Dorthin soll ich fliegen? Der gute Plonk hat sie nicht alle! Als Rabe ist er viel vernünftiger!», denkt sie bei sich und seufzt. Doch sie weiss: Rumhocken und nichts tun bringt sie erst recht nicht weiter. So erhebt sie sich in die Lüfte und fliegt dem Mond entgegen. Je höher sie kommt, desto mühsamer wird es, weiter an Höhe zu gewinnen. Zudem verlässt sie langsam die Kraft in den Flügeln. Schliesslich ist sie so erschöpft, dass sie sich einfach fallen lässt. Während des Absturzes läuft ihr bisheriges Leben wie ein Film vor ihren Augen ab: Sie erreicht den Moment, an dem sie Leon erstmals begegnet war…

* * *

Seraina blickt sich gehetzt um und lässt die Lauscher ängstlich in alle Richtungen spielen. Die sternenklare Nacht wirkt ruhig und friedlich, doch die Weisswedelhirschkuh fühlt sich bedroht. Ist es nur Einbildung, oder ist da wirklich etwas im Busch? Sie wittert angestrengt. Doch weil sie erst ein einziges Mal – und das nur kurz, damals zur Keltenzeit in der Klus bei Oensingen – in Hirschgestalt umhergewandert war, hat sie wenig Erfahrung, wie sie die verschiedenen Laute und Gerüche einordnen soll. Als Mensch ist man viel zu augenorientiert.

Plötzlich ein Knacken! Seraina zuckt zusammen und erkennt im nächsten Augenblick, dass ein Luchs sie anspringt. Sofort prescht sie los und rennt um ihr Leben. Sie legt die Ohren zurück und galoppiert wie ein Rennpferd. Doch der Luchs holt auf und schlägt eine Tatze in einen ihrer Hinterläufe. Seraina strauchelt und überschlägt sich. Der Luchs fällt über sie her…

* * *

Leon hört ein Weinen, das aus einem nahegelegenen Busch kommt. Er macht sich auf, dem Jammern auf den Grund zu gehen. Auf leisen Pumapfoten schleicht er sich an die Geräuschquelle heran und erkennt, dass ein ungefähr vierjähriger Junge unter einem Busch hockt und schluchzt. Hat er sich verirrt? Leon vermutet das. Doch ihm ist auch klar, dass ein so kleines Kind mitten in der Nacht kaum selber seine Eltern wiederfinden kann. Und umgekehrt wird es für die Eltern sehr schwierig sein, den Jungen in der weitläufigen Wildnis zu finden, zumal Menschen im Vergleich zu Pumas nur sehr schlecht hören.

Vorsichtig tritt Leon zum Kind heran und leckt ihm die linke Wange. Der Junge beginnt zu lachen, vermutlich, weil es kitzelt. Leon hört damit auf und legt dem Knaben fürsorglich die rechte Tatze um die Schultern – die Krallen lässt er natürlich eingefahren. Der Kleine scheint keine Angst vor dem grossen Berglöwen zu haben, sondern jauchzt: «Liebe Katze!» Leon grinst, so gut ein Puma grinsen kann. Nun späht und horcht er in die Nacht hinein und hofft, die Taschenlampen eines Suchtrupps oder die Rufe der besorgten Eltern wahrzunehmen. Doch nichts dergleichen passiert. Leon seufzt. Er packt den Jungen mit den Zähnen am Kragen des T-Shirts, ähnlich wie Pumas ihre eigenen Jungen transportieren – nur würden diese das Genick dazu nutzen, was bei einem Menschenjungen natürlich nicht geht. Mit dem Kleinen im «Gepäck» schreitet er dem Pfad entlang, auf dem das Kind gekommen ist. Der Geruch des Jungen ist noch frisch auf der Fährte, so findet er den Weg.

Nach ein paar Minuten hört er dann, was er erhofft hat: rufende Menschen. Als er vor sich zwei Gestalten erblickt, hat er den Drang, zu ihnen zu eilen, doch da durchzuckt ihn ein Gedanke: Und wenn es Ranger sind, die ihn nicht als Retter, sondern als Raubtier betrachten? Im selben Moment sieht er den Lauf eines Gewehrs im Mondlicht aufblitzen…

* * *

Rudy blickt zum Mond hinauf. Unwiderstehlich ist sein Drang, zu heulen wie es Wölfe tun. So hebt er den Kopf und jault während mehrerer Minuten aus voller Kehle. Da erscheinen plötzlich andere Wölfe und umzingeln ihn – jedoch nicht feindselig, sondern neugierig. Er schaut in junge, starke, alte, ausgemergelte oder gutgenährte Wolfsgesichter, vier Welpen sind auch dabei. Der Moment ist magisch, er fühlt sich eins mit der Natur – ein Gefühl, welches das kopflastige Superhirn bislang nie gekannt hat. Da spricht der Leitwolf, ein schneeweisser, sehr starker Rüde: «Fremder, du kommst, um die Prüfung abzulegen! Wir wissen das! Ein schwarzer Wolf erscheint hier in dieser Gegend nur, wenn die grosse Seele ruft, die Seele des heiligen Raben. Nun, bist du bereit?» Rudy nickt, doch tief in seinem Herzen fürchtet er sich. Er erinnert sich an Plonks Worte, dass nicht die Aufgabe, sondern seine Konkurrenten das Problem sein werden…

«Die Prüfung ist einfach: Du musst unter Luna und Lupa, den zwei Wölfinnen, die beide den Anspruch erheben, als Leitwölfin neben mir zu stehen, herausfinden, welche sich am besten dazu eignet. Triffst du die richtige Wahl, gebe ich dir einen Hinweis, den mir der heilige Rabe mitgeteilt hat, damit du deine Mission erfüllen kannst. Nun wähle gut!» – Rudy schluckt leer, denn er hatte sich eine intellektuelle und keine emotionale Aufgabe gewünscht. Doch da steigen in ihm einige Zweifel hoch: Weshalb soll ausgerechnet er so etwas entscheiden? Das müssen doch die Wölfinnen untereinander ausmachen! In einem Kampf oder auf der Jagd! Und wo sind die Konkurrenten, von denen Plonk gesprochen hat? Rudy ist zuerst etwas ratlos, dann überlegt er nochmals gründlich und schaltet seine messerscharfe Satzanalyse hinzu: Er soll entscheiden – ENTSCHEIDEN. Genau! Nicht beim ersten, sondern beim letzten Wort liegt der Hund begraben, denn entscheiden muss doch der Leitwolf in so einer Angelegenheit! Also ist der Leitwolf sein Konkurrent – zumindest, was diese Aufgabe betrifft, denn Rudy erhebt keinesfalls den Anspruch auf die Führung des Wolfsrudels!

Aber warum soll Rudy entscheiden, was der Leitwolf entscheiden muss? Zudem weiss der Leitwolf mehr über Luna und Lupa… Zum Entscheiden braucht es Hintergrundwissen! Und warum überhaupt braucht er eine neue Leitwölfin? Da steht doch diese silbergraue Fähe und säugt vier Welpen! Nur eine Leitwölfin gebärt Junge! «Der will mich vergackeiern!», denkt sich Rudy und fühlt sich hintergangen. Im nächsten Moment setzt er sich auf die Hinterkeulen und blickt den Leitwolf direkt in die Augen, dann spricht er: «Keine der beiden! Du hast schon eine Gefährtin!»

Der Leitwolf scheint zu lächeln: «Der heilige Rabe hatte nicht Unrecht, als er deine Intelligenz gelobt hat! Genauso ist es! Nun höre, was ich dir zu sagen habe: Die Mission erfüllst du nicht mit dem Kopf, sondern mit dem Herzen! Überlege nicht zu viel, sondern übe dich in Mitgefühl. So wirst deine Freunde bestens unterstützen können. Nun geh in Frieden…»

* * *

Leon lässt den Jungen fallen und rettet sich mit einem gewagten Sprung hinter einen Felsen. Er verletzt sich an den Tatzen und jault auf. Doch er hat keine Zeit, sich die Pfoten zu lecken. Während der eine Ranger den Jungen an sich nimmt, heftet sich der andere an Leons Fersen – gewillt, den möglichen Menschenfresser zu töten.

Leon erkennt seine aussichtslose Lage sofort: Er steckt in einer Sackgasse! Was soll er tun? Zurücklaufen und sich dem Ranger stellen oder in den Abgrund springen und hoffen, dass unten Wasser ist? Keine von beiden Möglichkeiten behagt ihm. Er atmet schwer, dann nimmt er seinen ganzen Mut zusammen und prescht hinter dem Felsen hervor, direkt auf den Ranger zu. Dieser kommt nicht zum Schuss, denn Leon rennt ihn vorher über den Haufen. Erst als er in einem der auf natürliche Weise entstandenen Pools landet, bleibt er stehen und lässt den Kopf erschöpft hängen. Da hört er folgende Worte: «Dein Mut ist ausserordentlich! Warum hast du vor der Mission Angst? Was hält dich zurück, das Richtige zu tun? Geh, schau hin und werde aktiv! Deine Freunde brauchen jemanden, der sich mit Spirituellem auskennt. Du als Buddhist trägst den Schlüssel in dir, wie vergangenes Unrecht betrachtet werden muss!»

* * *

Seraina ist starr vor Todesangst. Der Luchs will seine scharfen Zähne gerade in ihren zierlichen Hals rammen, da erwacht ihr Lebenswille. Sie rappelt sich blitzartig auf und schlägt mit den Vorderhufen nach ihrem Peiniger. Dieser jault und weicht ihr aus. Seraina fasst Mut und intensiviert ihre Angriffe. Jetzt gewinnt sie die Oberhand und schlägt den Angreifer mit einem gezielten Tritt auf den Luchskopf in die Flucht – aus dem Jäger wird ein Gejagter. Seraina verfolgt die Raubkatze, die sich auf einen Baum rettet. Weil sie noch voller Adrenalin ist, rennt sie einfach weiter und weiter, bis sie in einem der vielen Pools stehenbleibt und arg keucht. Als sie sich etwas gefasst hat, leckt sie ihre Wunden und trinkt ausgiebig. Als sie so in das Wasserbecken blickt, hört sie eine mystische Stimme, die mit erleichtertem Unterton meint: «Aufgabe erfüllt. Und was nimmst du daraus mit? Dass es manchmal besser ist, sich einer Gefahr zu stellen, als ihr davonzulaufen. Wenn du mithelfen willst, die Mission zu erfüllen, dann sorge dafür, dass jemand den Lead übernimmt – am besten, du machst es selbst!»

* * *

Leon! Margarethes Lebenswille erwacht in jenem Moment, als ihr Lebensfilm den Augenblick erreicht, an dem sie ihren Liebsten auf Plonks Baum erwischt hat. Im letzten Moment breitet Margarethe ihre Schwingen aus und fängt den Sturz mehr schlecht als recht auf. Während sie nun bereits sehr viel langsamer zu Boden segelt, sieht sie das Spiegelbild des Mondes in einem der Pools des Havasu Creek. Da geht ihr ein Licht auf: Zu DIESEM Mond muss ich fliegen!

Margarethe taucht mit einem lauten Klatschen wie ein Eisvogel in den Pool, direkt in das Spiegelbild des Mondes. Und was sie am Grund findet, ist nichts Geringeres als inneren Frieden. Und eine mystische Stimme raunt: «Nicht nach den Sternen du greifen, sondern das Naheliegende du tun sollst! Wenn du deine Mission erfüllen willst, dann beginne einfach – egal wie, wann und wo –, denn ohne einen Anfang gemacht zu haben, wirst du nie ein Ziel erreichen…»

20
Die Würfel sind gefallen

Der nächste Morgen beginnt mit einem magischen Licht, denn bevor es unten im Tal hell wird, sind die oberen Bereiche des Grand Canyon dran – das Licht wandert langsam nach unten. Die vier Menschenfreunde erwachen nach dieser unruhigen Nacht unterhalb der Havasu Falls und blicken einander erschrocken an. Als sie merken, dass alle vier wieder Menschengestalt haben, sind sie sehr erleichtert. Sie erzählen einander von ihren Träumen – oder zumindest glauben sie zuerst, ihre Prüfungen seien im Schlaf passiert. Als Seraina ihre Schrammen an den Beinen und Leon seine Schürfwunden an den Händen entdeckt, da dämmert es den vieren, dass ihre Abenteuer nicht einfach nur in ihren Träumen stattgefunden haben. Sie werden alle sehr nachdenklich.

Margarethe ist als Erste auf den Beinen und grübelt darüber nach, wie sie zu einem Bad im Havasu Creek kommen könnte – sie hat keinen Badeanzug dabei. Schliesslich verwirft sie den Gedanken. «Besser stinken, als füdliblutt erwischt werden», denkt sie bei sich und unterzieht sich einer Katzenwäsche, um sich frisch zu machen. Das handhaben auch die anderen drei so, obwohl sich Leon schwer zusammennehmen muss, dass er sich nicht die Kleider vom Leibe reisst und ins kühle Nass springt. Doch nach den Abenteuern der letzten Nacht ist er nicht besonders scharf darauf, seine Wunden ins Wasser zu tauchen – er könnte sich eine Infektion holen.

Nach einem kurzen Frühstück mit Havasu-Falls-Wasser aus der Flasche wollen sie zurück zum Wohnmobil wandern. Rudy ist etwas missgelaunt, da er keinen Kakao dabei hat. Leon vermisst seine Ukulele, Margarethe die Dusche, Seraina ein weiches Bett und Rudy natürlich ein vernünftiges WLAN-Signal. Da platzt Margarethe mit der alles entscheidenden Frage heraus: «Wo zum Geier ist Plonk?»

* * *

Niemand kann Plonk entdecken – weder als Rabe, noch als Schamane. Doch solche Situationen hat es schon bei anderen Gelegenheiten gegeben – Plonk kam und ging, wie es ihm gefiel, oder eher, wie es die Mission erforderte. Deshalb entscheiden sie sich, den Rückweg unter die Füsse zu nehmen, ohne den Raben zu suchen. Der Marsch artet in eine ziemliche Quälerei aus, denn sie müssen den Canyon bei brütender Hitze hinaufsteigen. Rudy, der sich üblicherweise in solchen Situationen lauthals beschweren würde, braucht seine Puste für den Aufstieg und bleibt stumm. Erst gegen Abend erreichen sie das Wohnmobil – alle vier, sogar der ausdauernde Leon, sind komplett ausgelaugt und sehnen sich nach einem tiefen, erholsamen Schlaf. Doch als sie die Kabinentür des Wohnmobils öffnen, sind alle vier sofort hellwach, denn ein Haufen von Casino-Jetons wälzt sich wie Lava aus dem Camper und umströmt die Beine der jungen Leute. Auf der «Welle» reitet Plonk, der ein aufgeklapptes Schweizer Taschenmesser in den Fängen hat…

* * *

Als die Freunde erwachen, finden sie sich in einer luxuriösen Hotel-Suite wieder. Margarethe dreht ihren Kopf zur Seite und erblickt Leon, der sich gerade den Schlaf aus den Augen reibt. Und aus dem anderen Zimmer der Suite hören sie Rudys unüblich euphorische Stimme: «Wir sind in Las Vegas und haben in einer Nacht mindestens zwei volle Reisetage wettgemacht! Geiles Karma!»

* * *

Las Vegas im Bundesstaat Nevada wirkt wie ein riesiger, blinkender Flipperkasten. Es fehlt nur die Kugel, die wie ein wildgewordener Ball alles rammt, was ihr im Weg ist. Und mittendrin stehen schick angezogene Menschen, die wie im Rausch nach Vergnügung lechzen und getrieben sind von der Gier, den Jackpot zu knacken und unermesslich reich zu werden.

Unter diese Leute mischen sich auch die vier jungen Schweizer. Nur Rabe Plonk verkriecht sich in einer Baumkrone in der Nähe des Hotels, wo die Freunde abgestiegen sind. Er versucht vergeblich, seine Augen vor dem künstlichen Lichtermeer zu schützen. Es hilft nicht einmal, sie zu schliessen – die blinkenden Neonlichter würde wohl sogar ein Blinder bemerken.

Rudy und Leon haben sich je einen Smoking geliehen – diesen Service bietet jedes der Casino-Hotels seinen Gästen an, weil nicht alle Spielwilligen ein elegantes Kleidungsstück besitzen. Während sich Leon darin völlig unwohl fühlt, scheint sich Rudy schnell daran gewöhnt zu haben. Seine feineren Bewegungen passen gut zu seinem neuen Outfit, während sich Leons eher hemdsärmeliges Verhalten mit seiner aktuellen Garderobe gar nicht gut paart. Trotzdem findet Margarethe, dass er gut aussieht. Nur Seraina bemängelt: «Man kann einen Ritter in eine unpassende Rüstung zwängen, und er sieht noch einigermassen nach was aus – aber niemals in einen Smoking.» Und ihr verliebter Blick haftet schmachtend auf ihrem Rudolfino, der es erst bemerkt, wie gut er bei seiner Freundin ankommt, als Margarethe ihm ins Ohr flüstert: «Du solltest öfters so was anziehen, Raina ist hin und weg.» Rudy grinst und schielt zu Seraina. Doch erst als Margarethe ihn anstupst, geht er zu Seraina hin und küsst sie in aller Öffentlichkeit – was er sonst eher vermeidet.

Die Mädchen selber haben sich Cocktailkleider geliehen – Seraina wie üblich ein elegantes schwarzes, Margarethe indes ein grünes mit Glitzereffekt. Letztere findet, dass sie so bekleidet zu den Augen ihres Liebsten passt. Sie hat die ganze Zeit auf eine Reaktion von Leon gehofft. Immer wieder schaut sie ihn keck an. Erst vor dem Eingang eines Casinos sieht Leon Margarethe an, zieht eine Augenbraue hoch, beugt sich zu ihr und flüstert ihr ins Ohr: «In unserem Abenteuer im Kalten Krieg hast du mich als James Bond ausgegeben. Da habe ich mich nur geschmeichelt gefühlt. Heute, mit so einer Schönheit wie dir an meiner Seite bei meinem ersten Casino-Besuch, da fühle ich mich wirklich wie Bond.» Margarethe errötet leicht und nimmt seine Hand. Er zeigt nur ein angedeutetes Lächeln, da unterbricht Seraina die beiden: «Hey Leute, jetzt gilt's ernst! Jetzt sehen wir dann gleich, ob Rudys Freipass, den er vom US-Präsidenten höchstpersönlich per SMS erhalten hat, uns das Zocken im Casino ermöglicht, obwohl wir alle noch keine 21 Jahre alt sind!» Und sie packt Rudy beim Arm. Die vier Freunde betreten hastigen Schrittes und in der ungewohnten «Montur» eine der grössten Spielhallen von Las Vegas, das «Great Balls of Fire» – benannt nach einem Rock'n'Roll-Klassiker. Eine eigentliche Eintrittskontrolle gibt es nicht, denn die meisten Casinos sind auch Hotels. Darum kann man sich im Casino auch frei bewegen, wenn man noch keine 21 Jahre alt ist. Kontrolliert wird erst, wenn gespielt wird. Zunächst schlendern die vier Freunde an diversen Spielgeräten vorbei, die seltsame Namen tragen wie etwa einarmiger Bandit. Doch solche Nebensächlichkeiten interessieren die vier nicht. Bei den Spieltischen angelangt bleiben sie stehen und schauen erst einmal zu. Doch nur schon das Stehenbleiben der «Underaged»-Gruppe alarmiert die Casino-Kontrolleure, deren Blicke sich verfinstern. Einer, ein kräftiger Mann von beinahe zwei Metern Körpergrösse, spricht die vier Schweizer freundlich, aber bestimmt an und weist sie höflich weg. Allen vier ist es mulmig zumute, sogar Leon, der sich nicht so schnell einschüchtern lässt. Doch Rudy besinnt sich und zeigt dem Kontrolleur seine «Lizenz zum Zocken». Der Casino-Angestellte wirkt jetzt noch mürrischer, denn er nimmt den vier Minderjährigen die Nummer mit dem präsidialen Freipass keinesfalls ab. Rudy bittet ihn, die Erlaubnis zum Spielen doch zu verifizieren und auf die im SMS angegebene Nummer anzurufen. «Don't mess with the President!», warnt Rudy – und das sitzt, der Kontrolleur ruft an und bekommt einen direkten Draht ins Weisse Haus, wo ihm hochoffiziell bestätigt wird, dass die vier jungen Schweizer, die im Besitz der SMS des Präsidenten sind, an den Spieltischen ihr Glück versuchen dürfen. Der Kontrolleur seufzt hörbar, legt auf und entschuldigt sich sogar ausgiebig. Nun haben die *Underaged* freie Bahn!

Die vier Freunde wenden sich wieder den Spieltischen zu. Da werden Black Jack, Baccara oder Poker gespielt. Superhirn Rudy jedoch braucht ein Spiel, bei dem die Wahrscheinlichkeit eines Gewinns möglichst gut berechnet werden kann. Es vergeht eine Weile, bis er den anderen hinter vorgehaltener Hand erklärt: «Roulette! Ich probiere es mit Roulette. Da lässt sich so einiges berechnen; meine eingebauten Computer laufen auf Hochtouren – obwohl, sowas könnte ich schon fast im Kopf. Na ja, egal, so geht's schneller. Hast du die Jetons aus dem Wohnmobil, Leo?» Der Angesprochene nickt und hebt den Aktenkoffer ein wenig, den er in der Linken hält. Leon bringt ihn hoch in eine waagrechte Position und öffnet ihn, während er mit der anderen Hand den Koffer an seinen Bauch drückt. Er klappt den Kofferdeckel ganz hoch und lässt Rudy eine Handvoll Spielgeld an sich nehmen.

«Wozu machen wir das? Wir haben doch vom Nobelpreis noch genügend Geld auf dem Konto!», wendet Seraina ein, doch Margarethe beeilt sich, ihr ins Ohr zu flüstern: «Während du noch im

Bad warst, haben wir anderen drei am Zmorgetisch abgemacht, dass das ganze Geld in einen Fonds fliesst, um die Situation der jetzt lebenden Nachfahren der Native Americans zu verbessern. Sorry, als du zu uns gestossen bist, konnten wir nicht mehr frei reden, weil der Nachbartisch dann besetzt war. Ist ja nicht so toll, von einem geplanten Coup zu sprechen, wenn jemand mithören könnte… und wir nahmen an, das sei auch in deinem Sinne.» Seraina macht grosse Augen, und im nächsten Moment schaut sie ihren Rudolfino noch verliebter an als vorher, denn so viel Selbstlosigkeit sieht sie als einen der edelsten Charakterzüge an einem Menschen.

Rudy überreicht Margarethe die Jetons. Geheimnisvoll lächelnd bahnt sie sich einen Weg zum Spieltisch und ergattert einen Sitz, der gerade frei wird. Seit ihrem Rollenspiel in der Zukunft, als sie eine knallharte Unterhändlerin verkörpern musste, ist sie selbstbewusster geworden. Dicht hinter ihr stehen Rudy und Seraina. Leon wacht wie ein professioneller Bodyguard, dass «seine Leute» in Ruhe gelassen werden. «Make your bets!», ruft der Croupier, das bringt Bewegung in die Leute am Spieltisch. Alle setzen unterschiedlich viele Jetons auf eine rote oder schwarze Zahl, die auf dem grünen Spieltisch markiert ist. Nun setzt der Croupier die Roulette-Scheibe in Bewegung. Rudys Augen erfassen die Position, in der sie gestartet ist und die Geschwindigkeit, mit der sie sich dreht. Diese zwei Informationen gelangen von seinen Augen über das Sehzentrum im Gehirn an seine Implantate. Und als der Croupier ansetzt, die Kugel in die sich drehende Scheibe zu werfen, hat Rudy anhand der Handbewegung des Croupiers die dritte und vierte wichtige Information erfasst: die Ausgangsgeschwindigkeit der Kugel und ihre Startposition gegenüber der Scheibe. Seine Computer unter der Haut ermitteln nun die Zahl, auf der die Kugel sehr wahrscheinlich stehen bleiben wird. Schnell beugt er sich zu Margarethe und flüstert: «Die schwarze Elf.» Margarethe legt die Jetons auf diese Zahl. Und im nächsten Moment, als die Kugel auf die Scheibe trifft, ruft der

Croupier: «No more bets!» – Doch die Kugel bleibt nach ein paar Runden auf der Scheibe in der roten Dreissig liegen, ein Fach neben der schwarzen Elf. Leon verdreht die Augen, doch Seraina jauchzt: «Knapp, wow, versucht es nochmals!» Rudy bewegt die linke Hand nach hinten und schnippt mit den Fingern, ohne Leon anzusehen – ein Fauxpas, denn Leon fühlt sich dadurch zum Diener herabgesetzt. Nach einer kurzen Verzögerung, weil Leon total verstimmt ist, händigt er Rudy dennoch ein paar Jetons aus.

In den nächsten paar Zügen tariert Rudy seine Computer, um das Spiel besser vorauszusehen. Seraina gerät richtiggehend in einen Spielrausch und wirkt total überdreht. Margarethe indes führt mit ruhiger Hand wie ein Roboter Rudys Befehle aus. Und siehe da, nach nur siebenundzwanzig Nieten der erste Volltreffer: die rote Sieben. Ab jetzt gewinnt Margarethe jedes zweite Spiel. Als sie zehn Mal hintereinander richtig liegt, bittet Rudy den Kofferträger, diesmal mit dem Gesicht zu Leon gewandt und mit genügend Konjunktiven und Höflichkeitswörtern im Ausdruck: «Leo, bitte, sei so lieb, könntest du uns diesmal die grossen Jetons aushändigen? Die würden uns schneller zum Ziel bringen. Merci.» Leon seufzt und tut, wie ihm befohlen wurde. Margarethe nimmt die Jetons aus Rudys Hand und setzt sie gemäss den Anweisungen des Cyborgs auf die schwarze Siebzehn. Und als die Kugel dort stoppt, erwischt auch Margarethe das Spielfieber, denn sie flippt fast aus und ruft: «Rudy, Rai, unser aller Alter hat gewonnen!» – «Siebzehn Jahr – goldenes Haar… äh Händchen!», flachst Leon halblaut und seufzt – nicht, weil er es seiner Mäg missgönnt, sondern weil ihm die Situation absurd vorkommt und ihn das ganze affektierte Getue der Leute gewaltig nervt. Er wäre lieber draussen in der Natur, als eingezwängt in einem Smoking, während er mithilft, in einer Luxus-Spielhölle einen Koffer voller Spielgeld durchzubraten.

Und jetzt gewinnt Margarethe ein Spiel nach dem anderen. Als sie bei den Kassen ihre gewonnenen Jetons in Geld wechseln wollen, werden die Glückspilze von Sicherheitspersonal umringt. Die Situation erinnert sie unangenehm an den Moment, bevor sie während ihres DDR-Abenteuers von den Amerikanern an die Russen ausgeliefert worden waren. Sie werden in einen Nebenraum gezwungen. Alle vier werden von den Security-Leuten durchsucht. Die Mädchen und Leon lassen ein unterdrücktes Quieken hören, denn die Prozedur kitzelt. Nur Rudy ist nicht kitzlig; dafür hasst er noch mehr als die anderen, von Fremden angefasst zu werden. Nach ein paar Minuten erscheint dann auch der Casino-Direktor, begleitet vom zwei Meter grossen Kontrolleur, und fragt die jungen Leute direkt: «Haben Sie betrogen?» Rudy atmet tief ein und erklärt seelenruhig: «Nein, nur gut gerechnet. Ich bin Physikstudent, Wahrscheinlichkeitsrechnungen sind Peanuts für mich. Aber keine Sorge, wir spenden das ganze Geld den Native Americans. Sie können es gerne direkt auf das Konto des Fonds einzahlen, das damals während der Administration Obama eröffnet worden ist, um den Nachfahren der Ureinwohnern zu helfen.» Zuerst ist der Direktor sprachlos, doch dann kommt ihm beim Anblick der jungen Leute ein Gedanke, und er frohlockt: «Sie sind noch keine 21 Jahre alt, Sie dürften gar nicht spielen! Ha, jetzt sind Sie fällig, ich rufe die Polizei!» In diesem Moment flüstert ihm der Kontrolleur ins Ohr, dass sie einen Freipass vom Präsidenten haben. Der Casino-Direktor staunt Bauklötze und ist komplett verstummt. Dann, als er sich wieder einigermassen gefasst hat, ruft er persönlich im Weissen Haus an, weil er es schlicht nicht glauben kann, was ihm der Kontrolleur mitgeteilt hat. Als er die Bestätigung bekommt, das alles mit rechten Dingen zu und her geht, stottert er: «Die ganzen 4,7 Millionen … auf das Konto der … der …» – «Genau!», meint Rudy bestimmt und nickt, um sein Vorhaben zu unterstreichen, dann fügt er hinzu: «Denken Sie an Ihren Imageschaden, den Sie erleiden, wenn Sie vier Spieler des Betrugs anklagen, die für einen guten Zweck und erst noch mit präsidialer Bewilligung gespielt und gewonnen haben. Was wollen Sie gegen uns vorbringen? Dass ich zu klug bin für Ihr Casino? Ist das nicht etwas dürftig?» Der Direktor atmet tief ein und gibt mit einem Handzeichen seinen Leuten den Befehl, die vier Freunde gehen zu lassen. Sie atmen erleichtert auf.

Sobald das Geld überwiesen ist, verlassen die Freunde das Casino, um in anderen Spielhöllen ihr Glück zu versuchen. Und so ergattern sie bis spätabends etliche weitere Millionen für den guten Zweck. Doch sie versuchen, nicht mehr als eine Million pro Casino abzustauben, um nicht noch einmal in eine ungemütliche Lage zu geraten. Insgesamt bringen sie es auf fast zwanzig Millionen, die den Nachfahren der Ureinwohner zugutekommen sollen. Die vier grinsen um die Wette – sogar Leon, der mittlerweile ausgeblendet hat, dass er sich unwohl fühlt in dieser Glitzerstadt.

* * *

Irgendwann wird die Casinostadt den vieren buchstäblich zu bunt. «Verrückte Fata Morgana, das!», ächzt Leon. Seraina nickt: «So synthetisch! Aber irgendwie auch ästhetisch!» – «Auf eine ziemlich schräge Art», pflichtet ihr Margarethe bei. – «Wusstet ihr, dass Las Vegas ein Rentnerparadies ist?», fragt Rudy. «Weil das trockene Wüstenklima gut ist gegen Rheuma und allerlei Gebrechen.» – «Echt jetzt?», wundert sich Leon. «Dachte, Las Vegas sei das Mekka der Glücksritter.» – «Viele denken, sie machen das grosse Geld, und meistens verlumpen sie dann», sinniert Margarethe. «Ausser, man heisst Rudy und ist ein Cyborg», fügt sie mit einem Seitenblick auf den Glücklichen hinzu, welcher sich über seinen Erfolg freut. Leon lacht: «Immerhin ist er kein Onkel Dagobert!»

Die vier sind sich schnell einig, dass sie genug gesehen haben von der verrückten Wüstenstadt mit ihren blinkenden Leuchtreklamen und Märchenschlössern. In den Casinos hatten sie jegliches Zeitgefühl verloren, daher waren sie spät ins Luxushotel zurückgekehrt und haben lang geschlafen. Sie beschliessen, möglichst bald loszufahren, weil die Fahrt bis nach San Francisco noch einiges an Zeit in Anspruch nehmen wird. Rudy rechnet mit zwei bis drei Tagesetappen: «Je nachdem, wie fit unser Fahrer ist! Ob der den Marathon durchhält!» Dieser grunzt: «Von wegen, der grösste Marathon liegt hinter uns!»

* * *

Durch die Mojave-Wüste führt ihre Route, wieder durch Barstow und San Bernardino, und vor Los Angeles seufzt Leon, da er die Verfahrerei und Herumirrerei mit anschliessendem Streit um die Reiseroute noch in lebhafter Erinnerung hat. «Ich schlage vor, wir übernachten etwas ausserhalb von L.A., vielleicht wieder in Malibu», äussert er sich. «Auch wenn es mir schwerfällt, den Surfern zuzuschauen und nicht wellenreiten zu dürfen! Aber die Küstenroute ist so viel schöner als die andere durch Bakersfield und Fresno.» Rudy studiert die Karte und stimmt ihm zu: «Dann nochmals übernachten, und schon sind wir zurück in Frisco.» – «Sag das nicht, das hassen die Einwohner; wenn schon, dann *San Fran*!», erinnert ihn Leon.

Als sie dann endlich gegen Abend wieder Malibu erreichen, ist ihr bevorzugter Campingplatz voll. Seufzend suchen sie einen anderen und müssen zu Leons Glück nicht mehr allzu weit fahren, denn der Fahrer ist erschöpft. Während er sich ausruht, suchen die Mädchen zu Fuss einen *Take-Away* und finden auf dem Campinggelände ein Grillhäuschen, wo sie sich mit Hamburgern, Hotdogs und anderen ähnlich nahrhaften Happen eindecken und diese ihren erfreuten Freunden mitbringen. «Für die Fleischeslust unsrer Männer!», verkündet Seraina, und Rudy kann es nicht lassen, zu bemerken: «Hast du das Gefühl, das stillt meine andere Fleischeslust?» – «Hee, du klingst ja schon wie Leon!», lacht seine Freundin. Sie essen schweigend, da sie erst jetzt bemerken, wie hungrig sie sind.

Erst mit gefüllten Mägen steigt ihre Lust auf andere Nahrung: Beeindruckt von ihren Erlebnissen, juckt es die vier Freunde in den Fingern, mehr zu erfahren über die wechselhafte Geschichte der indianischen Kultur. Zwar hatten sie alle ein sehr emotionales Erlebnis diesbezüglich, als Totem-Tier. Aber mit dem Intellekt zu verstehen, was passiert, hilft ihnen, das Erlebte zu verarbeiten. «Ich möchte jetzt genauer wissen, welches Unrecht den Indianern angetan wurde, also ganz konkret!», beschliesst Margarethe und nimmt die Bücher erneut in Augenschein, um festzustellen, dass neue dazugekommen sind: Vor der Weiterfahrt hatte Ordnungsfanatiker Rudy nämlich alle herumliegenden Bücher wieder in den Schrank zurückgelegt, wo Leon sie gefunden hatte, und als das Mädchen erneut in dem Fach sucht, fördert sie noch weitere Bände zutage. – «Wo hast du denn die her?», staunt Seraina. «Das sind ja doppelt so viele!» – «Ist das ein Trick? Mit doppeltem Boden?», flachst Leon. «Mäg ist eine Zauberin!» Zärtlich küsst er sie aufs Haar und greift nach einem Buch: «Ich bin zwar total im Eimer, schnapp' mir aber trotzdem mal auf's Geratewohl was!» Auch Seraina nimmt sich ein Bändchen, während Margarethe besitzergreifend ein schweres Buch an sich drückt. Seraina quittiert das lachend: «Typisch Mäggy, muss wieder das dickste haben!» Leon zieht eine Augenbraue hoch. Rudy erweckt den Anschein, als interessieren ihn die Bücher nicht, aber das Funkeln in seinen Augen straft ihn Lügen, als er scheinbar zufällig nach einem Titel greift, welcher als Illustration einen Wolf auf der Titelseite hat. Oder ist es ein Kojote?

Nach einiger Zeit tragen sie zusammen, was sie gelesen haben und für die anderen als interessant erachten: «Hier geht's vor allem um die Besiedlung der Ostküste», bemerkt Margarethe. «Als die London Company eine Expedition organisierte, um Virginia zu kolonisieren, 1606.» – «Die transatlantische Besiedlung der Engländer im 17. Jahrhundert hat einen völlig anderen Charakter als die aggressive der Spanier», zitiert Seraina, «zwar mit ähnlichen Beweggründen und Auswirkungen.» – «Und das heisst?», möchte Leon wissen. – «Die Inbesitznahme Nordamerikas durch die Engländer ging nur stockend voran. Zwischen 1557 und 1580 umsegelte Francis Drake die Erde und setzte die Hafenstädte der südamerikanischen Westküste in Brand, was die englische Königin Elisabeth I. unterstützte. Der erste konkrete Siedlungsversuch scheiterte im 16. Jahrhundert.» – «Hier spielte der Angriff der spanischen Armada 1588 eine Rolle», wirft Margarethe ein. «Dadurch herausgefordert, wurde die englische Krone abgelenkt von den Siedlungsbestrebungen. Erst nachdem Elisabeths Nachfolger Jakob I. mit den Spaniern Frieden geschlossen hatte, kam die Sache wieder ins Rollen.» – «Und 1607 landeten drei kleine Schiffe vor der Chesapeake Bay, und warum sie das Gebiet <Virginia> nannten, würde euch sicher interessieren!», flicht Leon anzüglich grinsend ein. Seraina verdreht ihre Augen: «So wie ich dich kenne, Leo, wird das wieder schlüpfrig sein!» – «Ganz im Gegenteil, denn die Königin verstarb jungfräulich, die gute Elisabeth! Sie ging als *Virgin Queen* in die Annalen ein.» – «Behaupten sie zumindest!», wirft Rudy skeptisch ein. «Ich habe da anderes gehört!» – «Aber die Siedlung Jamestown gründeten sie zu Ehren Jakobs I.», weiss Margarethe. – «Tabakplantagen», wirft Rudy ein. «Ja, das war profitabel, nach den schwierigen Anfängen. Und interessiert uns alle zum Glück nicht die Bohne!»

Margarethe ergreift wieder das Wort: «Also kurz vor Weihnachten 1606 setzten eben diese Schiffe Segel mit 105 Siedlern an Bord, um Virginia zu besiedeln. Sie waren via Azoren in die sogenannten *West Indies* gelangt.» – «Hat sicher ’ne Weile gedauert!», brummt Leon. «Und wohl weitaus weniger romantisch, als man sich vorstellt.» – «Die Besiedlung war auch gar nicht romantisch, denn die Siedler starben wie die Fliegen!», fährt Margarethe fort. – «Ich dachte, die Ureinwohner, weil die Neuankömmlinge sie ansteckten?», wundert sich Seraina. – «Nee, zuerst kratzten die Engländer ab – weil Jamestown ganz ungünstig im Sumpfgebiet gelegen war!», erklärt Rudy. – «Und weil die Siedler Typhus und andere Krankheiten mitgebracht hatten», ergänzt Margarethe. – «Und die Salzvergiftung half auch nicht, weil der Fluss vom Meereswasser kontaminiert wurde», fügt Leon hinzu. – «Sie konnten sich auch nicht ernähren, hatten das echt nicht im Griff», kritisiert Rudy. «Sie hatten nicht genug Land bewirtschaften können, um eine Ernte einzubringen.» – «Aber liebenswürdigerweise halfen hier die Indianer», erzählt Margarethe: «Häuptling Powhatan blieb freundlich und stellte bereitwillig Nahrung zur Verfügung.» – «Das Problem lag weniger im Verhältnis zu den Ureinwohnern, sondern untereinander: Die Soldaten hatten keinen Bock darauf, sich als Bauern zu betätigen und Land zu bewirtschaften. Faule Säcke!», enerviert sich Leon. «Hier kam John Smith ins Spiel, den wir aus der Pocahontas-Geschichte kennen, obwohl diese ziemlich weit von der Realität abschweift.» – «Dabei wäre die so romantisch», seufzt Seraina. – «Also der gute John brachte seine Mitkolonisten immerhin dazu, das Feld zu bewirtschaften und Korn anzupflanzen, Häuser zu bauen für die Siedler. Er verhandelte auch mit den Einheimischen wegen Nahrung, nahm sich aber dann das, was ihm verweigert wurde, mit Gewalt.» Entsetzt starrt ihn Seraina an: «Überhaupt nicht romantisch, echt jetzt!» Die anderen drei schütteln ihre Köpfe.

«35 Kolonisten überlebten den Winter, weitere kamen im Frühling 1608 an, darunter auch Frauen», liest Margarethe weiter vor. «Die Siedler bauten ein Fort, eine Kirche, ein Lagerhaus, Wohnhäuser. Und es kam zum Streit. Untereinander, aber 1609 dann auch mit den Indianern, welche sauer waren, weil die Siedler sich für ihre Gastfreundschaft nicht revanchierten und sich weigerten, ihre Frauen zu heiraten.» – «Mit denen sie vermutlich ein Techtelmechtel angefangen hatten», vermutet Leon. – «Powhatan wurde jedenfalls wütend und fühlte sich betrogen, und sein Stamm begann, die Siedler anzugreifen. Und dann wurde es ziemlich unerfreulich», fasst Rudy zusammen.

«Die ganze Besiedlung war insgesamt ziemlich chaotisch», gibt Margarethe zu bedenken. «Ihr fehlte der pionierhafte Elan der spanischen Konquistadoren.» – «Elegant formuliert», lobt Rudy, und sie errötet: «Ich zitiere lediglich!» – «Stimmt aber, und sie hatten auch keinen einheitlichen Stil. Damals gab es Neuansiedler in den nördlichen Kolonien, in New York, in den Südstaaten. Und man unterschied zwischen Kolonien, die durch privilegierte Handelsgesellschaften gegründet wurden, und Eigentümerkolonien, die durch Landzuteilung entstanden an eine bestimmte Persönlichkeit.» – «Ich wüsste aber lieber, was in den von uns bereisten Gebieten abging», bemerkt Seraina. – «Lass uns doch Rückschlüsse ziehen», schlägt Rudy vor. «Verlief doch überall ähnlich. Als William Penn 1682 an der Delaware Bay eintraf, hatte er schon bestimmte Vorstellungen, wie das Verhältnis zwischen Siedlern und Indianern zu regeln sei. Der Quäker war gewillt, die Toleranz auch auf die Indianer zu erstrecken.» – «Was für ein Quaker?», fragt Margarethe und lässt nicht durchblicken, ob sie es ironisch meint. Rudy kontert schlagfertig: «Nicht Leon!» Dieser grunzt indigniert, bis ihn Seraina heimtückisch mit dem Zeigfinger in die Seite sticht, worauf er laut quiekt. Die anderen drei lachen.

«Die Quäker waren auch eine religiöse Gemeinschaft, die gibt's heute noch, und die leben noch quasi wie anno dazumal», erklärt Margarethe und beweist damit, dass sie durchaus weiss, wovon sie spricht. – «Als Nachbar und Freund der Indianer wollte der Quacksalber leben; schön wär's!», zischt Seraina. «Und nicht auf

Kosten der Urbevölkerung einen Vorteil rausschlagen.» – «Aber Missverständnisse waren vorprogrammiert», seufzt Margarethe.

«Ja, allerdings», nickt Leon. «Ich habe hier eine Chronologie der *Native American History* und finde alle möglichen Interaktionen, vom Landerwerb über Konflikte bis zu blutigen Kriegen. Beispielsweise rebellierten Quechua-Indianer aus Südarizona gegen US-Truppen, die das Yuma-Fort auf ihrem Land bauen wollten.» – «Unerhört, einfach ein Fort hinzupflanzen!», ereifert sich Seraina. «So ein Machtsymbol der Zugewanderten!» – «Das ist eben wieder das mit dem grössten Turm!», wirft Margarethe scherzhaft ein, und die anderen drei stutzen. «Wieso Turm, wir spielen doch kein Schach?», wundert sich Rudy, und Margarethe zwinkert ihm zu: «Grosser Turm ist immer gut!» Seraina protestiert mit ernster Miene: «Hört gefälligst auf, Blödsinn zu verzapfen, das Thema ist überhaupt nicht lustig!» Leon nickt, grinst schuldbewusst und fährt fort: «Hier werden alle Arten von Verträgen erwähnt, welche den Landerwerb regeln in Arizona, New Mexiko und Kalifornien, der sogenannte *Gadsden Purchase* 1854. Und unterdessen unterschrieben die Omaha-Indianer in Washington den *Missouri Treaty*, welcher mehr als 43 Millionen *acres* an Land in Nebraska und Kansas an die Siedler abtrat. Unglaublich!» Alle vier sind erschüttert. Seraina greift nach dem Buch in Leons Hand: «Das ist wirklich hochspannend, alles chronologisch dokumentiert, von der prähistorischen Zeit bis in die 1990er Jahre – alle Achtung vor dem Werk dieser Judith Nies!» – «Hier steht, sie schrieb früher sogar Reden für den US-Congress», weist Leon auf die Fakten über die Autorin hin. – «Lass mal sehen, ich möchte auch ein bisschen blättern», bittet Margarethe, aber Seraina wehrt ab: «Meins!», gibt es ihrer Freundin dann aber doch, als diese einen flehenden Gesichtsausdruck aufsetzt und wie ein Hündchen winselt: «Okeee, ich kann ja mal nicht so sein, wenn du auf den Knien bettelst!» Die Jungs grinsen; Leon murmelt: «Da sind wir wieder nah beim Sadomaso!», worauf Rudy entgegnet: «Bücher lesen ist nur Masochismus!» – «Auf diese Weise bin ich gern maso», kontert Margarethe mit gierigem Blick auf das Buch, und nach kurzer Zeit fängt auch sie an, aus ihrer Lektüre zu erzählen: «Hier steht noch mehr über John Smith: 1608 forderte er von Powhatan die Unterwerfung unter die Englische Krone und Entrichtung eines Jahrestributs an Korn, aber der Häuptling hatte schon einiges über die Engländer gelernt: Sie waren zwar eine wertvolle Quelle für Waffen, Metall für Messer und andere Handelswaren, aber sie würden keine einfachen Nachbarn sein.» – «Das ist noch milde ausgedrückt!», findet Rudy. – «Als Smith und seine Männer Korn aus Dörfern beschlagnahmten, liess ihn Powhatan gefangennehmen, und seine 12-jährige Tochter Pocahontas hat offenbar interveniert zu Smiths Gunsten.» – «War die noch so jung?», staunt Seraina. «Dann funktionierte die ganze Geschichte nicht mit der Lovestory, eigentlich schade!» Frech entwindet sie Leon das andere Buch mit der Chronologie, welches er ihr wieder zu entreissen versucht, wobei er sie kitzelt: «Na warte!» Es kommt zu einem kurzen Handgemenge, bis schliesslich Seraina Leon zum Quieken bringt.

Völlig absorbiert blättert Margarethe, liest da und dort einen Abschnitt und ist ganz geistesabwesend. – «In dem Buch kann man sich verlieren», gesteht Leon. «Und das ist genau unser Problem: Wir haben so viele Fakten, so viele Ereignisse, so viel Unrecht, aufgrund von Missverständnissen und ganz bewusster und gezielter Ausnützung der Urbevölkerung, dass ich nicht mehr durchblicke, wo wir ansetzen müssen mit unserer Mission.» – «Stimmt, wir könnten es ja lokal begrenzen auf die Gebiete, durch die wir gereist sind», schlägt Seraina vor. – «Darüber gibt es nicht so viel Material, weil die Besiedlung der Westküste später war», gibt Leon zu bedenken. «Und dort waren die Spanier federführend: 1792 wurde die erste Spanische Mission in Kalifornien gegründet, in San Diego, und man taufte Tausende von Indianern.» – «Freiwillig etwa?», wundert sich Seraina. – «Denkste! Die Stammesbeziehungen wurden unterdrückt, und

Indianer, die entkommen wollten, brutal abgeschlachtet oder verstümmelt. Grauenhaft!» Leon schaudert es sichtbar bei diesen Worten. «Alle traditionellen Rituale und Praktiken wurden verboten. Im Gegenzug vergifteten die Indianer Priester, zündeten Kirchen an und veranstalteten Aufstände. Die Indianerbevölkerung an der kalifornischen Küste wurde von geschätzten 70'000 auf weniger als 15'000 reduziert in dreissig Jahren. Dabei gab es vorher mehr als 300 Stämme allein in Südkalifornien.» Die vier Leseratten schweigen betroffen.

«Mich deprimiert das alles total!», gesteht Seraina, und Leon nickt. – «Aber gut, wehrten sich die *Natives*!», findet Margarethe. «Zweihundert Jahre früher ging es in der allerersten britischen Kolonie zur Sache, mit dem *First Virginia War* 1622 – also wieder ein Zeitsprung und ein Sprung an die Ostküste», flicht sie entschuldigend ein und erntet einen indignierten Blick von Rudy: «Mäggy, du veranstaltest wieder ein Durcheinander mit deinen Zeitsprüngen!» Seraina muss trotz des ernsten Themas lachen: «Unsre Expertin für Zeitreisen darf das!» Diese verteidigt sich: «Wir haben eben zu viele Bücher! Und ich lese gerade mehr über Powhatans Stamm, als die Indianer einen Aufstand gegen die Jamestown-Kolonie wagten und alles niederbrannten, weil sie etwas gegen die landhungrigen Kolonisten unternehmen wollten. Die Britische Krone reagierte sofort, und es kam zum Gemetzel ohne Chance auf Frieden zwischen Siedlern und Indianern», schliesst sie bedrückt, und Seraina fasst zusammen: «Und so ging es dann weiter, hüben und drüben: Die Gewaltspirale schaukelte sich hoch, mehr als dreihundert Jahre lang.» – «1890 war das Massaker an den Sioux von *Wounded Knee*», wirft Rudy ein, und seufzend stützt Seraina ihren Kopf in ihre Hände. Margarethe erhebt sich, was Leon mit fragendem Blick quittiert. – «Was? Ich muss nur mal auf die Toilette», erklärt sie. «Mir schlägt das Thema buchstäblich auf den Magen.»

Rudy behändigt das Buch, das sie hingelegt hat: die Chronologie. «Hier werden die *Iroquois Wars* erwähnt, als die Mohawks ein Abkommen mit den Holländern unterschrieben, und das löste 60 Jahre Krieg gegen die Stämme aus, die mit den Franzosen alliiert waren», liest er nun. «Ist doch immer das Gleiche: Zu viele Spieler am Ball, zu viele Interessen, da ist der Konflikt vorprogrammiert.» – «Dieser verdammte Imperialismus!», ereifert sich Seraina. «Dieser Konkurrenzkampf um Kolonien der europäischen Mächte! Hätte man das Land gar nie invasiert und die Ureinwohner einfach in Ruhe gelassen! Es ging immer um Macht und Bereicherung!» – «Ja, aber es ging auch um Religion und Frieden», gibt Leon zu bedenken. «Religionsflüchtlinge oder auch andere, beispielsweise Söhne aus kinderreichen Familien, die kein Stück Land mehr erben konnten von den Eltern in ihrer Heimat. Die suchten einen Zufluchtsort oder eine Möglichkeit, neu anzufangen. Die neuen Kolonien boten ihnen Perspektiven. Was dürfen wir sie verurteilen? Wir haben gut lachen, wir verwöhnten Wohlstandskinder!» Seraina und Rudy nicken.

«A propos Wohlstand und Reichtum», fängt Rudy seinerseits an. «Da wären wir bei den Apachenkriegen in New Mexiko 1846-1868 angelangt: als sie Widerstand leisteten gegen Übergriffe auf ihrem Territorium wegen der Minen.» – «Und 1848 setzte der Goldrausch in Kalifornien ein», weiss Leon. «Zehntausende von Goldsüchtigen aus der ganzen Welt überschwemmten Kalifornien.» Seraina blättert bereits in einem anderen Buch, das schon ziemlich alt aussieht, mit vergilbten Seiten. «Ich habe hier *Timelimes*, auch eine Chronologie. Hier wird erzählt, wie die Utes ihr Land verloren, die Ureinwohner und der grösste Stamm von Utah, als 1870 in Colorado Silber entdeckt wurde. Das gab natürlich auch ein Gemetzel. Gold oder Silber – egal!»

«Aber der Urbevölkerung einfach Land wegnehmen, das geht doch nicht!», protestiert Margarethe mit durch die Toilettentüre gedämpfter Stimme. – «Man versuchte ja immer wieder, das vertraglich zu regeln, Abkommen zu schliessen», entnimmt Leon den *Timelines*, die er der verdutzten Seraina einfach aus der Hand genommen hat. «Beispielsweise 1851, als dreizehn *Chiefs* in Kalifornien sich mit Abgeordneten der Regierung trafen und einwilligten, in einem Reservat zu leben. Nach der Unterzeichnung bereiteten die Gastgeber ein Fest mit gegrilltem Fleisch – gespickt mit Strychnin. Tausende von Shasta-Indianer starben.» Entsetzt über diese Brutalität, schnappt Seraina nach Luft. – «So viel zum Thema, Verträge beenden Kriege», bemerkt Rudy lakonisch. «Hier ist genau das Gegenteil der Fall.»

Jetzt windet Seraina Leon das entwendete Buch wieder aus der Hand und vertieft sich in die Lektüre: «1650 expandierte der Sklavenhandel massiv, mit Arbeitskräften aus Afrika in die Kolonien der Neuen Welt. In den nächsten 150 Jahren wurden mehr als zehn Millionen Afrikaner als Sklaven herübergeschippert. Stellt euch das mal vor!» Rudy seufzt: «Und wieder eröffnet sich ein neues Feld. Alles ist miteinander verwoben.» Auf diese Worte erntet er einen überraschten Blick von Leon: «Natürlich! Alles hängt zusammen, in der allumfassenden Weltenergie, das ist doch ganz normal!» Rudy schickt ihm einen unfreundlichen Blick: «Jetzt tu nicht so, als wärst du ein Erleuchteter!» – «He, Leo ist immerhin Buddhist!», verteidigt Seraina diesen. – «Na und?», blafft Rudy sie an, «Das gibt ihm nicht das Recht, den Besserwisser zu markieren!» – «He, Moment mal; WER ist hier der Besserwisser?», grollt Leon und baut sich vor Rudy auf, welcher sitzt und deshalb kleiner ist als er, was im Stehen nicht mehr der Fall ist. In diesem Augenblick öffnet sich quietschend die WC-Türe, und eine erstaunte Margarethe kommt heraus: «Kann man denn nie aufs WC, ohne dass ihr euch gleich die Köpfe abreisst?»

Alle starren Margarethe an, welche ungewohnt energisch auftritt. «Jetzt alle mal tief durchatmen!» Nach einigen Schweigemomenten äussert sich Seraina: «Leon hat Recht. Das mit der allumfassenden Weltenergie erklärt wohl das Gemetzel, das ich mit eigenen Augen gesehen habe.» Sie wirkt ziemlich beeindruckt. «Ich dachte ja erst, das sei nur ein wirrer Traum, aber ich muss wirklich eine Szene aus der frühen Besiedlungsgeschichte erlebt haben, in welcher Natives und Siedler aneinandergerieten, bis es zu einem Gemetzel kam.» – «Aber warum geschah das mitten im Monument Valley?», wundert sich Margarethe. «Und warum hab' ich davon nichts mitbekommen?» Seraina legt ihre Stirne in Falten: «Zu deiner ersten Frage: Vermutlich war das Erlebnis gar nicht an diesen spezifischen Ort gebunden. Das hat mit dem kollektiven Gedächtnis zu tun, und das ist wohl stammesübergreifend: jedes Unrecht, das einem Stamm widerfahren ist. Oder was denkt ihr?» Leon macht bejahende Geräusche. – «Und zu deiner zweiten Frage», flicht Rudy ein, «liebstes Mäggy-Medium…» Die anderen beiden nicken lachend, nur die Angesprochene errötet verschämt. – «Du Schamanin, du!», flüstert Seraina. Uncharakteristischerweise nimmt Rudy seine älteste Freundin tröstend in den Arm: «Ist doch keine Schande, wenn man so sensibel ist und in solch starke Trance gerät. Ich finde das sogar sehr beeindruckend. Manchmal beneide ich dich ja um deine Sensibilität.» Margarethe starrt ihn verwundert an: «Echt jetzt, Rudy?»

Die vier Freunde beschliessen, nachdem sie noch eine halbe Stunde lang Bücher gewälzt haben, die schwere Lektüre beiseitezulegen – so sehr sie auch fasziniert sind von den vielen Informationen und Erkenntnissen. Rudy bringt es auf den Punkt: «Ich habe Kopfschmerzen!» Seraina schickt Margarethe einen Blick und grinst. «Wie wär es mit Therapievögeln?», flüstert Letztere aus dem Mundwinkel. – «Hilft das auch, wenn man total deprimiert ist?» Auch Leon sieht erschöpft aus, nach der langen Fahrt und der Lektüre und Diskutiererei: «Ich bin total erledigt, das Thema hat mir gerade noch den Rest gegeben!» Seiner Freundin entgeht jedoch nicht, dass sich seine Gereiztheit in Ungeduld auswirkt: «Du bist müde, was, Loverboy!» Sanft zieht er sie an sich und küsst sie: «*Yeah, right, I think I retire*!» Seraina prustet, und Rudy schluckt leer. – «*Same procedure as last year?*», fragt Seraina ihren Freund mit laszivem Blick. «Registerwechsel ist doch gut!» Erneut schluckt er ganz deutlich: «Ich fürchte, ich weiss, was du denkst!» – «Ich denke doch gaaar nix… und du schaltest besser dein Superhirn ab und deine Cybertools grad obendrein!»

21
Die Trance-Trommel

Am nächsten Morgen fühlen sich alle vier irgendwie verkatert, obwohl niemand Alkohol getrunken hat. Schon beim Frühstück beginnen die Wogen hochzugehen, und als Margarethe sich wieder in die dicken Schmöker über die Geschichte der Eroberung Amerikas vertieft, stöhnen Leon und Rudy im Duett. «Wir finden dort drin nichts, was uns weiterbringt! Alles ist furchtbar, entsetzlich, verkorkst halt! Alles läuft in eine Sackgasse!», macht ein sichtlich entnervter Leon angesichts der Aussichtslosigkeit der Mission seiner Verzweiflung Luft. Er hasst es zutiefst, einen Auftrag zu haben, aber untätig herumsitzen zu müssen. Margarethe klappt erbost das Buch zu, das sie gerade in Händen hält, und steht auf. Leon erschrickt und erbleicht, Rudy jammert: «Nicht so laut!» Margarethe knallt das Buch auf den Tisch und stemmt beide Fäuste in die Hüften, während sich Rudy wehklagend die Ohren zuhält und Leon ansetzt, davonzuschleichen. Doch Margarethe wird laut: «Hiergeblieben! Ohren auf! So, jetzt sag ich euch mal was: Ich will, dass wir heute zu einem Entschluss kommen, wie wir unsere Indianer-Mission erfüllen können!» – «Native Americans», korrigiert Seraina und fügt hinzu, indem sie Margarethe beschwichtigend den rechten Arm um die Schulter legt: «Mäggy, du hast alles ins Rollen gebracht, das tust du immer, und es ist deine Aufgabe! Aber wir sind auch noch da! Erinnere dich an unsere Mutproben, die wir in Tiergestalt bestehen mussten. Es hiess, ich müsse die Führung übernehmen. Das ist meine Aufgabe. So will ich das tun. Mäggy, setz dich und höre jetzt mal mir zu: Deine Aufgabe ist vollbracht, der Stein rollt – aber wohin er rollt, das werden wir anderen drei bestimmen müssen. Leon soll, so wie ich das verstanden habe, seinen buddhistischen Hintergrund ins Spiel bringen. Was würde ein

Buddhist vorschlagen in so einem Fall?» – Der Angesprochene lässt den Mund weit offen und stottert dann unbeholfen und etwas ratlos: «Na,… also… nichts… rein gar nichts! Ist doch alles Karma, das bereinigt sich von selbst… Und dann, wenn sich das Karma aufgelöst hat… oder sowas…, finden die Seelen im Nigiri… äh, Nirwana ewigen Frieden…» – Seraina atmet tief ein und fragt weiter: «Kennen Native Americans ein Nirwana?» – «Die Dings, die… die Ewigen Jagdgründe!», bringt Leon hervor und wirkt nicht gerade überzeugt, doch Serainas Gesicht hellt sich auf: «Genial! Diesen Weg müssen wir den ruhelosen Seelen aufzeigen, ohne uns einzumischen!» – «Und wie soll das gehen? Fähnchen hoch und ‚*Follow me*' schreien wie bei Touristengruppen?», wendet Rudy ein, und drei Augenpaare richten sich auf ihn. Er schluckt leer und will sich grad in die Toilettenkabine verkrümeln, da ergänzt Seraina: «So ungefähr, aber nicht mit dem Kopf, sondern mit unseren Herzen, speziell mit deinem, Rudy! Weisst du nicht mehr, was Plonk zu dir gesagt hat?» – Der Angesprochene nickt und seufzt: «Natürlich, jedes Wort, aber wie soll das gehen? Das sind Verstorbene, wir sind aus Fleisch und Blut! Zudem müssen alle Beteiligten ihr Scheisskarma selber auslöffeln! Das können wir nicht für sie übernehmen – weder für die Eroberer, noch für die Eroberten!» – «Hey Leute», bringt sich Margarethe ein, «Rudy hat Recht: Wir dürfen nicht eingreifen. Aber wir können die Saat zur Versöhnung ausbringen. Wenn sie auskeimt, wächst und gedeiht, dann haben wir die Mission erfüllt. Nicht zum Mond müssen wir fliegen, sondern hinabtauchen zu seinem Spiegelbild im Wasser – nicht das Unrecht selbst wiedergutmachen, sondern die Saat zur Versöhnung säen. Allerdings habe ich keinen blassen Schimmer, wie wir das machen sollen…» – Da wendet Leon ein: «In Trance müssen wir uns begeben! Im Hier und Jetzt lässt sich dieser Job nämlich nicht erledigen, wir müssen ins Spirituelle eintauchen.» – «Und wie macht man das?», stöhnt Rudy, als Leon eine kleine Trommel aus dem untersten Fach eines Kastens in der Küchenkombination herausholt. Rudy verdreht die Augen und lästert stöhnend: «Nach der Ukulele-Folter jetzt die Trommel-Marter!» – «Quatsch, das wirkt beruhigend! Schamanen können Menschen durch gleichmässige Trommelschläge in Trance versetzen. Ich kann es mit euch ausprobieren. In diesem Zustand habt ihr dann den Zugang zur spirituellen Ebene des Geschehens und könnt dort vielleicht sogar dem *Raven* höchstpersönlich, dem Erschaffer der Welt, begegnen und ihm unser Anliegen unterbreiten, was den Stein ins Rollen bringt und – wie Mäg es schön ausgedrückt hat – die Saat der Versöhnung hervorbringt – äh, ich hoffe es zumindest…», erklärt Leon und bringt sich in eine günstige Sitzposition. – «Woher hast du das Ding überhaupt, du hast es ja noch nie hervorgeholt!», fragt Rudy genervt, und Leon erklärt ihm, ohne aufzuschauen: «Da schon die Ukulele nicht besonders auf Gegenliebe gestossen ist, wollte ich dir nicht auch noch die Trommel zumuten!» – «Wie gnädig», grummelt Rudy halblaut, da meint Seraina: «Nimm zum Trommeln den Schlägel mit Filzkopf, der dabei lag, dann kannst du deine Trommelschläge viel gleichmässiger ausführen. Das ist für die Trance besser.» Leon greift nochmals ins Fach, von wo er die Trommel herausgenommen hat, und schnappt sich ein Holzstöckchen, das Seraina als Schlägel bezeichnet hat. Nun versucht Leon, die Trommel zum Tönen zu bringen. «Also wie auf der Galeere?», stöhnt Rudy. «Wir sind doch keine Rudersklaven!» Er schüttelt entnervt den Kopf und verschwindet in der Toilettenkabine.

Als Rudy wieder herauskommt, sind Seraina und Margarethe in einer bequemen Liegeposition in ihren jeweiligen Betten. Der Cyborg seufzt hörbar und blickt Leon direkt in die Augen: «Das ist jetzt nicht dein Ernst, oder?» Der Angesprochene blickt auf, ohne mit seinem eintönigen Trommelgeräusch, das an den Ruhepuls eines gechillten Dinosauriers erinnert, aufzuhören. Er sagt kein Wort. In diesem Moment fühlt sich Rudy plötzlich unglaublich müde. Er legt sich neben Seraina aufs Bett. Seine Glieder werden schwerer und schwerer, seine Augenlider fallen ihm zu, er verfällt in eine tiefe Trance…

Ein Wolf erscheint Rudy zu Beginn seiner schamanischen Reise – sein Totemtier. Der schwarze Rüde blickt den Cyborg friedvoll an und fordert ihn mit einer Kopfbewegung auf, ihm zu folgen. Mühelos schwebt Rudy dem Wolf hinterher in eine Welt voller Trugbilder. Doch er hat keine Angst, er fühlt sich komplett geborgen und vertraut seinem tierischen Führer.

Schliesslich gelangen beide auf eine weite Prärie, die allerdings komplett leer ist. «Was soll ich hier?», grummelt Rudy und fordert sein Totemtier auf, endlich etwas zu tun. Doch der schwarze Wolf setzt sich lediglich seelenruhig hin und scheint auf etwas zu warten. Da fliegt ein kleiner Rabe wie aus dem Nichts herbei, und eine elegante Hirschkuh materialisiert sich fast zeitgleich, als wäre sie hergebeamt worden. Sie wirkt ziemlich unruhig beim Anblick des Wolfes. Hinter den zwei neu aufgetauchten Totemtieren erkennt Rudy schemenhaft die Silhouetten von zwei Menschen – wenn er es richtig deutet, von zwei Mädchen. Etwa Margarethe und Seraina? Die Totemtiere würden zu den beiden passen – Er erinnert sich an ihre Verwandlung bei den Havasu Falls.

Telepathisch erhält Rudy von Margarethe die Information, dass sie es tatsächlich sind. Das beruhigt Rudy ungemein, denn er ist in diesen transzendenten Sphären überhaupt nicht in seinem Element. Und er ist auch erleichtert, als Seraina, respektive ihr Totemtier, dic Führung übernimmt: Die Hirschkuh beginnt zu fiepen – es tönt wie eine rostige Türangel, die sich im Wind bewegt. Die Luft scheint zu vibrieren, als würde heisse Luft vom Boden aufsteigen. Der kleine Rabe schwingt sich hoch und scheint mühelos um Rudys Wolf und Serainas Hirschkuh in der vibrierenden Luft seine Runden zu drehen. Hinter dem Raben erscheinen nach und nach diverse Geistwesen. Die Hirschkuh fiept und fiept, der Rabe fliegt und fliegt – Die Prärie füllt sich mit einer Armada an Geistwesen. Und es werden immer mehr!

Die grauen Gestalten sind menschliche Seelen, die keine Ruhe finden. Darunter sind Eroberer wie Eroberte, Täter wie Opfer – manchmal sind sie sogar beides. Zumindest hört Rudy diese Erklärung in seinem Kopf, und er erkennt Margarethes Stimme erneut. Rudy erschrickt, denn die Seelen wirken abgehalftert, gezeichnet von jahrhundertelanger seelischer Marter – graue Gestalten mit tiefen Furchen in den fahlen Gesichtern. Immer mehr von diesen ruhelosen, gequälten Seelen erscheinen. Als sich auf der Prärie in jeder Himmelsrichtung bis zum Horizont eine gigantische Armee an Geistwesen versammelt hat, hört die Hirschkuh auf zu fiepen, und der kleine Rabe landet auf ihrem Rücken.

Rudys Wolf dreht sich nach dem Cyborg um und nickt. Rudy begreift, dass nun alle hier sind. Doch was soll er jetzt tun? Liegt nun alles Weitere an ihm? Die Hirschkuh und der Rabe blicken gespannt auf den schwarzen Wolf, der seinerseits Rudy anstarrt. Rudy besinnt sich auf Plonks Rat: Sein Herz soll sprechen. So tut er das, was er selten tut: Er horcht auf die Regungen seines Herzens. Und dieses ist erfüllt von immenser Trauer. Die ruhelosen Seelen scheinen ihre Verzweiflung auf Rudy abzuwälzen. Eine dicke Träne kullert Rudy über die linke Wange hinunter und landet vor seinen Füssen auf dem Boden. Bevor es den Cyborg selber hinunterzieht, sieht er am Horizont einen gigantischen Raben aufsteigen wie einen Phönix aus der Asche – der *Raven*!

Rudys Herz wird unendlich leicht, und er wünscht sich von ganzem Herzen, dem Erschaffer der Welt zu folgen. Doch er bleibt am Boden, so wie auch alle anwesenden Geistwesen, was ihn unendlich schmerzt. Er senkt den Blick, und da sieht er, wie dort, wo seine Träne den Boden erreicht hat, Gras wächst. Die ganze Umgebung wird nach und nach von den spriessenden Pflanzen bedeckt. Und in diesem Moment öffnet sich ein weites Land vor den Augen aller – der Geistwesen, von Rudy und den beiden Mädchen. Es ist ein Paradies von solcher Schönheit, dass keine Seele darin auch nur eine Sekunde Trauer oder Wut verspüren kann. Das Gefühl von ewigem Frieden durchdringt alles, was sich in diesem Eldorado befindet.

«Sind das die Ewigen Jagdgründe?», fragt sich Rudy. Die elegante Hirschkuh und der kleine Rabe schauen Rudy an mit grossem Stolz und nicken zufrieden. Ob die Silhouetten von Margarethe und Seraina auch nicken, kann Rudy nicht erkennen. Dann verschwindet das Paradies, wie es gekommen ist, stattdessen ertönt eine sonore Stimme, und alle Geistwesen, aber auch Rudy, Seraina und Margarethe, horchen ehrfurchtsvoll: «Ich bin der *Raven*, der Erschaffer der Welt, horcht meiner Botschaft: Diese drei jungen Menschen haben das Tor zum Jenseits für einen kurzen Moment geöffnet. Behaltet das friedliche Gefühl, das ihr eben empfunden habt, in euren Herzen, wenn ihr den Weg weitergeht, den das Schicksal für euch bestimmt hat. Das ist die Saat der Versöhnung.»

Im nächsten Moment schreckt Rudy aus der Trance auf und schlägt sich den Kopf am Schrank über dem schmalen Bett an. «Aua! Verfluchter Mist! Jetzt hab ich die Saat der Versöhnung gesät, und was krieg ich? Kopfschmerzen! Scheisskarma!», flucht er. In diesem Moment blicken die anderen drei auf Rudy und verfallen in ein befreiendes Lachen. Leon lässt sogar die Trommel fallen, so sehr schüttelt es ihn. Die Heiterkeit wirkt dermassen ansteckend, dass Rudy zuerst grinst, dann aber bald selber mitlacht, während er sich die schmerzende Schläfe reibt.

* * *

Am Liebsten würden sie nach diesem emotional anspruchsvollen Trip schlafen gehen. Aber allen ist klar, dass ihre Reisezeit zu knapp geworden ist. Sie müssen am Tag 19 ihrer Reise noch ziemlich weit fahren, damit sie rechtzeitig zurück in San Francisco sind, wo sie ja nicht nur das Wohnmobil wieder abgeben müssen, sondern auch ihren Flug erwischen. Ferien verlängern liegt leider nicht drin, weil beide Mädchen wieder zur Schule müssen.

«Oh Mann, ich kratz ab!», jammert Leon, und Rudy flachst: «Ja, du kratzt die Kurve, los jetzt, Fahrer!» Wütend funkelt ihn dieser an: «Glaub ja nicht, du könntest hier den starken Max markieren! Diese Nummer hast du schon in Vegas versucht!» Rudy wird klar, dass sein Verhalten den älteren Jungen brüskiert hat, obwohl er sich später bemüht hat, weniger herablassend aufzutreten. «Sorry, Kumpel, das war doch nur Theater!», bemerkt er entschuldigend, aber für Leon ist das nicht genug: «Du hättest etwa mehr Wertschätzung zeigen können für dein <Personal>, wärst ja nicht aus der Rolle gefallen! Aber dich zu gebärden, als wärst du der Superhirsch, und wir sind deine Lakaien… also ich!» – «Dabei sahst du so schick aus in deinem Anzug!», versucht Margarethe ihren Freund zu beschwichtigen und gibt Seraina ein Zeichen, zu diesem Thema zu schweigen. Gereizte Löwen provoziert man besser nicht!

Seraina ihrerseits lässt das Anzugs-Thema beiseite und stattdessen ihren Charme spielen: «Leo, du bist ein ganz toller Fahrer, das wollte ich schon lange sagen! Und ich kann mir vorstellen, dass das eine grosse Last und Verantwortung ist!» Leons Gesicht hellt sich auf, aber als ihm das Mädchen dann noch einen Kuss auf die Wange drückt, sind Rudy und Margarethe gleichermassen düpiert, wagen es aber angesichts der angespannten Stimmung nicht, eine Bemerkung fallen zu lassen. «Bisschen übertrieben! Du Luder!», zischt ihr Margarethe zu, als sie ausser Hörweite von Leon ist. – «Warum? Is' doch wahr!» Ein zufriedener Leon setzt sich ans Steuer, versöhnt durch die charmante Aufmunterung, und ruft: «Ich brauch noch einen Navigator mit Cyborg-Ohren! *Let's hit the road, Jack!*» Leicht überrascht, aber erfreut, nimmt Rudy auf dem Beifahrersitz Platz, die Mädchen schnallen sich auf dem Sesseln direkt hinter der Fahrerkabine an, und Leon gibt Gas.

Sie fahren endlos lange, wie es allen erscheint. Leon steuert und schaltet wie in Trance. Selten gibt ihm Rudy eine Anweisung, welche Abzweigung er nehmen soll, denn viel abzuzweigen gibt es nicht auf der Küstenstrasse. Eintönig und ereignislos verläuft die Fahrt; das Wetter ist trüb und neblig. Der Fahrer driftet ab, und einmal muss ihn sein Beifahrer anstupsen, damit er nicht in den Strassengraben steuert. «Leo, du brauchst eine Pause», stellt Rudy fest. «Wir alle sollten uns mal ausruhen.» – «Geht doch nicht… wir müssen weiter! Sollten… morgen zurück sein in San Fran…», protestiert Leon, aber er wirkt sehr erschöpft. Ihm ist klar, dass die Zeit knapp ist; er fühlt sich gehetzt. Der Stress sitzt ihm im Nacken; er ist sich bewusst, dass er die volle Verantwortung trägt. Zwar haben sie durch ihre Trance keine Zeit verloren, weil die Zeit offenbar stillgestanden war, während sie ihre Mission erfüllt haben. Aber die Strecke, die vor ihnen liegt, ist lang, und sie müssten realistischerweise noch zweimal übernachten bis zu ihrem Ziel. Dabei fehlt ihnen ein voller Tag, und eine zweite Nacht können sie nicht investieren. Leon sieht ein, dass er nicht die ganze Last stemmen kann und dass es gefährlich wird, wenn er unkonzentriert fährt. So hält er an, und sie steigen alle aus, um etwas zu essen und eine kurze Rast einzulegen.

Die vier Freunde setzen sich an den Rand einer Klippe, überblicken den wilden Pazifik mit seinen meterhohen Wellen. Plonk gesellt sich zu ihnen; Margarethe sucht Nüsse für ihn aus der Picknicktasche. Seraina setzt sich neben Leon. «Löwe, iss was!», fordert sie ihn freundlich auf, und er lächelt sie an. «Du musst nicht denken, alles laste auf deinen Schultern», fährt sie fort. –

«Tut es aber», entgegnet er. «Ich bin der Einzige mit Führerschein. Und glaubt ja nicht, ich fände das cool!» – «Du bist ganz toll gefahren, Liebster, die ganze Zeit, und das ist wahnsinnig viel!», lobt ihn Margarethe. Rudy macht einen Vorschlag, der überraschte Gesichter erntet: «Wie wär's, wenn ich mal ein bisschen fahre?» – «Das ist illegal!» lehnt Seraina ab. «Am Ende landest du wieder im Knast!» Rudy grinst: «Ach was, ich hab' noch einen gut beim Präsidenten der Vereinigten Staaten!»

Die anderen drei überlegen eine Zeit lang, dann gibt sich Leon geschlagen: «Okay, Ru, ich nehme dein Angebot gerne an. Aber eine Stunde, maximal zwei, dann bin ich wieder am Ruder! Unterdessen hau ich mich aufs Ohr!» Rudy strahlt, und Margarethe prescht vor: «Und ich navigiere! Ich kenne die Karten unterdessen fast auswendig!» Leon lacht: «Ist sicher besser, sonst schmusen die Turteltäubchen in der Fahrerkabine, und unser Cyborg schafft es noch, das Wohnmobil zum Kippen zu bringen!» Säuerlich zischt der Genannte: «Geh du jetzt pennen und lass mich in Ruhe fahren!»

Auf diese Weise gewinnen sie weitere Kilometer, während der erschöpfte Leon schläft. Seraina fallen auch bald die Augen zu, und Margarethe muss sich am Riemen reissen, um nicht dauernd abzudriften. Rudy stellt sogar das Radio an, um wach zu bleiben, und dabei hören sie eine Durchsage: «…und hier eine Meldung der *Native American and Indigenous Charities Organizations*: Heute sind fast zwanzig Millionen Dollar auf ihrem Konto einbezahlt worden. Ein anonymer Gönner hat Teilbeträge dieser Summe über diverse Spielbanken in Las Vegas überweisen lassen. Er gab sich als Dr. Black Wolf aus, doch das ist lediglich ein Deckname. Der Präsident der Vereinigten Staaten hat hoch erfreut auf diese Spende reagiert und betont, dass man für Amerika und die ganze Welt noch Hoffnung haben kann, solange es solch engagierte, selbstlose Leute gibt. Gemäss Informationen aus FBI-Kreisen wisse man genau, wer hinter dieser Aktion steckt, doch man respektiere den Willen des edlen Spenders, anonym zu bleiben. Das Geld werde für Schulprojekte, Armutsbekämpfung und Infrastrukturverbesserungen eingesetzt.»

Bei dieser Durchsage geschieht mit Rudy etwas, das er noch nie erlebt hat: Vor Freude kullern ihm Tränen die Wangen runter. Einen kurzen Moment schaut er nicht auf die Strasse, da wäre er beinahe im Graben gelandet, samt dem Wohnmobil. Margarethe quiekt vor Schreck. Rudy schafft es gerade noch, mit einem Schlenker das Unheil zu verhindern, und schluckt dann leer. Achtsam fährt er weiter und horcht, ob die Schlafenden wach geworden sind. Margarethe steht auf und geht nach den Schlummernden schauen, doch alle beide weilen noch im Land der Träume. Beruhigt kann Margarethe ihre Navigatorenrolle wiederaufnehmen auf dem Beifahrersitz.

Natürlich fährt Rudy länger als zwei Stunden und geniesst das auch von Herzen. Er trägt gerne die Verantwortung für andere, und Autofahren ist etwas, was ihm zusagt, ihm ein Gefühl von Macht und Kontrolle gibt. Ein Wohnmobil ist zwar kein Tesla, aber so ein schweres und grosses Gefährt zu lenken, bietet eine Herausforderung für ihn. Rudy kann es kaum erwarten, Fahrstunden zu nehmen, sobald er seinen achtzehnten Geburtstag gefeiert hat. Über dieses Thema diskutiert er mit seiner Beifahrerin, welche mittlerweile nicht mehr abgeneigt ist, Autofahren zu lernen. Sie hat eingesehen, dass es für alle Fälle sicher nicht schlecht ist, in der Lage zu sein, ein Gefährt zu lenken – auf legale Weise, versteht sich.

Wieder versinken sie in Schweigen; Margarethe hat eine CD eingelegt, und Rudy verfällt auch in eine melancholische Trance. Fahren tut gut, befreit, und anstrengend findet der junge Cyborg es keineswegs. Am Liebsten würde er immer weiter fahren… und als er bemerkt, dass seine Beifahrerin eingeschlafen ist, ist er nicht mehr zu bremsen…

* * *

Viel später, als es bereits dunkel geworden ist, erwachen die drei Beifahrer nach und nach und staunen, dass Rudy immer noch am Steuer ist. Er lächelt versonnen und scheint topfit zu sein. «Rudolfino, du Wahnsinnsknabe!», schilt ihn Seraina. – «Warum? Ich kam so gut vorwärts, und nachts fahren ist extrem <chillig>, wie es Leo formulieren würde. Ich hab ihn gut hochgekriegt!» – «Was bitte? Wen hast du hochgekriegt?», fragte eine verschlafene Margarethe verdattert vom Beifahrersitz. – «Na, den Camper gen Norden!», erwidert Rudy grinsend.

Mittlerweile ist es drei Uhr nachts, und sie beschliessen, das Wohnmobil einfach am Strassenrand zu parkieren, auf einem Platz, der wie ein Parkplatz oder Aussichtspunkt auf einer Klippe thront. Margarethe klettert die Leiter zum Bett über der Fahrerkabine hinauf und lässt sich neben Leon nieder, der schon wieder in Tiefschlaf versunken ist, während Seraina und Rudy ins hintere Schlafzimmer schwanken. Am nächsten Morgen ist Leon als Erster wach und weckt ungewollt seine Freundin. Diese brummt etwas Unverständliches, dreht sich auf die andere Seite und schläft wieder ein. Als sie wieder erwacht, ist ihr Freund weg, und fremd klingende Stimmen dringen an Margarethes Ohr. «Was zum Geier?», murmelt sie und öffnet das kleine Kippfenster. «Könnte schwören, dass da jemand Russisch redet!» Sie versucht, die Sprechenden zu erkennen und stellt fest, dass Leon offenbar mit jemandem in ein Gespräch vertieft ist.

Nach einiger Zeit kommt er wieder hinein ins Wohnmobil und lacht seine Freundin an, die mittlerweile aufgestanden ist. «Dobroe utro, saitschik moj!» – «Was laberst du da?», fragt die Angesprochene. – «Ich begrüsse mein liebstes Häschen!», erwidert er. – «Ich dachte, Mäg sei deine Crèmeschnitte!», wird Serainas Stimme durch die geschlossene Türe hörbar. – «Quatsch, ich bin das Vermicelle!», protestiert diese. «DU bist die Erdbeertorte!» Leon mischt sich ein: «Nein, du verwechselst da etwas: Rudy ist doch das Ördbörtürtchen, habe ich mit eigenen Ohren gehört!» Protestlaute verraten, dass das «Erdbeertörtchen« damit nicht einverstanden ist. Die Türe öffnet sich, und Rudy streckt seinen Kopf hinaus: «Ich sagte doch, ich bevorzuge es PIKANT!»

Als alle vier versammelt sind, um ihr letztes Frühstück im Wohnmobil einzunehmen, wendet sich Seraina an Leon: «Leo, ich wollte dich schon lange fragen, aber irgendwie kam immer was dazwischen…» – «…zum Beispiel ein Ritterturnier, eine Wellnessgrotte…», wirft er grinsend ein. – «Ja, irgendwas Verrücktes halt, was ja bei uns die ganze Zeit passiert… ich wollte dich fragen, woher du eigentlich fliessend Russisch sprichst.» Der Angesprochene geniesst die Aufmerksamkeit seiner Reisegenossen und lässt sie eine Weile zappeln: «Tja, ich hatte euch doch schon erzählt, dass ich ein geheimer Agent bin…» – «Von wegen» platzt Rudy heraus, «ich empfange gerade eine Nachricht von deinem neuen Freund, der auf Englisch auf dein Handy schreibt, er finde, du habest da ein tolles Russisch gelernt im Freifachkurs im Gymnasium!» Verdutzt blickt Leon drein: «Habe ich ihm das erzählt?» – «Wirklich nur im Freifachkurs im Gymi?», staunt Seraina und wirft Margarethe einen Seitenblick zu: «Hätten wir uns also doch in den Kurs einschreiben sollen, Mäggy?» – «Ach was, wir haben uns ja auch so kennengelernt, ganz ohne Russischkurs!», zwinkert ihr ihre Freundin zu.

* * *

Weil sowohl ihre Mission als auch ihre Reise nun zu Ende ist – sie werden heute San Francisco erreichen –, sind alle nicht besonders gesprächig. Sie sind zwar erleichtert, dass sie sowohl den ruhelosen Seelen wie auch den heute lebenden Nachfahren der Native Americans helfen konnten, trauern aber bereits den Ferien nach, die jetzt nur noch aus den folgenden Tätigkeiten bestehen: den Camper reinigen, im Hotel übernachten, das Wohnmobil abgeben und dann einen langweiligen Heimflug überstehen.

22
Das Duell

Die vier Freunde erreichen am späten Nachmittag ihr Hotel, das sie im Voraus reserviert hatten. Es ist eine billige Absteige, die dem alleinigen Zweck dient, die letzte Nacht über die Runden zu bringen, nachdem sie den Camper geputzt haben – schliesslich wollen sie das Wohnmobil nach einer Innenreinigung nicht mehr zum Schlafen und Frühstücken benutzen. Jedes Paar hat sein eigenes Zimmer, doch es ist winzig, zudem sind die Gemeinschafts-Duschen und die -Toiletten nur über den Gang zu erreichen. Das gefällt Rudy und den Mädchen überhaupt nicht, doch sie können es nicht mehr ändern. Leon ist da viel weniger heikel. Doch weil alle so erschöpft sind, schlafen sie die Nacht durch, was einen nächtlichen Spaziergang zu dem Toiletten obsolet macht. Sogar Plonk, der übers Fenster hereingeflogen ist, schlummert glückselig auf einem Stuhl neben Margarethe.

Das Frühstücksbüffet ist ebenfalls sehr karg gehalten. Immerhin gibt es Pancakes und Marmelade, dazu Milch – das ist alles, denn die Filterkaffee-Kanne zur Selbstbedienung ist schon leer. Leon stöhnt: «Ich brauche meinen Kaffee, ich hab tierisch Kopfschmerzen!» – «Das sind die Entzugserscheinungen, du Koffein-Junkie!», lacht ihn Seraina aus, die sich mit der Milch zufrieden gibt. Auch Rudy motzt: «Wenigstens Schoggipulver für die Milch hätten sie abgeben können, wenn der Kaffee schon alle ist!» – «Und Tee gibt's auch keinen!», fügt eine ebenfalls missgelaunte Margarethe hinzu. Seraina verdreht die Augen und seufzt: «Die Herrschaften wollten Geld sparen und nerven sich jetzt über das Basic-Angebot! Hallo Leute: Wer hat damals gewarnt? Ich! Und ihr fandet, wir müssten sparen! Jetzt sag ich: Selber schuld!» – Ein kollektives Stöhnen der anderen drei dringt an Serainas Ohren, doch dann hat Leon eine gute Idee: «Lasst uns hier Leine ziehen, den Camper abgeben und dann zum Flughafen fahren. Die haben dort super Cafés, da machen wir uns mit Törtchen einen süssen Morgen!» – «Gute Idee, mein leicht frittierter Berliner mit Himbeerfüllung!», säuselt Margarethe und grinst ihren Liebsten an. Dieser hebt beide Augenbrauen und schluckt leer: «Du willst mich frittieren? Ich heisse aber nicht Lasse, ich steh nicht auf Sado-Maso!» Die vier Freunde prusten los und erinnern sich noch gut an Serainas Bericht, wie sie in der post-apokalyptischen Zukunft den Forscher Lasse Henninn ausser Gefecht gesetzt hatte, damit sich die vier Freunde aus dem Staub machen konnten.

* * *

«Was machen wir mit Plonk?», grübelt Rudy beiläufig, als sie gerade das Hotel verlassen wollen. Den anderen drei wird sofort klar, dass sie ein Problem haben: Ein Rabe geht nicht als Handgepäck durch, und einen Käfig für den Tiertransport haben sie nicht. «Wir brauchen ein Schwert!», konstatiert Margarethe, erntet aber nur mitleidige Blicke. In diesem Moment lässt ein Kellner, der hinter den Freunden vom Frühstücksbüffet zur Küche eilt, ein spitzes Messer fallen. Plonk lässt sich von Margarethes Schulter fallen, hopst zum Messer hin und greift danach. Im nächsten Moment ist der Rabe verschwunden – hat sich in Luft aufgelöst, vor den erstaunten Augen des Kellners, der im Begriff war, das Messer aufzulesen. «Der Vogel wird mir immer unheimlicher…», murmelt Rudy fassungslos, «…der findet dauernd und überall Zeitreisebesteck…» Margarethe indes fällt ein Stein vom Herzen, allerdings beschleicht sie ein paar Minuten später schon die Angst, dass Plonk sich vielleicht in der Zeit verirrt haben könnte – ein Messer ist ja kein Schwert. Aber telepathisch erreicht sie in derselben Sekunde Plonks Gurren mit seiner Botschaft, er sei zurück auf seinem Baum bei seiner Frau Corvina. Seine Adoptivmutter atmet erleichtert auf.

* * *

Die Rückgabe des Campers gestaltete sich mühsamer als geplant. Erstens mussten sie alle persönlichen Gegenstände zurück in ihren jeweiligen Koffer stopfen – was angesichts der auf der Reise gekauften Souvenirs sowohl bei Margarethe wie auch bei Seraina unmöglich war –, und zweitens sollte der Camper auch aussen gereinigt werden. Letzteres versuchten sie in einer Autowaschstrasse so gut es ging. Das Wageninnere hatten sie bereits am Vorabend gründlich geputzt mit dem Staubsauger an einer Tankstelle. Dennoch gab es massive Beanstandungen, als Leon den Wagen der Vermieterfirma aushändigte: Dellen, die angeblich vorher nicht vorhanden waren, und Verschmutzungen, die einer chemischen Reinigung bedurften. Alles in allem kam sie der Camper rund zwanzig Prozent teurer als erwartet – für die Freunde, die noch von ihrem Nobelpreis-Geld zehren können, erschwinglich, aber nicht besonders erfreulich.

«Wenn ihr nicht so viel Ramsch eingekauft hättet auf der Reise, müsste ich jetzt nicht so schwer schleppen – mein Koffer wiegt so viel wie ein Elefantenbaby. Ich muss sicher Übergepäck zahlen wegen euch Mädels», beschwert sich Rudy, der einen Teil von Serainas und Margarethes Sachen übernommen hat, weil in den Koffern der Mädchen nicht der ganze Einkauf Platz gehabt hatte. Die Mädchen erröten schuldbewusst. Leon, der ebenfalls den freien Platz in seinem Koffer zur Verfügung gestellt hatte, obwohl er selbst Gepäck für drei Monate zu schultern hatte, grummelt etwas von «Messie-Mädchen», versucht aber, sich mit Motzen zurückzuhalten, denn er weiss, dass dies nur eine unzufriedene Margarethe nach sich ziehen würde, was sich wiederum negativ auf seinen eigenen Gemütszustand auswirken würde.

Erst am Flughafen beruhigen sich die Gemüter – Kaffee und Süssspeisen tun das Ihrige dazu und hellen die Gesichter der Abreisenden auf. Und als sie ins Flugzeug steigen, fühlen sie schon fast keinen Ferienkoller mehr, sondern eher schon Heimweh, respektive Stalldrang. Letzteres ist bei Rudy und Seraina sogar wortwörtlich zu verstehen, da sie sich schon darauf freuen, endlich wieder ihre Pferde reiten zu können.

* * *

Der Flug verging anfänglich wie im Schlaf, denn es wurde Nacht – das Flugzeug flog in Erdumdrehungsrichtung und blieb sozusagen in ein und derselben Nacht «gefangen». Doch als die innere Uhr der Passagiere den Morgen einläutete, war es draussen immer noch dunkel. Das blieb auch so, bis sie sich über Frankreich befanden. Der Jetlag schlägt bei der Landung brutal zu, denn sie kommen am Sonntag-Morgen in der Schweiz an – zu einem Zeitpunkt, an dem es in Kalifornien bereits Abend ist – und müssen nun fast einen ganzen Tag durchhalten, bis sie sich schlafen legen können, weil ihr Rhythmus sonst gänzlich durcheinander geraten würde.

Sie sind zurück in Zürich. «Gehen wir spazieren», schlägt Margarethe vor und gähnt. Die anderen drei verfallen ebenfalls in ungehemmtes Gähnen – Leon wiehert schon fast wie ein Pferd. «Das ist ja unhöflich!», kommentiert Seraina und funkelt Leon gespielt sauer an. Dieser grinst verlegen und zieht seine Mäg zu sich. «Wohä… gähn… hin, wohin?», fragt Rudy, als Margarethe den Bürkliplatz erwähnt, weil alle vier sich in der Wohnung von Serainas Tante befinden, die gerade mit ihrer Lebensgefährtin wieder irgendwo einen Städtetrip unternimmt. Sie waren direkt vom Flughafen dorthin gefahren. «Da kommt sicher wieder dieser doofe Gerry daher, auf den habe ich null Bock!», stöhnt Seraina, und Rudy nickt zustimmend.

Schliesslich einigen sie sich auf eine Schiffsfahrt auf dem Zürichsee, weil Fahrtwind und Seeluft müden Geistern gut tun. Leider herrscht an Deck ein riesiges Gedränge, weil viele an diesem Sonntag bei dem schönen Sonnenschein die gleiche Idee hatten. Während die Herzbuben ihren Damen ein Dessert holen, stehen Margarethe und Seraina an Deck und kämpfen sich nach vorne zum Bug – da kommt ihnen ein Pärchen entgegen. Margarethe erkennt den Mann sofort: Gerry. Doch seine Begleitung ist ihr fremd: eine vollbusige Blondine mit riesigem Hintern. Margarethe kullern vor Überraschung fast die Augen aus dem Kopf. Gerry scheint das zu bemerken und grinst süffisant. «Darf ich vorstellen: Das ist Sam! Also eigentlich Samantha, logisch, sieht man ja, oder? Meine neue Freundin!», plustert sich Gerry auf, doch unbeeindruckt kontert Seraina: «Du wolltest sagen: deine erste Freundin!» Gerry wird kreidebleich, denn vermutlich hat er seiner Flamme vorgegaukelt, ein Aufreisser und Frauenheld zu sein. Margarethe lacht laut auf und muss sich an Seraina abstützen, um nicht umzufallen. Da erhebt Samantha zickig ihre piepsige Stimme: «Im Gegensatz zu euch Bügelbrettern habe ich einem Mann wenigstens was zu bieten – vorne und hinten!» – Die Angesprochenen schauen sich verdattert an, doch als hinter den Mädchen Rudys Stimme ertönt, wendet sich das Blatt wieder, und die Sache wird für Gerry noch viel peinlicher: «Die Kurvenreiche ist im Fall sieben Jahre älter als Klein-Gerrylein! Leo, hiess nicht die grösste Qualle im Monterey Bay Aquarium Samantha?» – Leon, der neben Rudy auftaucht und zwei Cornet-Glacés balanciert, nickt energisch und fügt hinzu: «Genau, nur hatte die kein Holz vor der Hütte und keinen Hintern wie'n Pferd!» – Samantha scheint das Ganze logischerweise ziemlich mitzunehmen, denn sie schnappt wie ein Fisch nach Luft und zischt Gerry an: «Nun sag schon was, Hasimucki! Steh nicht da wie eine feige Sau! Sei ein Mann!» – Margarethe prustet erneut los, als sie Gerrys Kosename vernimmt, und Seraina meint trocken: «Was heisst hier Mann! Mit Siebzehn ist Hasimuckilein höchstens ein halbstarker Rammler, mehr nicht!» – Gerry läuft komplett rot an und würde am liebsten im Erdboden respektive Schiffsrumpf verschwinden, doch er nimmt sich zusammen: «Ihr seid Schweine, meine Sam so zu verhöhnen! Ihr… ihr… Morgen Montag zwei Stunden vor Schulbeginn beim Parkplatz am Üetlibergwald. Da prügeln ich und meine Jungs euch beide grün und blau. Und wenn ihr kneift, dann erzähle ich allen, Leon und Rudy hätten sich feige vor einer Prügelei gedrückt. Samantha grinst süffisant; die vier Freunde schauen sich ratlos an.

* * *

«Was sollen wir machen? Uns gegenseitig verhauen wie kleine Jungs auf dem Pausenplatz? Das ist doch affig?», grummelt Rudy bleich, als die vier wieder in der Wohnung von Serainas Tante sind, wo sie Zeit totschlagen bis zum Abend und auf den Pizzakurier warten. Immerhin sind durch diese Begegnung alle wieder hellwach. «Also, ich für meinen Teil freue mich drauf, Gerry und seine beiden Bodyguards endlich hochoffiziell die Fresse verhauen zu dürfen. Es ist ja eine Einladung!», wendet Leon gelassen ein und dreht mit der rechten Faust ein paar Übungsrunden in der Luft, um zu zeigen, wie er die Köpfe der Gegner zu behandeln gedenkt. Rudy verdreht die Augen und seufzt: «Gewalt ist keine Lösung, Mann!» – «Hast du dich noch nie geprügelt?», fragt Leon erstaunt, doch Rudy winkt ab: «Darum geht's nicht, es geht darum, dass Gewalt keine Option sein sollte!» – «Du hast dich echt noch nie geprügelt?», doppelt Leon nach. Rudy errötet und schüttelt leicht den Kopf. – «Na, dann wird's Zeit!», meint Leon grinsend, da wendet Margarethe ein: «Stopp, also ich finde, Rudy hat Recht! Wir sollten eine gewaltfreie Lösung finden. Zudem hat Samantha mit der Verhöhnung angefangen. Ihr habt uns ja nur verbal verteidigt, sozusagen.» Seraina stimmt ihrer Freundin zu, und Rudy kriegt wieder seine normale Gesichtsfarbe zurück, nachdem er zuerst erbleicht und dann errötet war. Schnell fügt Leon an: «Hey Leute, habt ihr nicht gecheckt, dass ich euch alle nur verarscht habe! Ich bin doch Buddhist, ich werde Gerry und seinen Kumpels kein Haar krümmen. Klar habe ich mich früher mal geprügelt, aber wie Rudy so schön sagt: kleine Jungs halt, die machen sowas! Na ja, ausser man ist ein Superhirn und braucht das nicht…» Rudy räuspert sich, doch Leon geht nicht darauf ein, er fährt fort, während es an der Tür läutet: «Ich lass mir was einfallen, jetzt essen wir mal die Pizzen, die glaub' ich, da sind, und gehen danach alle nach Hause und schlafen uns aus. Morgen sind wir dann schlauer!»

* * *

Am nächsten Morgen um acht Uhr beim Parkplatz am Üetlibergwald stehen sich die Kontrahenten gegenüber wie in einem Western: auf der einen Seite Leon und Rudy, auf der anderen Gerry und seine zwei Bodyguards. Samantha, Margarethe und Seraina stehen daneben und harren der Dinge, die da kommen. Samantha gähnt gelangweilt.

«Los! Jetzt zeig ich's denen!», brüllt Gerry, da beginnt Leon, seltsame Geräusche von sich zu geben – als wäre ein riesiger Vogelschwarm im Anflug. Und tatsächlich, im nächsten Moment stürzen sich Hunderte von Vögeln auf Gerry und seine beiden Kumpels. Doch sie umflattern sie nur und tun den Jungs nichts. Die drei fuchteln wie wild, um die Gefiederten auf Abstand zu halten. Nach einer Viertelstunde befinden sie sich auf den Knien, und Gerry fleht Leon inständig an, die Tiere zurückzurufen. «Entschuldigt sich deine Sam dafür, Mäg und Rai beleidigt zu haben? Und nimmst du alle deine Drohungen zurück?» – Gerry zögert einen Moment, doch als sich ein grosser Specht auf seinem Kopf gemütlich macht, schreit der Junge: «Ja, ich tue alles! Ich nehme alles zurück! Und für das Benehmen meiner Sam entschuldige ich mich auch! Aber nimm diese Biester weg!» – Im nächsten Moment und auf Leons Zeichen sind alle Vöglein verschwunden. Gerry und seine Kumpels kippen zu Boden und keuchen hörbar. Samantha läuft knallrot an und dreht sich auf dem Absatz um. Mit gestelztem Gang trippelt sie zu ihrem Auto, steigt ein und braust davon.

Rudy und Leon helfen den am Boden Liegenden auf die Beine und klopfen ihnen Erde und Dreck von den Kleidern. Im nächsten Moment piepst Gerrys Smartiefon. Er greift nach dem Gerät und holt es aus der Hosentasche. Als er draufschaut, entdeckt er eine Nachricht von Rudy mit diversen Informationen über Samantha: dass sie vorbestraft ist wegen Drogenhandels, dass sie Silikonimplantate vorne und hinten trägt, dass sie mit Männern anbandelt, um an Geld zu kommen – sie hat deswegen schon etliche Anzeigen am Hals. Und weil Gerry demnächst volljährig ist und an seinem Geburtstag ein saftiges Konto für ihn freigeschaltet wird, da dämmert es ihm, dass Leon und Rudy ihm einen grossen Dienst erwiesen haben. Doch zeigen kann er seine Dankbarkeit nicht – die Demütigung überwiegt im Moment eindeutig. Gerry trommelt seine Bodyguards zusammen und zieht stumm Leine.

Die vier Freunde bleiben zurück und schauen sich verdattert und belustigt zugleich an – Rudys Nachricht für Gerry kannten Margarethe, Seraina und Leon bereits, nur Leons Schachzug mit den gefiederten Freunden war den anderen dreien neu. Ursprünglich war geplant gewesen, dass Rudy die Smartiefons der Kontrahenten überhitzen lässt. Doch im letzten Moment fand Leon, dass dies doch etwas gefährlich sei. Ob mit überhitzenden Handys oder Amok laufenden Vögeln – dass alles glimpflich abgelaufen ist, freut die vier Freunde natürlich sehr. Und Seraina schiesst den Vogel ab mit der Bemerkung: «Auf die Gefahr hin, mich zu wiederholen: Alles – aber auch wirklich alles – scheint bei uns mit Vögeln zu tun zu haben!»

Epilog

«Hast du dich eigentlich wieder mal beim US-Präsidenten gemeldet, Rudy?», fragt Margarethe fast beiläufig, als sich die vier Freunde nach der Rückkehr wieder treffen. – «Ja», erwidert der Angesprochene, und fährt dann unter neugierigen Blicken der drei anderen fort: «Er besucht am übernächsten Wochenende die Schweiz, ich bin zum Bankett eingeladen. Links neben ihm wird unser Bundespräsident sitzen, rechts von ihm werde ich Platz nehmen.» – «Boah! Und nur, weil du die längste Leitung von Amerika aus Häcker-Hand befreit hast!», ruft Leon aus und ist schon ein bisschen neidisch. Allerdings denkt er im nächsten Augenblick daran, dass er nur sehr ungern in Anzug und Krawatte herumläuft. Deshalb legt sich Leons Neid ziemlich schnell.

«Und was machen wir jetzt?», fragt Margarethe herausfordernd. «Nachdem wir unsere Indianer-Mission erfüllt haben?» – «Hm, es gibt noch viel zu tun!», findet Seraina. «Wir könnten den Dritten Weltkrieg verhindern…» – «Stimmt, diese Angelegenheit ist noch ungelöst, auch wenn Lasse jetzt seine Viecher züchten kann», sinniert Rudy. «Warte ohnehin darauf, dass er sich diesbezüglich mal meldet, und dann könnte ich ihn gleich mal fragen, wie dieser Krieg eigentlich zustande kam.» – «Gute Idee, kannst du ihn erreichen?», entgegnet Seraina, und Leon stöhnt. – «Was ist?», möchte seine Freundin wissen. – «Ich möchte doch einfach mal ein bisschen ausruhen und mich nicht schon wieder Hals über Kopf ins nächste Abenteuer stürzen. Der Dritte Weltkrieg rennt uns ja schliesslich nicht davon. Wie siehst es du denn, Ru?» – «Hm, ich bräuchte 'ne kreative Pause.» – Seraina seufzt laut. – «Was denn, Raina?», spricht Margarethe sie an. – «Ruhe ist langweilig! Das letzte Gymijahr überstehen, das ist so viel Krampf und überhaupt nicht amüsant! Ich brauche Ablenkung!» – «Wir haben im Alltag echt genug Stress; in der Freizeit mal ein bisschen Ruhe täte uns allen gut, meinst du nicht?» Leon nickt: «Ru und ich haben ja unser Studium, das ziemlich anstrengend ist. Würde an den Wochenenden zu gern mal ein bisschen wandern gehen mit Mäg, mal ein paar grössere Touren machen, nichts gegen euch, Freunde!» Seraina nickt: «Ich möchte ja auch gerne mehr reiten gehen, das haben Rudy und ich sowieso vor. Gönnen wir uns halt ein Timeout.» Jetzt ist es an Margarethe, die Augen zu verdrehen: «Ihr stellt euch das so einfach vor…»

In diesem Moment krächzt ein Rabe, und vier Köpfe wenden sich dem Ruf zu. «Plonk!», ruft seine Rabenmutter, und er landet auf ihrer Schulter. «Bringst du uns eine Botschaft, was wir als Nächstes retten sollen?» – «Oder dürfen wir uns zur Abwechslung mal ausruhen?», grinst Leon.

Plonk beäugt den Tierflüsterer seitlich, und sein Blick spricht Bände. «Uh-oh!», macht Leon und krächzt etwas in Rabensprache. Plonk nickt, Leon seufzt und reisst seine Augen weit auf: «Von wegen Timeout…»

* * *

Historische Fakten

Route 66

«Mother Road», Highway der Hoffnung, Flucht oder Sehnsucht – die legendäre Route 66 ist in der Wahrnehmung der Menschen emotional sehr aufgeladen. Der Drang nach Westen, dem anfänglich mit von Tieren gezogenen Planwagen nachgegeben wurde, konnte durch die Querverbindung durch den nordamerikanischen Kontinent beschleunigt werden und dem Auto freie Bahn ermöglichen. Mit der Einführung des Fliessbandes 1913 durch Henry Ford wurde die Automobilherstellung entscheidend beschleunigt. 1920 waren in den USA mehr als 10 Millionen Autos unterwegs. 1923 wurde mit dem Lincoln Highway der erste *Highway* eröffnet. Alle Strassen wurden durchnummeriert; die Verbindung zwischen Chicago und Los Angeles wurde mit der Nummer 66 versehen und am 11. Dezember 1926 für den Verkehr freigegeben. Die Route 66 führt 2448 Meilen durch acht Bundestaaten: Illinois, Missouri, Oklahoma, Kansas, Texas, New Mexico, Arizona, Kalifornien. Die Transkontinentale hielt die Nation länger als ein halbes Jahrhundert zusammen, begonnen in den «Roaring Twenties» bis zur Nachkriegszeit. Ersetzt wurde sie durch das Netz der *Interstate Highways*. Eine Reise auf der alten Route 66 – oder zumindest auf der Strecke, auf welcher nur wenig Originalstücke noch erhalten sind – ist wie eine Zeitreise.

Die komplette Route 66 verläuft zwischen Los Angeles und Chicago:

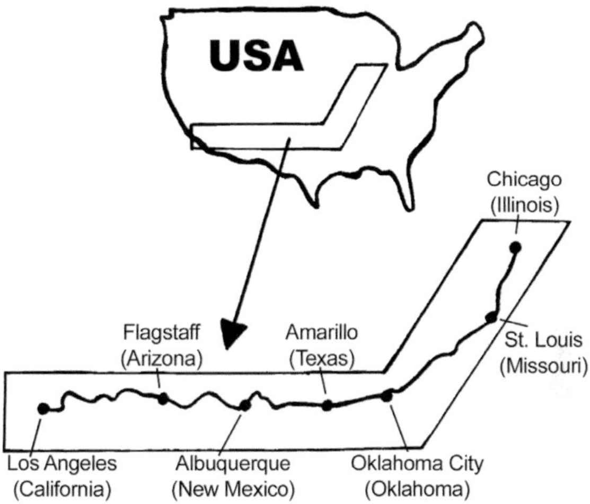

Die von den Rabenherz-Teenies abgefahrenen Abschnitte der Route 66 befinden sich zwischen Los Angeles und Santa Fe:

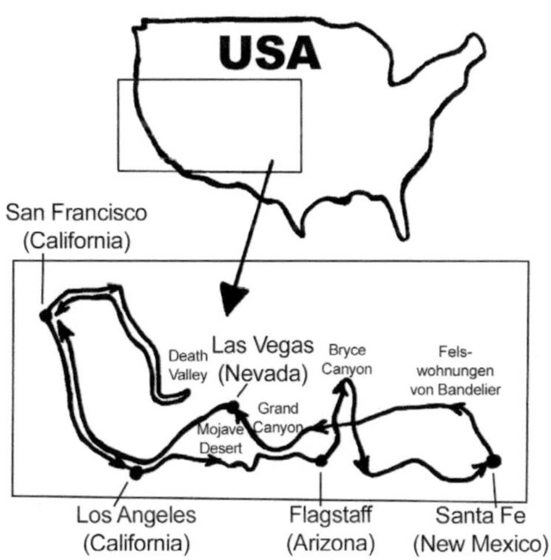

Die Vereinigten Staaten und ihre Ureinwohner

Bei der Kolonialisierung des nord- und südamerikanischen Kontinents ging es in erster Linie um Rohstoffe und Handel. Silber, Gold, Zucker, Tabak, Perlen Holz, Quecksilber, Felle und Salz waren begehrte Waren aus der «neuen Welt». Dazu kamen später verarbeitete Waren und Stoffe sowie Sklaven. Die Portugiesen und Spanier peilten im frühen 16. Jahrhundert Indien, Brasilien, Neu-Spanien und Neu-Mexiko als gewinnversprechende Destinationen an. Bis ins 18. Jahrhundert folgten auch die Franzosen, Holländer und Engländer. Nicht alle Expeditionen waren von den Regierungen finanziert; auch private Unternehmen betrieben diese Expeditionen zwecks Handel oder auch Plünderung (je nach Lesart). Dies geschah oft unter der Überzeugung, der am Zielort bereits ansässigen Bevölkerung überlegen zu sein. Auch wenn der «Wilde» mit der Zeit zum *noble savage* hochstilisiert und romantisch verklärt wurde, so betrachteten sich die europäischen Eroberer als *superior* und rechtfertigten das oft mit ihrem Glauben, mit einer Kreuzfahrermentalität. Dies sogar im doppelten Sinne: Kolumbus ging es 1492 offenbar weniger um den Ort, den er entdeckte, sondern in erster Linie darum, Geldmittel zu beschaffen für einen Kreuzzug im fernen Nahen Osten, um Jerusalem zu befreien.

Nordamerika geriet im 16. Jahrhundert in den Fokus der Seefahrer: 1525 landeten die ersten Portugiesen südlich von Florida; 1542 segelte Juan Cabrillo an der Pazifikküste nach Norden in die San Francisco Bay 1542. Zwischen 1557 und 1580 umsegelte Francis Drake die Erde und setzte die Hafenstädte der südamerikanischen Westküste in Brand, unterstützt von der englischen Königin Elisabeth I. Herausgefordert durch die spanische Armada 1588, wurde die englische Krone abgelenkt von ihren Siedlungsbestrebungen und konnte erst, als Elisabeths Nachfolger Jakob I. mit den Spaniern Frieden geschlossen hatte, die Kolonialisierung wieder aufgreifen.

1606 organisierte die London Company eine Expedition nach Virginia mit 105 Siedlern an Bord, welche 1607 vor der Chesapeake Bay an der Ostküste Nordamerikas landete. Jamestown wurde gegründet zu Ehren Jakobs I., (auch James genannt). 35 Kolonisten überlebten den Winter, weitere kamen im Frühling 1608 an.

Wohlgemerkt: Das Gebiet der heutigen Vereinigten Staaten von Nordamerika war bereits besiedelt, als die ersten Europäer an den Küsten landeten. Konflikte waren nicht von Anfang an ein Thema; die Annäherung an die bereits ansässige Bevölkerung konnte durchaus auch friedlich vonstattengehen, und die Neuankömmlinge nahmen bisweilen auch dankbar Unterstützung seitens der Urbevölkerung in Anspruch.

Bei der Besiedlung der Ostküste stritten die Siedler untereinander, aber auch mit den Indianern: 1608 forderte John Smith von Häuptling Powhatan mit Gewalt die Unterwerfung unter die Englische Krone und Entrichtung eines Jahrestributs an Korn und wurde im Gegenzug gefangengenommen (wobei die legendäre Häuptlingstochter Pocahontas interveniert haben soll).

Bis 1650 war das englische Mutterland von inneren Konflikten abgelenkt, und erst danach sorgte Oliver Cromwell für eine Wiederbelebung des Handels und der Expansion nach Übersee. Nach Cromwells Tod 1658 kam wieder eine Phase der Unsicherheit, nach der Restoration 1660 wurden neue Kolonien in Nordamerika gegründet.

1650 expandierte der Sklavenhandel massiv mit Arbeitskräften aus Afrika in die Kolonien der Neuen Welt. Auch wurde missioniert; 1792 wurde die erste spanische Mission in Kalifornien gegründet - in San Diego - und man taufte Tausende von Indianern.

Einerseits gab es allerorten Kriege, so den *First Virginia War* 1622, oder später im 19. Jahrhundert Blutbäder durch die amerikanische Kavallerie bei Tohopeka 1814, am Clear Lake 1870 und 1890 das Massaker an den Sioux von *Wounded Knee*. In der Forschung wird derzeit diskutiert, wie weit dabei explizit von Genoziden gesprochen werden muss. Krieg hing oft zusammen mit Rohstoffen, wie in New Mexiko (1846-1868) denn 1848 setzte der Goldrausch in Kalifornien ein. Die Utes, die Ureinwohner und der grösste Stamm von Utah, verloren ihr Land, als 1870 in Colorado Silber entdeckt wurde.

Man versuchte die Landnahme immer wieder auch friedlich zu regeln mit Verträgen, so in Arizona, New Mexiko und Kalifornien mit dem sogenannten *Gadsden Purchase* 1854.

Bei Verhandlungen kam es aber bisweilen auch zum Verrat, wie 1851, als dreizehn *Chiefs* in Kalifornien sich mit Abgeordneten der Regierung trafen und einwilligten, in einem Reservat zu leben. Nach der Vertragsunterzeichnung vergifteten die Gastgeber die Chiefs mit Strychnin. Gewalt wurde von beiden Seiten her verübt, wobei die Übergriffe seitens der Neuankömmlinge massiver waren. Themen sind nebst Massakern und Versklavung auch Hungersnöte, Vernachlässigung in den Reservaten, Umsiedlungen und Umerziehungsinternate für die Kinder Indigener (sogenannte *Boarding Schools*).

Gravierend sind eingeschleppte Krankheiten: Der amerikanische Unabhängigkeitskrieg von 1775-1783 wurde begleitet von einer schweren Pockenepidemie, die in weiten Teilen Nordamerikas wütete. Sie forderte mit über 130'000 Toten doppelt bis dreimal so viele Opfer wie durch die Schlachten des Krieges. Fast 80 Prozent der Toten waren Indigene.

Historiker schätzen, dass die Gesamtzahl der Indigenen von im Jahr 1500 schätzungsweise 5 bis 7 Millionen dramatisch einbrach auf 237'000 um 1900. Rückblickend lässt sich behaupten, dass sich die 500 Jahre der euro-amerikanischen Kolonisation für die *First Peoples* verheerend auswirkte.

Verzeichnet werden in den USA 574 Stämme, *federally recognized tribes*, die Hälfte davon mit eigenen Reservaten.

Die Aufarbeitung ist in den USA in Gange. Romantisierte Pioniermythen stehen einer schonungslosen Betrachtung der Indianerpolitik der Siedler im Weg. 2000 feierte das *Bureau of Indian Affairs* sein 175. Jubiläum, wobei der Innenstaatssekretär für indianische Angelegenheiten Kevin Gover sich im Namen seiner Behörde für das Leid entschuldigte, das den indianischen Nationen zugefügt worden war. 2009 entschuldigte sich der damalige Präsident Barack Obama auch im Namen des amerikanischen Volkes für «viele Beispiele von Gewalt, Misshandlung und Vernachlässigung» und eine «schlecht durchdachte Politik». Weitere Aufarbeitung ist im Gange. Das Thema ist uferlos; ihm kann in diesem Rahmen nicht gerecht werden. Die Autorinnen haben versucht, der Problematik in diesem historischen Fantasy-Roman gebührende und respektvolle Aufmerksamkeit zu widmen.

Dank

Ein besonderer Dank gebührt Petra Vogt, die eine erste Version des Manuskripts begutachtet und uns entscheidende Tipps gegeben hat, wie wir noch achtsamer das bedrückende Schicksal der nordamerikanischen Ureinwohner darstellen können.

Unserer langjährigen Testleserin Christine Frank danken wir herzlich für die Durchsicht der Schlussversion, die witzigen Kommentare und die Bereinigung einiger Logikfehler, die in der Hitze des Gefechts übersehen worden sind.

Literaturnachweis

Nach Titel:

- Amerikas Reiseatlas Nr. 1. Rand McNally, 1998/99
- Merian Live, USA, Route 66, München 2004
- Route 66; Amerikas legendärer Highway, Köln 2004
- Route 66; Landschaften im Südwesten, München 2000
- Skyloom, Native American Myth, Story and Song, Hg. Bryan Swann, Nebraska 2014
- Totemtiere: https://welt-der-indianer.de/medizinrad/totemtiere/
- Havasu Falls: https://beforewedie.de/havasu-falls-grand-canyon-day-hike/

Nach AutorInnen:

- Bitterli, Urs: Alte Welt – neue Welt, München 1992
- Hazen-Hammond, Susan: Timelines of Native American History, Through the Centuries with Mother Earth and Father Sky, New York 1997
- Francis Jennings: The Invasion of America; Indians, Colonialism, and the Cant of Conquest, New York/London 1976
- Kupperman, Karen Ordahl *(oder unter O?)* : Indians&English; Facing off in Early America, New York 2000
- Lowenstein, Tom, und Vitebsky, Piers: Native American Myths and Beliefs, New York 2012
- Micek, Tomas, USA, Landschaften im Südwesten, Augsburg 1997

- Middleton, Richard: Colonial America; A History, 1585-1776, Oxford 1997
- Nies, Judith: Native American History, a Chronology of a Culture's Vast Achievements and their Links to World Events, New York 1996
- Simmons, R. C,: The American Colonies; From Settlement to Independance, New York/London 1976
- Todorov, Tzevetan: Die Eroberung Amerikas; das Problem des Anderen, Frankfurt am Main 1985

Über die Autorinnen

Michèle Combaz Thyssen

Die Historikerin, die auch Russisch studierte, wurde am 28. September 1972 in Zürich geboren. Im Freifach Russisch am Gymnasium Freudenberg lernte sie Carole Enz kennen, mit der sie «Rabenherz» verfasste: Teil 1 im Jahr 2000, Teil 2 2010, Teil 3 2020, Teile 4 und 5 sowie 6 und 7 2021. Michèle Combaz Thyssen verfolgte auch eigene Buch-Projekte wie etwa die Scarabäus-Trilogie. Zudem hat sie mit ihren beiden Töchtern, Lisa und Désirée, Bilderbücher kreiert. Die Autorin arbeitete etliche Jahre als Journalistin und Geschichtslehrerin. Heute ist sie Fachlehrerin für Deutsch und Tanz.

Carole Enz

Die Biologin wurde am 3. August 1972 in Zürich geboren und interessierte sich schon früh für die Natur und fürs Schreiben. Als Vierzehnjährige brachte sie die Abenteuer des Rehbocks «Fao» zu Papier. Dieser Roman erschien allerdings erst 1997 und ist heute bei Sistabooks erhältlich. Mehrere Manuskripte folgten auf den ersten Streich, und meist spielt die Natur eine wichtige Rolle in ihren Büchern. Die Autorin arbeitete etliche Jahre als Biologin und erhielt dafür einen Doktortitel. Dann wechselte sie in den Wissenschaftsjournalismus. Heute ist sie in der Wissenschaftskommunikation tätig.

Weitere Bücher der Rabenherz-Autorinnen

Carole Enz, Michèle Combaz Thyssen
Rabenherz – Teil 1 – ISBN 978-3-907860-00-7
Rabenherz auf Schloss Neu-Bechburg – Teil 2
– ISBN 978-3-907860-14-4
Rabenherz und das Schwert von Glanzenberg – Teil 3
– ISBN 978-3-907860-22-9
Rabenherz im Banne der Pandemie – Teil 4
– ISBN 978-3-907860-23-6
Rabenherz – von der Engelsburg zum Teufelsberg – Teil 5
– ISBN 978-3-907860-24-3
Rabenherz – vom Ritter zum Cyborg – Teil 6
– ISBN 978-3-907860-25-0

Michèle Combaz Thyssen
Der Schlüssel des Scarabäus – Fantasy – ISBN 978-3-907860-01-4
Die Rache des Scarabäus – Fantasy – ISBN 978-3-907860-06-9
Die Tochter des Scarabäus – Fantasy – ISBN 978-3-907860-15-1
Die kleine Schildkröte, die gern fliegen wollte – Bilderbuch
– ISBN 978-3-907860-16-8

Lisa Thyssen, Michèle Combaz Thyssen
Kleiner Specht auf grosser Reise – Bilderbuch
– ISBN 978-3-907860-18-2

Lisa Thyssen, Désirée Thyssen, Michèle Combaz Thyssen
Das Abenteuer der Baum-Seele – Bilderbuch
– ISBN 978-3-907860-20-5

Carole Enz
Fao oder Der Aufschrei der Wildnis – Aus dem Leben eines Rehbocks – ISBN 978-3-907860-07-6
Waldkauz Hannu –
Tier-Fabeln – ISBN 978-3-907860-12-0
Psi oder Die letzte Hoffnung für Jado 2 – Science Fiction –
ISBN 978-3-907860-03-8

Carole Enz
Psi und das Geheimnis der Jado-Schattenblattpalme – Science Fiction – ISBN 978-3-907860-04-5
Psi und die Abgründe des Jenseits – Science Fiction – ISBN 978-3-907860-05-2
Sieben Leben, sechs Entscheide und ein Piraten-Kapitän – Fantasy – ISBN 978-3-907860-13-7

Carole Enz, Jeannette Lagler
Rehkitz Rafael hat Angst vor dem Gewitter – Bilderbuch – ISBN: 978-3-907860-17-5

Ebenfalls bei Sistabooks erschienen

Viktoria Abdai
Alle Wege führen in die Schweiz – Odyssee einer Exil-Ungarin – ISBN 978-3-907860-02-1

Steffi Gmür
«Ich bin d'Steffi» – «Ich bin krank, und trotzdem ist mein Leben lebenswert!» – ISBN 978-3-907860-11-3

Harry Schneider
Bosco Quarino – Die Walser in Bosco Gurin – ISBN 978-3-907860-08-3
Picchio Rosso – Schweizer Agententhriller im Zweiten Weltkrieg – Teil 1: ISBN 978-3-907860-09-0 / Teil 2: ISBN 978-3-907860-10-6

Thomi Eichhorn
Fördern – Wie Fördern gelingen kann (Fachbuch für Lehrkräfte) – ISBN 978-3-907860-21-2

eBooks von Sistabooks

Etliche Sistabooks-Bücher sind auch in digitaler Form erhältlich, allerdings nicht über den Verlag, sondern in diversen Online-Shops.

www.sistabooks.ch